Chen Chuanxi

陳傳席 —— 著

中西文化的衝突

The Chinese and
Western Culture -
A Great Conflict

時報出版

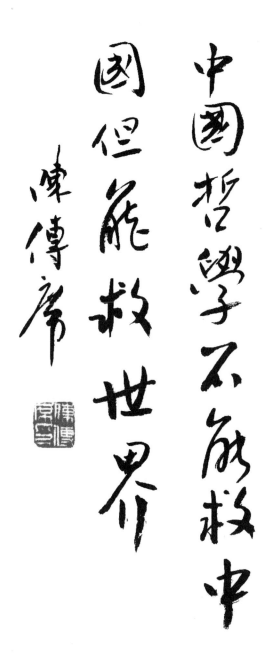

中國哲學不能救中國但能救世界

陳傳席

Chinese philosophy may salvage the world,
albeit may hardly salvage China now

CONTENTS

目錄

作者簡介

陳傳席

　　江蘇徐州睢寧人，生於山東，長於徐州，學於安徽，任職於淮北、合肥、南京、上海、北京、美國、馬來西亞等地。現任中國人民大學教授、博士生導師、中華文化發展促進會理事、中國美術家協會理論委員會副主任。碩士研究生期間，攻讀中國藝術史；博士研究生期間，攻讀中國古代文學史，獲博士學位。曾任美國堪薩斯大學研究員、馬來亞大學教授、拉曼大學教授。曾在南京、上海幾所大學任教授、博士生導師。已出版學術著作《六朝畫論研究》（十六版）、《中國山水畫史》（十九版）、《畫壇點將錄》（六版）、《悔晚齋臆語》（十七版）、《弘仁》、《中國紫砂藝術》、《精神的折射》、《中國繪畫美學史》、《陳傳席文集》（一～九卷）等六十餘部，並有部分著作被譯爲外文在國外出版。已發表學術文章千餘篇。同時發表小說、散文、詩詞、雜記、譯文等二百餘篇，並出版《陳傳席畫集》等。現正在從事中國文化史及中西文化比較方面的研究。

前言

　　緒論前面就不應該再寫前言了，但有些問題還要聲明一下。這本書的內容，我已思考了三十多年，寫作的衝動一直未減。臺灣一家大書局老總多次盛情向我約稿，我準備在臺灣出版。但大陸幾家出版社找我說，大陸 14 億人口，一印就幾萬本，臺灣能印幾本呢？所以我又決定在大陸出版。一家權威出版社審讀了五遍，我書中引用的古典文、外文資料，他都一一找到原作，加以核對，十分認真。但大陸出版，內容觀點必須符合「上級」的意思，而我又喜歡搞自己的意思。還有一些原因，我還是決定改在臺灣出版了。所以，書中很多語言和說法都是以在大陸的口氣，這裡也就不改了。其實這本書第一稿，我更滿意。這是修改五次後的稿子，再要修改就沒有意思了。可惜第一稿已經不存在了，我亦無力恢復。

　　我在國外任教授回國時，在機場口占一絕，附此，可見我現在的心境。

少年跡縱半天涯，
雲裡歸來萬緒紛。
心事平生無一遂，
可留筆墨付來人？

2018 年 5 月 27 日於中國人民大學

中國的哲學不能救中國，
但能救世界

　　眞正的學者要能把握風氣，而不可趨向風氣。前幾本書出版後，我一直說：寫這些書時，我有點不合時宜。書出版後，又覺得有點趨奉時尙，其實都是我一貫的觀點。我寫這本書，仍然是如此。

　　本書的書名原來就叫《中國的哲學不能救中國，但能救世界》，副標題是「中西大文化的衝突」。寫好之後，有關人士說，這個標題容易引起爭議，爭議不怕，但如果影響出版就麻煩了。幾經商議，決定以副標題爲正題，並易以書名。書名變成《中西文化的衝突》，但我寫作時，內容和思路都是以「中國的哲學不能救中國，但能救世界」來寫的。

　　每一章內容經過論證後，最末一句都是這句話。現在也不再改了，希望讀者注意。當然，這個內容也是「中西文化的衝突」的內容。

　　日本在 1868 年明治維新之前，學習的是中國文化，是個非常謙卑、溫順而又非常講究禮儀的民族。明治維新開始，改學西方文化，

不久，就併吞、侵略了很多國家。攻打中國，攻打朝鮮，和俄國開戰，和德國開戰，把本爲中國屬國的琉球強行併入日本版圖，占領朝鮮，占領臺灣等等。

在第二次世界大戰中，它是軸心國的重要成員。而中國文化是以儒家文化爲主導，講究「文質彬彬」、「溫、良、恭、儉、讓」、「己所不欲，勿施於人」、「忠誠」和「仁義道德」。

西方文化是「富國強兵」、「弱肉強食」的文化。一位美國學者魯思・本尼迪克特經過研究，寫了一本論述日本的書，叫《菊與刀》，菊是美麗、清雅、文明的象徵，刀是武力、殘殺的象徵。我總結了一下：

菊＝中國

刀＝西方

菊＋刀＝日本

日本既有中國式的彬彬有禮、溫順恭敬，又有西方式的崇尚武力和弱肉強食的觀念。

在別人沒有刀的時期，中國是菊花，很好；當別人有刀的時候，便可以劈開你的大門，把菊花砍掉，還叫你割地賠款。英國學者藍詩玲寫了一本《鴉片戰爭》的書，論述了英國強行賣毒品鴉片給中國，還用大炮轟開中國的大門，強迫中國政府割地賠款。

所以中國溫和的哲學不能救中國，必須採用西方的哲學，鑄刀，練刀，富國強兵，但世界上所有國家都用刀，那就是殘殺，戰爭，世界大戰。如果全世界都放棄刀，而變爲「菊」，遍地鮮花，而無鬥爭和暴力，世界將是何等美好。所以中國的哲學不能救中國，但能救世界，而且能使世界更美好、更安寧。

本書中所說的中國文化、中國道德都指的是傳統文化、傳統道德。中國傳統文化中「民爲貴，社稷次之，君爲輕」。（《孟子·盡心下》）在國家中，在世界上，應該以民爲主；《尚書·五子之歌》中也說「民惟邦本」，民的追求僅僅是生活的幸福指數提高，古今皆然。在現在這個世界上，民的幸福指數最高的國家，舉世公認的不是強大的美國，更不是俄羅斯，也不是法國、英國等品牌老牌國家，而是北歐的一些國家，那裡的人民生活安逸舒適，平等自由，無憂無慮，老有所終，壯有所用，幼有所長，該讀書的讀書，該幹事的幹事，該休息的休息。其實那裡並沒有很多億萬富翁，國家也沒有高端的核武器，也沒有航天飛機宇宙飛船等。億萬富翁的錢能花的了嗎？核武器能使人生活幸福嗎？

這使我想起中國傳統文化中的理想社會，《禮記·禮運》記孔子說：

> 大道之行也，天下爲公，選賢與能，講信修睦。故人不獨親其親，不獨子其子，使老有所終，壯有所用，幼有所長，矜、寡、孤、獨、廢疾者皆有所養，男有分，女有歸。貨惡其棄於地也，不必藏於己；力惡其不出於身也，不必爲己。是故謀閉而不興，盜竊亂賊而不作，故戶外而不閉，是謂大同。

這和北歐的幸福指數最高的國家現狀相同，但孔子講的是天下大同的狀態，而不是一國一地的幸福。孔子還提出「去兵」、「去食」，他對強大的武裝設備和力量不感興趣，對能使人人富足的生活措施也不感興趣，他只贊成他學生曾子說的，成年人和孩子們在沂水裡洗洗澡（游泳），在雩臺上吹吹風，唱唱歌而回家的生活（見《論語·先

進》），不要十分富足，不要十分強大，人自由自在，無憂無慮，身心暢快，無拘無束的生活就行了。其實這就叫幸福，北歐人不就是這樣嗎？你如果天天要強兵，經費都用在軍備上，人的幸福指數便降低了，所有國家都在強兵就可能發生戰爭。你如果天天要富國，就可能競爭，就會爾虞我詐，勾心鬥角，人的幸福指數也不會太高。但是你不強兵，人家強兵，你的國家，你的幸福就難保。

一百多年前，西方列強就是憑著「船堅炮利」打入中國，強迫我們割地賠款。像北歐那些國家雖然幸福指數很高，但是如果軍事強國派一支武裝部隊，很快便可打敗它。所以中國的哲學「去兵」、「去食」不能救中國，必須採用西方的「富國強兵」的哲學，國家強大了才能保障人民的幸福。但是，全世界如果都採用中國的哲學，都不從事軍事競爭，都各自安逸的生活著，洗洗澡，吹吹風，唱唱歌，那麼，這個世界就會十分美好，十分自在。所以中國的哲學能救世界。

中國傳統文化中對自然十分推崇：「偉哉造化」，「偉哉夫造物者」，「天與人不相勝，順物自然」（莊子語）；「天地與我並生，而萬物與我為一」（莊子語）；「順物自然而無容私焉」（莊子語）「人法地，地法天，天法道，道法自然」（老子語）「民，吾同胞；物，吾與也。」（張載語）；「親親而仁民，仁民而愛物」（孟子語）。中國人對自然的親和，在世界上是無與倫比的，荀子說：「制天命而用之」（遵從自然而用之），所以，中國人親和自然，保護自然，反對破壞自然，「無為而無不為」、「族與萬物並」、「以輔萬物之自然而不敢為」（以輔助萬物的自然發展而不加干預）。但西方人以為人是宇宙的中心，認為「自然必須作為一個奴隸來為人類服役」（卡洛琳・麥茜特《自然之死》），「人成為自然界的主人和統治者」（《笛卡爾的人類哲學》）。卡普拉《轉折點——科學、社會和正在興起的文化》中說：「培根認為對自然必須在她漫步時窮追不捨，令她提供服務，使她成為奴隸，她應當被加以強制，科學家的目的就是拷打出

自然的奧祕」。所以，西方人要改造自然，征服自然。結果，各種農藥、化學藥劑、核武器、直到轉基因，大自然遭到無窮的破壞，直接受害的便是人類。現在全世界人都已認識到破壞自然、改造自然、征服自然對人類的害處，有的已無法挽回。

尤其是軍事競爭，各種導彈、核武器、化學武器等等快速發展。快速中，人類的壽命、地球的壽命，也快速走向滅亡。當人類即將滅亡之前，也許會想到，早知採用中國自然的哲學，人類和大自然和睦相處，共存，多好啊。但那時為時已晚，「春風雖欲重回首，落花不再上枝頭。」

柬埔寨由於戰爭和其他問題原因，十分落後貧窮，但吳哥窟卻成為世界奇觀之一，原因便是那裡七百多年來無人光顧，無人建設，也無人破壞，所以成為世界上難得的奇觀之一。這就叫無為而無不為。

但全世界都在破壞自然，利用自然，從大自然那裡索取很多，占領市場。中國人如果不研究自然，不利用自然，還仍舊擊壤而歌，抱甕灌園，便會落後，落後可能還會挨打。所以，中國人必須放棄自己的哲學，利用西方的哲學。但如果全世界人都採用中國的哲學，都親和自然，保護自然，與大自然和睦相處，這個世界將會更美好。所以中國的哲學能救世界。

自信到一定程度，便會自大；自大遇到挫折，便會自卑。

中國人本來是十分自信的，1840年鴉片戰爭之前，中國人自稱「天朝」，是世界的中心，其他國家皆是「夷狄」，只能「恭順」天朝，「傾心向化」，「傾心效順」，一切外國人外國高官見到中國的皇帝，必須下跪磕頭，接受「敕諭」，外國人到中國，都是來進貢的，來仰見天朝天威的。中國「撫有四海」、「德威遠被」、「萬國

來朝」。此外，文學藝術各個領域都看不起外國人的。

外國人一切都不行，連形象也醜陋，頭髮醜，眼睛醜，面貌醜，身體醜，都不如中國人。中國人認為「鬼」最醜，《舊唐書·盧杞傳》記盧杞「貌陋……人皆鬼視之」。因為盧杞的相貌醜陋，人看他是鬼。諺云，「醜得像鬼一樣」，故稱外國人為「鬼子」，或「某國鬼子」，或統稱為「洋鬼子」。

但鴉片戰爭失敗後，又打了多次敗仗，中國人由自信而自卑，開始認為中國的器械不行，船不堅，炮不利，後來認為中國的社會制度不行，最後認為中國的文化不行，於是要全盤西化，「打孔家店」、「廢孔」、「廢除讀經」。其實，打了敗仗，並不能說明中國文化不行，中國的歷史和世界歷史都證明了這一點。

中國春秋戰國時，齊魯文化最先進，產生了孔子、孟子、墨子、孫武子等一大批聖賢，荀子也是在齊成名的，還有「稷下學宮」，在世界上都是十分先進的，但卻被文化落後的秦打敗了。楚文化也很先進，屈原、宋玉等一大批文化人創作的《楚辭》，對後世影響巨大，但也被秦打敗了。南朝文化也大大先進於北朝，結果被落後的北朝打敗了。宋文化的先進超過了唐，在世界上也是無可比擬的，但被文化非常落後的金打敗了，後來又被文化更落後的元滅掉了。

在世界上，希臘文化是非常先進的，結果被落後文化的羅馬打敗了，羅馬又被文化更落後的蠻族打敗了。

中國歷史和世界歷史都證明，先進文化被落後文化打敗是常事。所以，因為打敗仗而論證中國文化落後，是沒有根據的。這一問題，從五四到現在的學者都認識錯了。（本段內容我在書中還有詳細的論述）

學習西方，還是對的，西方也學習我們，中國是世界上最早實行文官治政的國家，西方一直是貴族和教會把持政權，後來學習中國，也實行文官治政。現在世界上，凡先進的國家，都實行文官治政，而

且又有所發展。西方學習我們很多，我們當然也要學習人家。

　　日本學習西方，學其長處，但仍然保持自己的傳統，儘管這種傳統來自中國，但已成為他們的傳統，所以，必須保持。美國的魯思‧本尼迪克特著的《菊與刀》中〈引言〉部分說：「他們傾慕西方文化，同時又保持著良好的傳統……菊花與刀，兩者構成了同一幅畫」。

　　中國人的思維很奇怪，或者認為自己最偉大，是人類的中心，其他國家都是夷狄，連「天朝」的塵埃都不如，或者認為西方一切都好，中國的一切都不好。胡適在〈介紹我自己的思想〉中說：

　　　　只有一條生路，就是我們自己要認錯。我們必須承認我們自己百事不如人，不但物質機械上不如人，不但政治制度不如人，並且道德不如人，知識不如人，文學不如人，音樂不如人，藝術不如人，身體不如人。（《胡適全集》第 4 冊）

　　按照胡適的說法，中國人真是沒法活下去了。如前所述，原來中國人認為外國人身體不行，像鬼，遠不如中國人，現在胡適們又認為外國人身體比中國人強了。人一自卑，一切都不行了。

　　所以，必須一切學習西方。

　　宋人《鐵圍山叢談》卷三記：「王黼……面如傅粉，然鬚髮與目中精色盡金黃……大抵皆人妖也。」王面白，頭髮鬍鬚與眼內皆金黃色，這和西方人差不多，但當時人視之為「人妖」，亦鬼之類也。當然，是很醜的。現在年輕人又把頭髮染黃，身體也要學西方，不但學習西方，而且還要打倒自己，消滅自己的傳統。「中國的書一本也不要讀」（魯迅語），「把線裝書全部扔到茅廁坑裡」（吳稚暉語），最後要廢除漢字，就是因為漢字記錄中國的傳統，把漢字廢除，一了百了，但還不放心，還要廢除漢語。（皆見本書）

　　漢語廢除，漢字廢除，中國實際上就亡了。

「取法乎上，僅得其中；取法其中，僅得其下」，如果中國的文化價值是100，日本學了得70分，這70分實際上已經成為他們的傳統。西方文化價值也是100，日本學了又得70分，那麼日本就得到了140分。而中國學習西方得了70分，又把自己的100分打倒拋棄，那只有70分。我寫這本書的目的，就是希望我們首先要繼承自己的100分，然後再把西方的70分學到手。

五四新文化運動主張學習西方的科學和民主是對的。但五四運動，「打孔家店」、「廢孔」、「廢除讀經」等，把中國傳統文化貶的一文不值，力主「全盤西化」，對後世產生極壞的影響。我在本書中已分析，這些觀點都是沒有根據的。其實，五四那一批人，除了魯迅寫了一本《中國小說史略》外，幾乎沒有人做出什麼像樣的學問。創作方面，除了魯迅寫了一篇《阿Q正傳》外，也沒有見到有什麼特別好的文學作品。胡適寫了《中國哲學史大綱》，只寫了一半，但治哲學史的學者都認為這不是哲學史，根本沒有哲學，而且其中有幾百年的哲學，他一字未提，對後世沒有太大的影響。徐志摩名氣很大，但我看到所有介紹他的書和文章，都是他如何追求女人，鬧三角戀愛的事，沒有一個人說出他在文化上有什麼貢獻，好容易找到他的幾首詩，也十分平常，有的讀不下去。胡適寫新詩名氣最大，他的新詩幾乎沒有一句可讀，《胡適全集》收入他的第一首新詩〈孔丘〉，「知其不可而為之，亦不知老之將至。認得這個真孔丘，一部《論語》都可廢。」這叫什麼詩？還有他書寫傅斯年撰的對聯：「上窮碧落下黃泉，動手動腳找東西」，這叫對聯嗎？這就是「五四」名人的水準。

我甚至懷疑五四部分名人連基本常識都沒弄懂，讀五四時很多文章，他們經常把儒家學說和道教並稱，要扳倒儒學和道教，如錢玄同

在《中國今後之文學問題》中說：「欲廢孔學，欲剿滅道教，惟有將中國書籍一概束之高閣一法。何以故？因中國書籍，千分之九百九十九都是這兩類之書故，中國文學，自來即專用於發揮孔門學說及道教妖言故。」他顯然把道家學說理解爲道教了。儒道學說都產生於春秋戰國時期，道教創始於東漢。連道家學說和道教這最簡單的區別都未弄懂，就天天批判，這五四一些名人的水準，也真可以。

但新文化運動給中國傳統文化帶來的破壞作用是十分巨大的，「破四舊」其實是這種運動的繼續。傳統文化中主要是道德文化、愛國文化。傳統文化中斷，人的道德水準迅速下降，愛國反而成爲人嘲笑的對象。世界上只有中國人否認自己的傳統，日本的傳統來自中國，但他們從不否認；中國人要廢除漢字，日本不廢除，而且日本是頂著美國的壓力不廢除。世界上也只有中國人不尊重甚至嘲笑辱罵自己的民族英雄。這些都是五四及其繼承者反傳統影響的後果。

我在書中說，中國人的素質下降，並不是學習西方文化的結果，而是自己傳統文化缺失的結果。我們需要認真的、準確的研究西方文化，尤其是其哲學和科技。我們需要繼續富國強兵，壯大自己，提高自己。但同時更需要保存、繼承好自己的文化傳統。但五四以來否認自己傳統、否認自己文化的思想一直存在，中國其實需要一次大的文化變革。中國的傳統很豐富，但現在我們需要「移風易俗」（《禮記·樂記》語），更要「天行健，君子以自強不息」。（《周易》語）

以我多年來對歷史的研究，可以判定：中國在 2026 年、2027 年會有一場大的文化變革，同時帶動社會的大動作。《周易·繫辭上》有云：

> 天下之至動，而不可亂也。

「至動」就是動盪，說明有活力有生機，生氣勃勃，這是變革所

必須有的氣魄，但「至動」到一定程度，能不亂嗎？亂就不好嗎？大亂必有大英雄出現，大英雄必能「移風易俗」，必能控制局勢，但最終要達到「天下大治」，應該是好事。我的最大願望便是恢復傳統文化的地位。沒有自己獨立文化的國家，算不上真正的大國。正確地對待傳統文化，也正確的對待西方文化，倘能如此，則吾國幸也，我們拭目以待。

　　最後再補充說明，本書論述中有時用「文化」，有時用「哲學」。固然，文化中包括哲學，哲學是文化的一部分，但二者還是有一定的區別，似不必浪費筆墨再加解釋，唯讀者以意會之，以意見之。

陳傳席

2016 年 7 月於中國人民大學

第一章

中國的哲學為什麼不能救中國，卻能救世界——幾個簡單的例證和論說

 娛樂、殺人

　　中國是世界上最早發明火藥的國家。火藥一說發明於戰國至漢代，一說發明於隋至唐代初，但唐初已有火藥的記載。唐代大醫藥家孫思邈（581-682）在《孫眞人丹經》就記載了火藥的配方，這證明火藥發明於隋（581-618），至遲也在唐初。則至今至少也有一千五百多年歷史了。中國火藥雖然是煉丹時發明的，煉丹的目的是爲了人的健康長壽。但火藥最初應用於娛樂，用於放爆竹、煙花等。後來如馬戲的雜技演出，以及木偶戲中的煙火雜技，出現爆仗的響聲，以及表演幻術時的煙火效果，再後來則普遍製作「鞭爆」、「爆竹」、「煙花」、「煙火」等，皆爲娛樂。

　　在 12 世紀後，中國的火藥才傳入阿拉伯等國，再後才傳入歐洲，很快被歐洲人製造出殺人武器，發展十分快：[1] 槍、炮、子彈、各種新式殺人武器乃至原子彈、氫彈等核武器。原本殺人武器是刀劍等，一把刺刀殺了幾個人便損壞了，一天殺不了幾個人。但到了美國人海勒姆・馬克沁發明了機關槍，每分鐘能射出 600 發子彈。一戰時，在阿圖瓦，德軍在數小時內用機關槍掃死了 7861 名士兵和 385 名軍官。有一名英國士兵，手持李・恩菲爾德步槍，一天打死 1600

名德軍。1870 年的普法戰爭，傷亡 47 萬多人。比起以前的戰爭死傷人數已是十分驚人。一戰死亡人數達 1000 萬人，傷 2000 萬人。到了二戰，死亡人數達 6000 萬人，1.3 億人受傷，其中中國死亡 1800 萬人，蘇聯死亡 2680 萬人，德國死亡 800 萬人，日本死亡 300 萬人，義大利死亡 20 萬人，法國死亡 30 萬人，英國死亡 40 萬人，美國死亡 38 萬人，南斯拉夫死亡 170 萬人。死亡那麼多人，都和歐洲人利用中國人發明的火藥而進一步製造出新式殺人武器有關。在戰爭被爭奪最激烈的巴爾幹地區，被人稱為「火藥桶」。可見大戰即是火藥在起作用。沒有火藥製造成的殺人武器，也就沒有世界大戰。

中國本來是一個安逸的富裕國家，但 1840 年以降，中國屢被外國人打敗，以至割地賠款。如果中國人仍按中國的哲學，以自己發明的火藥製造爆竹、煙花，用於娛樂，而不是製造戰爭武器，那麼中國人只能被人用大炮、機槍打進來，只能被人燒、殺、掠、淫，只能坐待亡國。所以，中國的「娛樂哲學」不能救中國，中國只能用外國的哲學，也製造各種殺人武器，製造原子彈等核武器，用先進的武器禦敵於國門之外。這樣，才能保衛自己的國家和人民。

但是，如果全世界都用中國的哲學，不用火藥製造殺人武器，只用火藥製造爆竹、煙花等，在節日裡增加歡樂的色彩，供人娛樂。那麼全世界將多麼安寧啊。不製造各種武器乃至核武器，只用於發展生產，世界將是多麼美好啊。

註 Note

1　歐洲人後來發明了黃火藥，雖然和中國的黑火藥沒有傳承關係，但黃火藥晚於黑火藥一千多年。而且黃火藥製造戰爭武器是受黑火藥的啟示。黃火藥於 19 世紀後期才用於軍事。在此之前，歐洲人用的是黑火藥武器。恩格斯說：「現在已經毫無疑義地證實了，火藥是從中國經過印度傳給阿拉伯人，又由阿拉伯人和火藥武器一道經過西班牙傳入歐洲。」這是符合史實的。

所以，中國的哲學不能救中國，但能救世界。

需要補充說明的是，很多人（特別是一部分中國人）說中國人真愚蠢，真落後，發明了火藥，只用於娛樂，卻讓外國人利用製造各種武器，又殺進中國，搶奪財產。其實，中國人不是不能製造殺人武器，中國人早已把火藥用於戰爭，先是作為號炮，後來也用於攻城守城和打擊敵陣。1259 年，蒙古大汗蒙哥率軍攻打合州釣魚城，結果被宋將王堅等發炮反擊。大汗蒙哥也死在炮火之中。1272 年 2 月，南宋丞相賈似道率戰艦 2500 艘和元軍作戰，結果被元軍發炮猛轟，宋水軍全部敗潰。1273 年初，宋元之際，降元的宋將劉整軍隊就用回回炮攻破樊城。不久南宋滅亡。但火炮等武器的發展有一定的限度，中國的哲學思想抑制了這種殺人武器的發明和生產。文獻記載，有人發明了一種同時可以殺死十數人的武器，後因讀到上天有「好生之德」[2]，而「忌殺」等，於是便停止了製造，並銷毀了已製的武器。

《易傳》上說：「天地之大德曰生」，「生生之謂易」。直到清代戴震在《孟子字義疏證》中仍說：「仁者，生生之德也。」古人都倡「生」而忌殺，這就限制了武器的發展。此外，還有中國的「中庸」哲學，凡事適可而止，武器的發展也如此，這也決定了中國不會無限制的發展殺人武器。

西方人沒有天道有「好生之德」而「忌殺」的哲學思想，而且凡事必求極端，所以，無限制的發明製造殺人的武器。如果沒有中國的哲學思想加以抑制，會直至毀滅世界方可止。

 ## 禿鷹、仙鶴

美國人最喜歡的動物是禿鷹，中國人喜愛的動物是仙鶴。

美國紐約華爾街街頭廣場上建造了一個大雕塑，上面是凶猛的禿鷹。禿鷹又叫白頭海鵰（學名 Haliaeetus Leucoce-phalns），又名美洲

鷗，體長可達 1 米，展翅可達 2 米多，是美洲最大的猛禽，據說可把 40 公斤重的動物叼起來，飛到上空。這種鳥十分凶猛且殘忍，經常主動進攻，殺死很多哺乳動物以及飛禽魚類，幾乎沒有任何飛禽可以阻止牠。因為這種禿鷹凶猛而強健，美國人認為牠（白頭海鷗）是力量、勇氣、自由和不朽的象徵，所以特別鍾愛之。

在 1818 年，美國國會通過的國旗法案（即現在的美國國旗）之前的美國實際國旗或軍旗上，即是一隻大白頭海鷗（禿鷹）。1776 年 7 月 4 日，美國第二次大陸會議發表了《獨立宣言》，並決定新生的美國必須有一個特殊的國徽。1782 年 6 月 20 日，美國國會通過決議，把白頭海鷗作為美國的國鳥。國徽的圖案主體就是白頭海鷗。國徽上的白頭海鷗展開雙翅，伸出雙爪。一爪抓住橄欖枝，一爪抓住一捆箭，他們解說象徵和平和武力。鷹嘴叼著黃色綬帶上用拉丁文寫「E PLURIBUS UNUM」（合眾為一）。把鷹作為國徽的主體圖案，實際上體現了美國人崇尚武力、凶猛，同時體現了征服的欲望。[3]

所以紐約華爾街頭特為樹立禿鷹的雕塑。美國人以此自豪。事實上，美國確實像禿鷹一樣，到處進攻。禿鷹捕食時，會殺死對手，供自己飽餐；不捕食時，也會捕捉弱小的禽獸，殺而棄之，以顯示牠的勇力和征服性。美國經常出兵打擊那些並沒有威脅他們安全的國家，如出兵韓戰，發動海灣戰爭，出兵阿富汗，出兵伊拉克，出兵科索沃，在中國的南海和臺灣海峽出動航空母艦等等，都顯示了美國的鷹性。

註 Note

2　中國古文獻中，「好生之德」等記敘很多，如《尚書·大禹謨》「好生之德，洽於民心」，等等。

3　中國夏、商、周、秦、漢也是崇尚武力的，現存的當時青銅器、畫像石、畫像磚中的文化都證明了這一點。那時候中國也是很強盛的。

| 禿鷹，也叫鷲，又叫白頭海鵰

此雕像樹立在美國紐約華爾街街頭，禿鷹凶猛而殘忍，經常主動進攻，殘殺很多動物及禽類。美國人欣賞這種鷹，在國旗、國徽上，大型建築中（如林肯紀念堂、銀行等），公園中，到處都可見到鷹的形象。歐美很多國家鷹、鷲和獅的形象，到處可見。這是他們崇尚武力和強大的精神使然，中國人則喜愛鶴和鹿，是溫和文雅的象徵。

| 紐約華爾街建築上的雙鷹

| 梵蒂岡建築上的鷹

歐洲古建築上到處可見的是鷹和獅等凶猛動物，美國的建築上也如此。

｜立鶴方壺

春秋早期，1923 年出土於河南省新鄭
縣李家樓，現藏北京故宮博物院。同
時出土的另一件現藏河南省博物館。
壺頂是一隻展翅欲飛的鶴。和歐美人
喜愛凶猛的鷹一樣，中國人喜愛溫和
的鶴，玉器上，青銅器上，木器上，
石器上，尤其是後來的繪畫作品中，
到處都是鶴。

｜放鶴亭，在徐州市雲龍山上

中國有很多放鶴亭、招鶴亭、鶴亭。這是江蘇徐州市雲龍山上的放鶴亭，宋蘇東坡曾主政徐
州，寫了〈放鶴亭記〉，後人據以建放鶴亭，西邊還建有招鶴亭。

　　中國人喜歡鶴。皇家、貴族愛鶴，老百姓也愛鶴，尤其是文人學者更愛鶴，舉國上下皆愛鶴。有一幅對聯是文人經常書寫掛在家中的，文曰：「願持山作壽，常與鶴為群。」鶴身白，又稱白鶴（實則頂紅，翅末黑，頸黑）。鶴是高雅的象徵，故又稱仙鶴。古人愛鶴，又稱之為仙禽。古今詠鶴之詩，頌鶴之文，畫鶴之圖，不計其數。故宮博物院和河南省博物院都藏有一尊叫立鶴方壺的青銅壺。壺蓋頂部鑄有一隻展翅欲飛的鶴，考古家定為春秋早期。從那時候到現在，中國人畫鶴、塑鶴、鑄鶴不絕。凡高雅者多和鶴相關。鶴上人、鶴心、鶴相、鶴壽、鶴眠、鶴情等等。早期的華表上皆以鶴圖裝飾，叫「鶴表」。

　　唐人彙征〈上天竺寺經幢記〉：「仰窺鶴表以爭高，側視雁層而競巧。」宋人陸游〈予十許歲即往雲門諸山今復與諸子來追念淒然〉詩：「橋廢夕陽空鶴表，碑亡春草沒龜趺。」早期的神話中仙人多和鶴有關。《墨客揮犀》記：「⋯⋯崆峒山，乃廣成子修道所，山之絕壁有石穴，謂之皂鶴祠。」現存的字帖《瘞鶴銘》記華陽真人養的一隻鶴死了，他把牠埋葬起來，並寫了銘文，刻在石碑上。現在的江蘇省徐州市雲龍山上有「放鶴亭」、「招鶴亭」，蘇東坡寫了〈放鶴亭記〉，說宋熙寧十年（1077）雲龍山人張天驥有二鶴，每天在山上放鶴，「旦則望西山之缺而放焉，縱其所如，或立於陂田，或翔於雲表，暮則傃東山而歸。故名之曰放鶴亭」。[4] 蘇東坡還作了放鶴招鶴之歌：「鶴飛去兮，西山之缺。高翔而下覽兮，擇所適。翻然斂翼，宛將集兮，忽何所見，矯然而復擊。獨終日於澗谷之間兮，啄蒼苔而履白石。鶴歸來兮，東山之陰，其下有人兮，黃冠草履葛衣而鼓琴。躬耕而食兮，其餘以汝飽，歸來歸來兮，西山不可以久留。元豐元年

註 Note

4　《蘇軾文集》卷 11〈放鶴亭記〉，中華書局，1986 年版，第 360-361 頁。

十一月初八日記。」[5]

　　古今文人愛鶴、頌鶴的例子太多了。就是一般老百姓的家，過年過節也要掛一幅〈松鶴圖〉，以示雅意，同時也示吉祥。因為據傳鶴

| 陳傳席作〈梅妻鶴子圖〉

註 Note

5　《蘇軾文集》卷 11〈放鶴亭記〉，中華書局，1986 年版，第 360-361 頁。

| 故宮太和殿前銅鶴

樹在紫禁城內皇帝舉行國家大典的太和殿前，左右各一。高約兩米多。太和殿是皇宮中最重
要的殿，殿前和寶座兩邊都置鶴。（徐葦烽攝）

太和殿內左面的一隻（鶴在圖左下）。和此對稱的，右面還有一隻。

| 銅鶴

明清兩代皇帝的寶座，當中是椅子（即寶座），寶座兩旁樹起兩米多高的銅鶴各一隻。（此件由澳門賭王收藏，長期陳列在葡京賭城）

中國人喜愛溫和的無進攻力的鶴，重要地方皆置鶴。

壽可達一千六百年。

明代畫家文徵明畫了一幅〈琴鶴圖〉，門前白鶴駐足，友人攜琴來訪。乾隆皇帝在上題詩：「蕭齋綠樹蓋重陰，家事無他鶴與琴。」鶴與琴是文雅、文明的象徵。鶴是善良的禽鳥，從不進攻其他禽鳥，更不捕殺弱禽，食糧、草，飲水而已。羽白而純潔。《易經·中孚》云：「鶴鳴在陰，其子和之。」《詩經·小雅·鶴鳴》：「鶴鳴於九皋，聲聞於天。」鶴聽到草地上有可疑聲音時，便高鳴相警，以告同類，可見義氣，但並不組織反擊別類。在古代，鶴是中國人心目中高雅之禽，文明之禽，仁義之禽，是和平、溫雅的象徵。所以，古代文人總喜和鶴相伴，養鶴、訓鶴、伴鶴、放鶴、招鶴、賞鶴、戲鶴、寵鶴等等。皇家宮殿前必樹一些鶴的銅像或鐵像。現在北京故宮是明清皇宮，最重要的太和殿前左右就各鑄有一隻銅鶴，至今猶存。皇帝的寶座兩邊也樹立巨大的鶴像。我們到北京故宮看太和殿內，皇帝的座椅左右仍各樹一隻銅胎琺瑯彩的鶴。這和美國華爾街頭樹立鷹的塑像完全不同。

中國人沒有確立國鳥的習慣，鶴其實就是中國的國鳥。因為鶴從不進攻別類，是十分和平溫雅的。如果遇到大老雕、老鷹，就會被雕、鷹攻殺，鶴是鬥不過鷹的。所以，中國人還要暫時減少鶴性，而增加鷹性，否則就要吃虧。但全世界都具有鶴性，而去除鷹性，都不去攻殺別國，都和平溫雅，那麼，這個世界就安寧得多。所以，中國的哲學不能救中國，但能救世界。

㈢ 中外之牛

紐約華爾街頭除了樹立禿鷹的雕塑十分突出外，還樹立一尊銅質牛的雕塑，那頭牛是十分凶猛的，低頭聳角，向前進攻，有力大無窮衝垮一切之勢。美國人對力、對進攻、對摧毀對手，太有興趣了。所

| 牛（紐約華爾街）

美國牛的形象，多是凶猛和力的象徵。這是美國人意識形態的反映。

| 橫眉冷對千夫指，俯首甘為孺子牛（魯迅語，徐悲鴻書）

中國牛的形象多為孺子牛，供兒童騎耍，故稱孺子牛。

以，這頭牛便是美國的象徵。中國《論語》中有云：「子不語：怪、力、亂、神」，即是說孔子對怪的、力的、亂的、神鬼的東西都是反對的，而主張儒雅、文明、溫和。所以，中國的牛都是十分溫和的，為人馴服的，稱為孺子牛，即為小孩子玩耍的牛。魯迅常寫的一幅對聯：「橫眉冷對千夫指，俯首甘為孺子牛。」也成為中國的名聯，很多書家畫家都寫過此聯，大畫家徐悲鴻畫室中也懸掛他自書的這幅對聯。我們看中國畫家畫牛，牛背上都騎著一個兒童，或吹笛，或放風箏，或拉著牛前走，沒有一個凶猛、前衝的牛。

在中國的哲學裡，牛是負重的。《五行傳》曰：「牛，畜之任重者。」牛耕田，拉車，運物，馱人，雖有角，只為保護自己，從不主動向他物進攻。狼、虎、獅等猛獸，起時都是前足先躍起，頗具進攻性。《廣雅》云：「牛陰物也，故起先後足，臥先前足。」牛在站立時，先起後足，前足仍然跪在地上；臥倒時，前足先臥下，這就是不進攻的動作，人不必防備牠。所以，小孩子都可騎牛。而且牛還可和人共樂。《呂氏春秋·古樂》記：「昔葛天氏之樂，三人操牛尾投足以歌八闋。」牛除了默默地忠誠

| 畫家李可染畫的牛

兒童騎在牛背上玩耍。

| 犀牛

在法國巴黎奧賽美術館前廣場上。西方人崇拜力和勢。中國周初期和秦也崇拜力和勢。但
儒、道思想都反對力，反對剛硬，主張柔和、溫順處下。所以中國人喜愛鹿和鶴。

| 鹿鶴園

在陝西渭南華山腳下的雲泉寺內。
鹿和鶴都是溫和無進攻性動物。中
國人喜歡之，也是中國人意識形態
的反映。

| 陳傳席《吉丙問牛》

地勤勞地奉獻外，別無他求。唐人柳宗元〈牛賦〉中云：「牛之為物，
魁形巨首……日耕百畝，往來修直，植乃禾黍……」宋孔平仲〈禾
熟〉詩云：「老牛粗了耕耘債，囓草坡頭臥夕陽。」李綱〈病牛〉詩云：
「耕犁千畝實千箱，力盡筋疲誰復傷。但得眾生皆得飽，不辭羸病臥
殘陽。」陳造〈車堰牛〉詩云：「牛力輕萬鈞，性順異諸畜……」

　　中國人喜歡的「牛」既「性順」，又「負重」。美國人欣賞的
牛是凶猛的，是進攻的，能用角衝垮一切。如果都像美國的「牛」那
樣，世界就不得安寧。如果都像中國的「牛」那樣，世界將十分安
寧、美好。

◇四◇　中外獅子的雕像

那麼，中國不也有獅子的雕像嗎？是的。

獅子被人稱爲獸中之王，十分凶猛，幾乎沒有任何野獸可以抵抗得了牠。獅子也十分殘忍，獅子能捕殺大象、牛、馬，也捕殺鹿、兔等弱小動物。我經常從電視的錄像中看到攝影師拍照到的獅子生活的眞相。獅子經常抓到小鹿，又把小鹿放了。小鹿奪命逃跑，牠又把小鹿抓回，又放跑，玩弄幾回，鹿嚇得快死了，牠才用爪把鹿撕成幾塊，慢慢地吃掉，並以此爲樂。牠捕食牛、馬等動物也都十分殘忍。

獅子在西方人眼中，是勇猛的象徵，是力的象徵，是王者的象徵。所以，作爲藝術品，西方人經常把獅子做成雕塑樹在街頭、宮殿前、花園中。那獅子的雕像都十分威武、凶猛，有不可一世之慨。

獅子很早就傳到中國。據唐人張彥遠《歷代名畫記》卷六〈宗炳〉所載，宗炳曾有〈獅子擊象圖〉傳世。就現存的遺跡來看，漢代就有石獅雕塑，山東嘉祥縣文物管理所、四川蘆山縣姜公祠都藏有東漢的石獅雕塑。前者是武氏墓前的石刻，後者是楊君墓石刻。石獅都是昂首挺胸，氣勢撼人。隋唐石獅子就更多了。河南洛陽古代石刻藝術館藏有洛陽含元殿遺址出土的隋代蹲獅，前肢直挺，後腿屈蹲，前胸寬闊厚實，張口怒目，氣勢逼人。唐朝石獅，以邢臺市隆堯縣文物所藏的李唐皇帝的祖先陵前石獅和陝西咸陽唐陵前的很多石獅最典型，都氣勢非凡，都有力大無窮、君臨天下、壓倒一世之慨。

但這種氣勢不符合中國儒家的思想，孔子「不語亂、力、怪、神」，力主文質彬彬，儒雅、「不慍」、「溫、良、恭、儉、讓」，凡有力的、氣勢太強的成分都有威脅他人的可能，必須反對。道家更是強調「柔弱」、「處下」，反對「力強」更甚於儒家。因此到了五代和宋代，獅子的形象就變了。

福州烏山烏塔，唐貞元十五年始建，五代晉天福六年（941）閩

王王曦重建，更名崇妙保聖堅牢塔。有一對石獅，口中含有錦帶，胸中繫一大鈴，呈嬉笑憨態。

現存山西太原晉祠中的鐵鑄蹲獅，胸前裝飾一個響鈴，腋下抱一個幼獅（幼獅下鐫有北宋「政和八年」的銘文），形象已不再可怕，失去了威猛、凶殘和氣勢的感覺，變得可愛了。而且還具有母性（抱幼子）。

河南鞏義回郭鎮宋神宗趙頊永裕陵道上的石獅子，頸下圍繞一圈

| 獅

這是在法國古建築上拍到的獅子。凶猛而有力。

| 義大利古建築上的獅子

| 盧森堡廣場上的一對銅獅子中的一個

威猛而有壓倒一切之勢。就在廣場旁邊，有一家中國人開的漢宮酒店，酒店門前有一對中國式的銅獅子。和廣場上凶猛獅子完全不同。獅子胸前圍有一「錦帶」，胸前繫有一個銅鈴，獅子右腳抱有一個大繡球，笑容可掬，十分溫和可愛，絕不凶猛。銅獅右邊（門右）有一同樣的銅獅，是雌獅，抱著幼獅。更是溫和慈愛。

| 法國巴黎協和廣場上的獅子

威嚴深沉而有氣勢，有不畏一切的氣魄。

唐睿宗李旦橋陵前的石獅，現在陝西
蒲城金幟山。建於 716 年，獅子形像
自漢代傳入中國，一直到唐代，都有
威猛的氣勢。

| 五臺山寺院內的石獅

五代時建，獅子造形到了五代，已不再威猛，不再可怕。這個五代時的獅子，胸頸間圍著一條大錦帶，胸前掛有一個大響鈴，左足抱著一個大錦球，另一隻雌獅也是胸前掛響鈴，足下抱著幼獅，變爲溫和好玩之物了。五臺山寺院內還有一對銅獅，口中含有一個大錦帶，胸前繫鈴，更抱一個碩大的錦球，完全成爲玩耍之物了。

| 鐵獅，北宋政和八年（118）

鐵獅現存太原市晉祠內，其胸前掛一大響鈴，腋下抱有一幼獅，幼獅下鑄有北宋政和八年銘文。這個獅子已不具攻擊性，而只有母性、慈性。

| 陶獅，北宋

河北定州窯遺址出土，現藏河北定州博物館。頸部掛圈，胸前繫一響鈴，張嘴嬉笑，一副溫順的憨態，獅子到北宋已完全成為供人玩好之物了。

| 故宮太和殿後銅獅（明）

錦帶，上有響鈴和錦球。這分明是供人玩耍的好玩動物了。

河北省定州博物館所藏一個宋代陶獅，頸部也圍有一個寬寬的掛圈，上繫響鈴，張嘴嘻笑，憨態可掬，如同貓一樣的可愛。自此以後，在中國的獅子形象皆去除威猛凶勇之態，而似貓一樣的溫順。

現存上海市豫園仰山堂元代的鐵獅子、遼寧省瀋陽市福陵道左側的後金石獅子，不但頸上繫一圈掛帶，胸前掛一個很大的響鈴，足下還抱有一個很大的繡球，或抱一個小獅子。這就像馬戲團裡的馴獅，完全供人玩耍娛樂了，獅氣完全消失，變成貓氣了。

明清的石獅子、鐵獅子大抵都是頸上繫圈、掛鈴。有的嘴裡還含有一個大石球或大鐵球，更不咬人了。爪中抱一繡球，像貓一樣的溫順可愛，對人類絕無攻擊性了，且供人娛樂，與人共樂了。

北京天安門前的獅子是皇家的象徵，建於明永樂十八年（1420），僅獅身就高 2.2 米。西側雌獅在戲弄一個小獅，東側一個雄獅，抱著一個很大的繡球在戲玩。繡球上還繞有很大的繡帶，兩個獅子頸下都圍著一個大圈帶，上繫一個大響鈴，這明明是娛樂之物了。身上有了圈帶、響鈴，懷裡又抱著小獅或大繡球，也就不能攻擊其他物種了。天安門前的石獅子更具代表性，它是明清皇家的象徵。天安門前金水橋南北東西各建一個大獅子（共四隻）。建成於明永樂四年（1420），雄獅頸上掛錦團，胸前繫一大響鈴，足鬥抱一大錦球，球上綴有大錦帶，嬉笑憨態，完全是供人玩好之物了。雌獅也是繫響鈴，抱著一個幼獅，似貓之溫順，有雌性、母性，而無獅之凶猛威風了。

全世界的華人在春節時期，都有舞獅子活動，「獅子」和人對舞，有時「獅子」和人親熱，有時人騎在「獅子」身上娛玩。這裡的「獅子」完全失去獅子的凶猛性，而變為和人共娛的好玩之物了。

如果一個國家是崇尚凶猛而具攻擊性的獅子，那就可能給世界帶來災難。而中國的獅子變為「貓」，只有溫順可愛，而不會危害他人，不會給世界帶來災難。但是，「貓」是不堪獅子一擊的，所以，

中國的「獅子」必須去除貓性，恢復獅子的本性，才能抵擋外來的侵略，才能保護自己的人民。但是全世界的「獅子」如果都變爲「貓」，都不再吃人，不再凶猛，不再具有進攻性，都變爲溫順可愛，供人娛樂，與人同樂，那麼這個世界也就安寧了，人們也就快樂了。

　　所以，中國暫時要學西方，目的是抵禦強勢的侵略和進攻，但最終全世界必須學中國，用中國的哲學拯救世界。

天安門原爲明清兩代皇宮大門，西連中南海，現爲中共高層辦公及活動中心。同樣和中共對立的臺北市政府廳前也樹兩座石獅，口中含石球，胸前掛大鈴。雄獅抱繡球，雌獅抱幼獅，和天安門前石獅相同。似大貓而無獅的兇猛氣概。

▎天安門前石獅子

│圓明園內的一對石獅子

身上纏繞錦帶、錦穗，抱繡球，還在對話，完全
沒有西方獅的威猛感。

│北京中國人民大學校園內一對石獅（此為其中之一）

此獅嘴裡含著石球，這就完全不能咬人了，身纏錦帶，胸繫響鈴，抱繡球，笑容可掬。完全
是一個好玩之物，有貓性而無獅性。

| 江西雲居山內石獅

此獅嘴裡含大石球，頸掛寬頻圍，繫響鈴，抱球。口中含大石球，就不能撕咬了。

| 山東靈岩寺內明代石獅

此獅胸前響鈴特別大，抱球，可愛而不威猛，和西方獅子凶猛威風不同。

五　狼、玄鳥

　　羅馬的城標是一隻巨大的母狼，母狼腹乳下有兩個待哺的男孩。這兩個男孩便是羅馬帝國的奠基人和創建者羅慕洛斯及其弟弟勒莫斯。據提圖・李維（前54-19）的《羅馬史》等書記載，特洛伊在與希臘人的大戰中被打敗。特洛伊一位青年埃涅阿斯（Aeneas）逃出特洛伊，來到義大利中部台伯河（Tiber）畔，在此生活繁衍，其後裔努米托耳成爲當地部落首領。其後他的弟弟阿木留斯推翻了他的統治，兒子被殺。但努米托耳的女兒爲戰神所愛，生下了雙胞胎羅慕洛斯和勒莫斯。阿木留斯得知後，派人把這一對雙胞胎丟到台伯河，被河水沖流到一個岸邊，一隻母狼發現了這對雙胞胎，收留並用狼乳哺育了他們。有一幅著名的油畫，畫一隻母狼臥在林中，一個小孩趴在地上吸母狼的奶，另一個男孩在玩耍。畫的就是這個故事。這兩個孩子長大成人後，殺死了仇人阿木留斯，成爲部落首領。西元前753年，兄弟倆在台伯河邊創建了一座新城，就是羅馬城。羅慕洛斯又殺死了弟弟勒莫斯，羅馬就是以羅慕洛斯的名字命名的。羅慕洛斯後來率眾到處攻擊，南征北戰。西元前509年，建立羅馬共和國，後來成爲羅馬帝國。羅馬人向外擴張，征服了很多國家，其疆域擴大到歐洲北部、西部、非洲北部、亞洲西部，和當時中國的秦漢，成爲東西兩大霸主國。羅馬人崇尚狼的凶猛、殘忍，攻擊性極強。他們自稱是「狼的後人」。兩千多年來，羅馬人一直把母狼作爲自己的城標，其實是國標。現在的羅馬城和著名的斜塔所在地比薩城以及其他城市中都樹有高大的狼雕塑巨柱，可見他們一直以狼的子孫自居且自傲的。

　　其實，整個歐洲也一直以狼等凶猛的動物作爲精神象徵。

　　英國國徽上是三隻獅子，德國國徽上是黑色的雄鷹，俄羅斯國徽上是雙頭鷹。法國沒有正式國徽，其呈交聯合國的相當於國徽的圖案，當中是杆巨斧和槍刺頭。加拿大國徽上也有三隻巨獅，荷蘭國徽

| 青銅母狼哺嬰（今藏義大利羅馬市政博物館）

羅馬城標，羅馬人自稱是狼哺育出的後代。表明了對狼的崇拜，實則崇拜凶猛及善於進攻性。中國人則稱自己是玄鳥（燕）的後代。（見《史記‧殷本紀》、《史記‧秦本紀》等）

| 母狼哺嬰

義大利比薩斜塔附近，義大利很多地方都有「母狼哺嬰」雕像，高聳而突兀。可見義大利人以自己是凶猛的狼哺育出的後代而自豪。中國儒家思想培育出來的人，缺少狼性。

| 美國國徽——禿鷲

| 德國國徽——以黑鷹為主

| 奧地利國徽——以黑鷹為主

| 俄羅斯國徽——雙頭鷹

| 荷蘭國徽——三獅（還有劍）

| 英國國徽——
巨獅、獨角獸及小獅

上有突出的兩隻翹尾巴的金獅，而且幾乎所有的國徽上皆有盾牌。鷹是強硬的象徵，亦凶猛而具攻擊性。獅子更是獸中之王，更具攻擊性。

| 中華人民共和國國徽，
以麥稻穗和齒輪環繞

　　中華民國時期的國徽是一個藍色的圓內有十二角星。絕無黑鷹和雄獅等凶猛之物。

　　中華人民共和國的國徽上是麥稻穗和齒輪，當中一個天安門。麥稻穗代表農業生產，齒輪代表工業生產。雖然本意是工農聯盟，但都是自食其力象徵，無攻擊性意味。

　　中國人的祖先，除了傳說者之外，最有代表性的是殷人和秦人。據漢・司馬遷《史記・殷本紀》記載：「殷契（契是殷始祖），母曰簡狄，……見玄鳥墮其卵，簡狄取而吞之，因孕生契。」則殷人以弱禽為祖先。《史記・秦本紀》：「秦之先，帝顓頊之苗裔孫曰女脩，女脩織，玄鳥隕卵，女脩吞之，生子大業。」是知，秦人也以玄鳥為祖先，是玄鳥的後代。玄鳥就是燕子，燕子是益禽，絕無進攻性，絕不凶殘，是自由、活潑、自在無損的象徵。

　　西方人以狼為祖先，崇拜獅、鷹等凶猛殘忍有攻擊性的動物。中國人以燕子為祖先，喜愛燕子的自由、活潑，不具攻擊性。

西方人有好鬥、好強的本性，具有攻擊性，所以兩次世界大戰都起於西方。東方的日本則是明治維新後師法西方才具有攻擊性。在西方人狼性面前，中國人必須去除玄鳥、鶴、鹿等性，也應該培養狼性、獅性、鷹性，否則便會遭到狼、獅的攻擊而無還手之力。但如果是全世界人都去除鷹、獅、狼的好鬥和侵略性，都崇尚燕子的自由飛翔性格，而絕無攻擊性，絕不損害於人，則世界將是多麼自由、活潑，且又安寧。

 「**並行**」、「**惟一**」──中西宗教比較

《禮記・中庸》篇有云：「萬物並育而不相害，道並行而不相悖。」[6] 這是說：世界上萬物並行生長、繁育而不會互相妨害；各種道同時流行實施而不會相互違背攻擊。比如松柏、桃李棗梨、古槐楊柳、菊蘭竹梅、麥稻、豆穀等等萬物，都在這個地球上繁育，不會互相妨害。不會因有了松樹，而就去除柏樹，也不會因為有了麥子而排斥去除稻子。各種道，儒、墨、法、道、釋等各家學說也可以同時流行，不會因為一方流行而必須消滅另一方。從 2500 年前的春秋、戰國到現在，中國人就開創了「百花齊放，百家爭鳴」的局面。百家並存，互不殘害。儒、道、釋三教不但沒有發生戰爭，而且你中有我，我中有你了。在山東、湖南、甘肅等中國很多名山中，都是佛教、道教共存，同在一山，且互相來往、支持，很少互相攻擊。在湖南南嶽衡山下的南嶽大廟中，東面是道教，西面是佛教，當中是佛、道共用、共祭的場所。不但沒有互相殘殺，反而其樂融融。這就是中國「道並行而不相悖」的哲學使然。

註 Note

6　《禮記譯注》，上海古籍出版社，2004 年版，第 710 頁。

甘肅崆峒山上也是佛、道並處，歷史最爲悠久。山門前有一副對聯：「千峰翠色知佛理，萬古名山見道源。——丁酉秋，陳傳席撰並書」上聯上還有小字：「吾遊崆峒山知中國文化之源也，特作此聯志之。」像這樣佛道共處於一山，中國有很多。在西方異教共處絕對不可以。（郭承錄供圖）

　　西方的哲學就相反了。各種宗教互不相容，稍有不同，即使是同一教派中的小有區別的宗派，也會導致互相殘殺、攻擊，且十分殘忍。《聖經》中的「十誡」第一誡就是：

　　　　我是耶和華你的神……除了我以外，你不可有別的神。[7]

　　西方的宗教嚴格規定，不但不可有別的神，連自己崇拜的神之內容內，稍有變化，稍有不同也是不准許的，否則不僅僅是口誅筆伐，更是刀槍相向，武力征戰，甚者殘殺幾十萬人，幾百萬人。

　　「基督教將維持一神論」[8]，在同樣崇拜基督教的教徒中，對某

些問題稍有一點不同的看法，不但教徒們互相攻擊殘殺，當權者還派來軍隊鎮壓。西元 340 年，教皇尤里烏一世任命亞大納西主持教區，但東方主教們在安條克城舉行會議，否認教皇的裁定，並任命阿里烏教派的格列高利（Gregory）為亞力山大城的主教。據文獻記載，當格列高利到達時，「敵對雙方發生了暴亂，結果有許多人喪命」。[9]早在西元 324 年，君士坦丁堡也因同樣的教內的矛盾產生了殘殺，「當君士坦提烏斯命令以阿里烏派的馬其頓尼取代正統派的愛國者保羅時，後者的支持者抗拒前來執行命令的軍隊，結果有 3000 人喪生。據統計，在這兩年（342-344）中被基督徒殺死的基督徒，很可能多於在整個羅馬史上被異教徒迫害而死的基督徒」。[10]

當然，對異教徒的攻擊及大規模的殘殺更是無所不用其極。著名的十字軍東征就是對異教的戰爭。基督教和伊斯蘭教其實淵源頗深，但二者在信仰上產生了爭執。爭執了幾個世紀後，在羅馬天主教教皇的鼓動下，十字軍開始了二百多年的征討戰爭。戰爭中每天都有基督徒及其對立者被殺死，被絞死，被燒死，成千上萬人無家可歸，成千上萬人淪為囚犯。200 年間，死傷亡佚者不知幾百萬人也。

一次戰爭就 200 年，其實西方各教派之間的戰爭一千多年也不止。從來也沒有停止過。如果採取中國的「道並行而不相悖」，基督教、伊斯蘭教、天主教、東正教、新教等皆可並行而不相悖，就可免去了人類千餘年的戰爭，世界將更加美好。（關於中西宗教的區別，下面還要詳述）

註 Note

7　見基督教協會編並出版的《聖經》，南京愛德印刷有限公司，2009 年版，第 72 頁。

8　《世界文明史》，華夏出版社，2010 年版，第 8 頁。

9　《世界文明史》，華夏出版社，2010 年版，第 8 頁。

10　《世界文明史》，華夏出版社，2010 年版，第 8 頁。

第二章

並行、惟一（續）——
再談中西宗教

　　前節已談過「中西宗教」的問題，是簡說，這一章再具體說一次。

　　當然，西方的「基督教將維持一神論」的理念，和亞里士多德的哲學體系是一致的，尤其和他的形而上學的哲學體系關係密切。形而上學者以爲，一切現象之外只有一個終極的實在，支配著自然界的一切，世界萬事萬物都是這個永恆、終極的本體派生出來的。這就有了「一神論」的理念。這正是西方哲學的具體。也就是說，西方哲學產生了「基督教一神論」的理念，有了這個理念，基督教就不能包容其他宗教，就必然產生不同宗教之間的互相攻擊，乃至殘殺。

　　如前所述，中國的《禮記・中庸》篇有云：「萬物並育而不相害，道並行而不相悖。」《禮記》是儒家的重要經典，對古代中國人的思想有指導約束的重要作用。

　　而且，在《尚書全解》、《書集傳》、《周易象辭》、《四書近指》等書中經常見到：「各行其道」、「各行其志」、「各行其所知」、「各行其意」、「各行其素」、「各行其志，各尊所尚」等等，都是指各人都可按自己的「道」（類於宗教），自己的「志」，自己所「知」去行事，不必定於一尊。

　　《漢書・敘傳下》有「劉向司籍，九流以別」。這「九流」即指「儒、道、陰陽、法、名、墨、縱橫、雜、農」九家學說。九家學說

各行其事。又有「九流三教」，「三教」指儒、道、釋，也是並行而不相悖的。儒，其實是一種學說，並不是真正意義上的宗教。

但漢代，漢武帝在接受衛綰、田蚡尤其是董仲舒等人的意見，「罷黜百家，獨尊儒術」，形成了儒術獨尊的局面。士人、乃至帝王、大臣都必須遵循儒家學問立身做事，儒家學說也就類於宗教了。譬如儒家主張忠、孝，任何人如果不忠或不孝，那就要受到法律的懲治，這一點也類似於西方的宗教。但說是「罷黜百家」，只不過是為了突出儒術。其實，「百家」學說依然在社會上流行，沒受到任何干涉。而且，佛教也恰恰正是在漢代從西域引進的，並且是皇帝主動引進的。且當時世之「好黃老之術」者，不亞於好儒術者。司馬遷敘史，先黃老，而後六經。司馬遷及其父對道家的評價和論述也是在儒家之上的，他們認為道家乃博采眾家之長又有自己的特點，是最完善的學說。[1] 司馬遷又說道家學說「能究萬物之情」。[2] 而論儒家學說只是「其序君臣父子之禮，列夫婦長幼之別」[3] 一句。到了魏晉南北朝時，玄學興盛，道家思想更居儒家思想之上。

唐宋時代，帝王對道家的尊崇也是在儒家之上的，唐朝皇帝以道家始祖李耳為祖先，宋徽宗更是信奉道教，宮廷建設皆按道教規定行事。政和三年十二月，「詔天下訪求道教仙經」[4]，徽宗自號「教主

註 Note

1　司馬遷記其父司馬談《論六家之指要》曰：「……道家使人精神專一，動合無形，澹足萬物，其為術也，因陰陽之大順，采儒墨之善，撮名法之要，與時遷移，應物變化，立俗施身，無所不宜，指約而易操，事少而功多。儒者則不然。」見《史記·太史公自序》。

2　《史記·太史公自序》。

3　《史記·太史公自序》。

4　《宋史》卷 21《徽宗本紀》。

道君皇帝」。他的詞《燕山亭‧北行見杏花》中詠杏花有云：「……
豔溢香融，羞殺蕊珠宮女」。這蕊珠宮女也是他熟悉的道教中的仙
女。皇太子即皇帝位，尊稱徽宗爲「教主道君太上皇帝」，[5] 似乎他
就是一位道教皇帝。很多帝王也都三教並師，也同時宣揚三教。南朝
皇帝梁武帝蕭衍崇佛，對儒、道不但不排斥，同時也十分重視。他除
有大量的佛經講疏外，並著有《中庸講疏》、《孝經義疏》、《老子
講疏》等。唐玄宗李隆基也同時著有儒家的《孝經注》、道家的《道
德經注》、佛家的《金剛經注》等。唐文宗大和元年（827）還組織
了一次儒、道、釋三家論衡會。儒家代表是祕書監、賜紫金魚袋白居
易，釋家代表是安國寺、賜紫、引駕沙門義林，道家代表是太清宮、
賜紫、道士楊弘元，三人互相問答，[6] 都是比較友好的。

　　白居易是著名的儒士代表，但他的詩〈答客說〉：「吾學空門非
學仙，恐言此說是虛傳。海山不是吾歸處，歸即應歸兜率天。」自注
「予晚年結彌勒上生業，故云。」[7] 他在〈畫水月菩薩贊〉詩中說：
「……弟子居易，誓心皈依，生生劫劫，長爲我師。」[8] 同時他又是
一位佛教徒了。宋以後，幾乎所有士人都是儒、道、釋三家都學習，
都討論的，互相吸收的。南宋孝宗皇帝趙眘更說：「以佛治心，以道
治身，以儒治世。」（《三教平心論》卷上）其也是三教並用，當然
也就相容。

　　這就是中國哲學對待三教的態度。

　　總之，中國的各宗教之間並沒有產生互相殘殺的現象。

　　歷史上著名的「虎溪三笑」，是說東晉時，佛門高僧慧遠避居廬
山東林寺，送客不過虎溪。一日儒士陶淵明、道士陸靜修來，與語甚
契，相送時談笑風生，十分投機，不覺過了虎溪，虎輒號鳴，三人哈
哈大笑。「虎溪三笑」的故事始自唐代，當時並無其事，但後人樂於
傳說，文記之，圖狀之。宋代李公麟（龍眠，1049-1106）首作「三
笑圖」，智圓爲之作圖贊，成爲膾炙人口的故事。《大宋僧史略》卷

下、《隆興佛教編年通論》卷八、《佛祖統紀》卷二七六和卷三十六、《釋氏通鑑》卷三、《釋氏資鑑》卷二、《釋氏稽古略》卷二等書皆有記載，說明佛家已樂於接受三教和睦、同一的局面了。「虎溪三笑」的故事也成為宋代至今眾多畫家作畫的題材，臺灣故宮博物院至今藏有宋人的〈虎溪三笑〉，這個故事說明儒、道、釋三家的融洽親和，不但沒有矛盾，更沒有互相攻擊。

中國歷史上也有過「三武一宗」毀滅佛法的事件。「三武」指北

| 虎溪三笑圖（北宋，現藏臺北故宮博物院）

虎溪在廬山東林寺前，晉僧慧遠居東林寺，規定送客不過虎溪。但一日儒士陶淵明、道士陸修靜來訪，與語甚契，慧遠送客不覺過了虎溪，虎大叫，三人方悟，於是大笑而別。此事說明，儒、釋、道三家相處很和諧。和西方異教之間必互相殘殺完全不同。

註 Note

5　《宋史》卷 21《徽宗本紀》。

6　《白居易集》，中華書局，1979 年版，第四冊，第 1434-1440 頁。

7　《白居易集》，中華書局，1979 年版，第 840 頁，第 888 頁。

8　《白居易集》，中華書局，1979 年版，第 840 頁，第 888 頁。

魏太武帝、北周武帝、唐武宗，「一宗」是後周世宗。史稱「三武滅法」或「三武一宗滅法」。「滅法」主要是取消佛教或削減佛教徒，並沒有發生戰爭。

這四次滅法，雖然也有道教徒為了爭奪勢力範圍而起到的作用，但最終還是皇家認為佛教徒太多，影響國家稅收，且又減少農村勞動力，大大影響了國家的經濟收入，會導致國家貧弱的原因。

以北魏太武帝滅法來說吧，他發現寺院太多，需要巨大的經濟力量支援。寺院人多地多，又不交稅，僧尼一直享有免除賦稅徭役的特權。而且當時僧尼並不直接從事生產勞動，多雇用農村勞動力幫助其生產。農民大量出家進入寺院，一是出家為僧尼，一是為寺院打工做事，農村勞動力減少，政府便大為憂愁。西元 445 年，杏城蓋吳反，關中騷亂，魏太武帝拓跋燾親率大軍討伐，進入長安時，見有的寺院藏弓矢矛盾等兵器，拓跋燾懷疑沙門與蓋吳通謀，又在寺院中發現酒具及大量錢財，還查出寺內「屈室」，以「與貴室女私行淫亂」，於是下詔：「……自王公已下至於庶人，有私養沙門、師巫及金銀工巧之人在其家者，皆遣詣官曹，不得容匿。限今年二月十五日，過期不出，師巫、沙門身死，主人門誅。明相宣告，咸使聞知。」[9] 西元 446 年，又在「鄴城毀五層佛圖」[10]，下詔在全國廢佛。但這次廢佛，因太子暗中通報，各地沙門早已亡匿，災難並不大。可見，魏太武帝滅佛，並不是因為道教挑撥，而是看到了佛家的不法行為及對國家的影響。

至唐中宗時，辛替否《諫興佛寺奏》中說：「十分天下之財而佛有七八」，大約不足十戶就要養一個僧尼。

北齊皇室大臣信佛，全國僧徒至二三百萬人。據《周書‧武帝紀》記載，周滅齊，全國總人口才「二千萬六千八百八十六」[11]，「戶三百三十萬二千五百二十八」[12]，差不多一戶就要養一個僧人，所以，周武帝認為北齊亡於佛教徒太多之故。周武帝也就準備叫僧徒還

俗。他召集僧人五百餘人，允許僧人辯論。一名叫慧遠的僧人用阿鼻地獄嚇唬周武帝，周武帝說，只要百姓得樂，我也願意受地獄之苦。

唐武宗會昌五年（845）廢佛，仍下敕，於東西兩都兩街各留兩寺，每寺留僧 30 人，節度觀察使治所和同、華、高、汝四州各留一寺。也未嘗全廢。

五代周世宗廢佛，只是嚴禁私自出家，不經朝廷許可的寺院不准存在，經朝廷許可的仍可保留。

可見，「三武一宗」滅佛，一是爲了國家穩定，二是未嘗全滅。魏太武帝坑殺一些僧人，也主要因爲這些不法僧人淫亂、暴亂，必須處決。其他朝代廢佛，也主要令其還俗，未嘗坑殺。三是雖有異教（道教）的攻擊力量，但微乎其微，況且北周武帝下令禁止的是佛、道兩教。四是宗教之間從沒有用戰爭去消滅或殘殺對方。其實，朝廷也沒有用戰爭去征伐宗教。

即便如此，仍不合中國「道並行而不相悖」的哲學。所以，宋以後再也沒有大規模滅佛事件。宋元明清，儒道釋三教愈來愈融洽和睦。四川大足佛教石窟中增加了儒家的孝道內容很多。明清大多數的佛寺、塔廟中雕刻佛像，也雕刻道家始祖老子騎青牛、儒家杏壇授學等等場面，眞正做到三教合一。

中國很多名山，如甘肅崆峒山、湖南南嶽山以及青島等很多名山都一半是佛教，一半是道教。前舉南嶽大廟，一廟中安住佛道兩教，而且每年兩教合起來共同做法事，猶如一教。當然，中國的哲學講

註 Note

9　《魏書‧世祖紀第四下》。

10　《魏書‧世祖紀第四下》。

11　《周書‧武帝紀下》，中華書局，1971 年版，第 101 頁。

12　《周書‧武帝紀下》，中華書局，1971 年版，第 101 頁。

「和而不同」，三教雖相「和」，而最終還是各自爲教，並沒有眞正的合爲一教。

至於「道士」談佛理，僧人注道經，儒士讀道佛、注道佛，更是常見的現象。總之，因爲中國哲學之影響，三教最終和睦融融，並行而不相悖了。

《紅樓夢》一書中，經常出現「一僧一道」在一起，且行且談，情好密切，論事一致的情節。如第一回〈甄士隱夢幻識通靈，賈雨村風塵懷閨秀〉中記：那石頭「因見眾石俱得補天，獨自己無材不堪入選，遂自怨自歎，日夜悲號慚愧。一日，正當嗟悼之際，俄見一僧一道，遠遠而來，生得骨格不凡，豐神迥異，說說笑笑來的峰下，坐於石邊高談快論」。又記：「士隱於書房閒座……忽見那廂來了一僧一道，且行且談。」西方的小說中絕無異教徒在一起親密的情節。

西方宗教不許異教徒在一起論事共事。異教之間肯定互相排斥、攻擊，直至殘殺，即同一教內信奉同一神也必須完全一致。西方的教堂內，只供一個神，絕無第二個神。中國的各種教，比如佛教，你可以信奉釋迦牟尼，也可以信奉阿彌陀佛，或昆盧佛、藥師佛，或專拜觀世音菩薩，或專拜地藏菩薩，或文殊、普賢菩薩、大勢至菩薩，甚至可以專崇拜一位羅漢。而各佛寺中所塑的佛也非一佛，有七佛、三世佛、三身佛，也有西方三聖，有東方三聖、十六羅漢、十八羅漢、五百羅漢等等，有的佛殿中塑有近千尊「神」，都可供人崇拜，並行而不悖。

一個民族中，可以信奉不同宗教，一家人中也可以信奉不同宗教，同一宗教中可以信奉不同的「神」（佛、道）。各方都相互無事，互相尊重，團結一致。

而且，佛寺中一般都有很多佛教的「神」像，道教的道觀裡也有很多神，元始天尊、靈寶天尊、道德天尊（玉清、上清、太清）、天官、地官、水官、玉皇大帝、玄天上帝、南極長生大帝、北極紫

南嶽大廟內,佛、道兩教信徒在一間大堂內聯合共做法事。(左佛右道)

微大帝等等。我們看永樂宮、毗盧寺等壁畫中的道教之神,成百上千,道教的最高殿堂供奉太清道德天尊、玉清元始天尊、上清靈寶天尊。山西永樂宮壁畫中除了三清天尊外,還繪有南極長生大帝、東極青華太乙救苦天尊和玄元十子等;還有三十二天帝君、紫薇北極大帝、天聖大聖及北斗七星、十一曜、二十八宿及歷代傳法經師;還有太上昊天玉皇大帝、後土皇地、扶桑大帝、十二元神、五嶽、四瀆、地府諸神、青龍白虎等等三百多個神仙。這在西方宗教中是絕無的。

西方教堂裡只有一尊唯一的神。更重要的是信奉基督教者,上帝是唯一的神,絕對排斥伊斯蘭教及其他各種宗教的神。

　　信仰伊斯蘭教者必須歸順唯一神安拉，他們心誠口服地念誦「萬物非主，唯有安拉」。

　　據《世界文明史——信仰的時代》一書介紹[13]，基督教自誕生以來，即為維護上帝唯一的神而鬥爭，而戰爭，不許其他的神存在，無論是外部，抑是內部。自四世紀以來，「基督教徒們只有在一件事上意見是一致的，這一點便是：異教的殿堂應該關閉，財產應予以沒收，基督教以往所遭受的迫害應施之於這些殿堂和異教徒。君士坦丁大帝曾經勸阻異教徒的祭祀和儀式，但未禁止；君士坦斯則處以違者死刑的辦法來禁止；君士坦提烏斯下令關閉帝國內所有的異教殿堂，並禁止所有異教儀式，違抗命令者將被沒收財產並被處決。沒有盡職盡責地執行這項命令的各省總督也將受到同樣的處罰。……」[14]動輒便是關閉、處決。而且，那時候西方的歷史所有的鬥爭、殘殺，都差不多是宗教的內外意見不一致所引起的。

　　眾所周知，天主教、基督教、東正教、新教、清教等本來都是一教，有人又統稱為基督教。這些教都以《聖經》為經典，為指導自己的思想行為的準則，為宗教的法規，都同時遵行主的「十誡」，同時崇拜基督。也就是說，他們的根是一致的。按理他們應該是一家人，是兄弟才對。但這些教派之間只要在行政組織上和部分法規上稍有區別，便成為不共戴天的敵人，互相發動戰爭殘殺，千餘年不止。西方差不多的戰爭都和宗教不同，甚至和一教中的內部稍有不同有關。

　　法國和英國，似有宿仇，百年戰爭之外，還有很多戰爭。原因很多，其中也有宗教因素。法國是信奉天主教的國家，中世紀全信天主教，現在也有信奉新教，但只占百分之三。英國本來是信奉基督教，後來信奉新教，新教就是改革後的基督教，又叫基督教新教，英國人完全脫離天主教，所以和信奉天主教的法國對立而成為世仇。

　　美國和英國為什麼很友好，很團結？都信奉新教是一個重要原因。

　　基督教新教中還有一派叫清教。清教又是 16-17 世紀英國加爾文派的信徒，主張以英國國教形式從上層進行宗教改革，要求清除國教會中保留的天主教舊傳統、繁瑣禮儀和部分教規，提倡教徒們過簡樸生活，因而被稱為清教徒。清教徒中又分溫和派和激進派，激進派清教徒因猛烈抨擊英國國教制度，也受到新教和政府的打擊迫害，乃至殘殺，以至這部分清教徒在國內無法立足，而不得不逃往國外，大部分逃往北美。

　　如前所述，歐洲的戰爭，大大小小無數次，大多和宗教鬥爭有關。比如，16 世紀法國的胡格諾戰爭，就純粹屬於宗教戰爭。胡格諾派（Huguenots）又被譯為雨格諾派，或休京諾派。16 世紀前期，胡格諾派受加爾文思想的影響，形成一種新的教派，但從形成之日起就受到法國傳統的天主教派迫害，其後一直受到迫害。自 1534 年迫害加劇，由個別的被處死，發展到大規模的屠殺。1562 年 3 月，吉斯公爵弗朗索瓦・德・洛林又對胡格諾派在瓦西鎮（一說為西瓦鎮）正舉行禮拜時，忽然實行大屠殺。胡格諾派在各省起事，他們的兩名統帥，一是孔代親王路易一世，另一是海軍大將科利尼，在奧爾良設立指揮部。戰爭進行了一年，結果雙方上層人物大部分戰死，孔代被俘，損失皆很慘重。

　　1567 年至 1568 年，胡格諾新教徒對一次國際性天主教的計畫感到驚恐，於是爆發第二次戰爭，這些新教徒劫持了國王，圍攻巴黎。這次戰爭以 1568 年 3 月簽訂隆朱莫條約而告終。但僅隔 9 個月，第三次戰爭又起，這次戰爭中親王路易一世孔代在 1569 年的雅爾納克

註 Note

13　（美）威爾・杜蘭特：《世界文明史》，華夏出版社，2010 年版。此書獲美國普立茲獎，為傳世經典。

14　（美）威爾・杜蘭特：《世界文明史》，華夏出版社，2010 年版，第 8 頁。

戰役（Battle of Jarnac）中喪命。

1572 年至 1573 年又爆發第四次宗教戰爭，因爲後來有新教傾向的科利尼重得到國王的寵信，但不爲王太后所喜，因爲成爲天主教派的吉斯集團的仇人，於 1572 年科利尼被殺害，同時爆發了駭人聽聞的 1572 年 8 月 24 日的聖巴托洛繆大屠殺，持續的大屠殺從巴黎擴展到其他城市，被稱爲歷史上最汙穢最殘酷的大屠殺。雙方對立仇恨情緒進一步激化。

接著於 1574 年至 1576 年，宗教中的兩派又爆發第五次戰爭，1576 年至 1577 年，雙方又爆發第六次戰爭，1579 年至 1580 年雙方又爆發第七次戰爭。

1585 年至 1598 年是第八次宗教戰爭，信仰新教的盟友荷蘭人反抗西班牙的統治成爲當時新教和天主教戰爭的轉捩點。當時天主教徒又和西班牙國王腓力二世聯盟。1588 年街壘日後亨利三世國王下令在布盧瓦刺殺天主教徒的領袖第三代吉斯公爵亨利一世德‧洛林和他的兄弟第二代吉斯樞機主教路易二世德‧吉斯。吉斯被刺殺後，亨利三世自己也因敵方的報復而遇刺身亡。所以，1589 年，唯一生存的那瓦勒的亨利便名正言順的繼承了王位，成爲法國國王亨利四世，進入了巴黎。因爲法國人基本上都是天主教徒，不能容忍新教徒做法國的國王，亨利四世只好在 1593 年加入天主教，但他曾經是胡格諾派教徒，所以他頒布了《南特赦令》，准許新教徒享有崇拜自由、信仰自由、甚至賦予他們武裝自己的權利。所以，胡格諾派在法國的南部擁有二百多個城鎮的武裝自衛隊。法王亨利四世還常提及他曾是胡格諾派，之後西班牙的腓力二世在 1595 年和 1598 年挑起戰爭，雙方死傷無數。到了 1610 年，亨利四世遇刺身亡，法國再一次進入戰爭狀態，很多法國人被戰爭害得無家可歸，並時時有生命危險，於是紛紛逃到國外甚至逃到北美去避難。

1628 年，胡格諾派的根據地拉羅舍爾（La Rochelle）被攻占，

這是其後戰爭中最嚴重的一次。到了十七世紀末，法王路易十四頒布
《楓丹白露敕令》，廢除《南特敕令》，新教又成為非法教，又遭到
迫害，大約 20 萬名胡格諾派教徒因此大舉外遷，逃往英國、瑞士、
荷蘭、普魯士等地。

　　30 年的胡格諾戰爭，是十分殘酷的。尤其是 1572 年前後的第四
次戰爭，在皇太后凱瑟琳和國王查理九世的放縱下，吉斯家族的亨利
率上帝教教徒封閉巴黎全城，以教堂鐘聲為號，實行對新教徒的大殘
殺。他衝入胡格諾派俊彥克里尼的家中，殘忍殺死他後又分屍。很多
胡格諾派的教徒和家族人員被人拖到街上殺死。住在盧浮宮的胡格諾
貴族和官員也被召喚出一一殺死。大屠殺瘋狂進行，導致一切失控。
商人殺死競爭對手，長者被企圖奪取家產的後輩殺死，變心的男女殺
死其情侶，只要說被殺者是胡格諾派即可以了。一夜間被殺死的新教
徒有 2 千到 5 千人，史稱「聖巴托洛繆慘案」。之後全國很多城市競
相效尤，大約有 2 萬新教徒喪命於屠刀之下。[15]

　　作為上帝教派的支持者，西班牙大使在一份申報中說：「他們正
在把新教徒完整殺光、剝光……即使孩子也不放過。」[16] 其殘忍到何
種程度。

　　在德國等地也如此，那裡發生了三十年宗教戰爭。即奧地利哈布
斯堡王朝和德意志諸侯爭取歐洲均勢的一段戰爭（1618-1648），其
中波蘭和哈布斯堡王朝聯合起來一起攻擊瑞典和俄國，也是因為宗教
的原因而互相殘殺，死傷無數。

　　德意志由於宗教改革而長期分裂，其中天主教的皇帝依靠他的

註 Note

15　以上見《法國的胡格諾戰爭：天主教與基督新教的百年戰爭史》，中華網論壇，
　　2014 年 7 月 3 日。

16　以上見《法國的胡格諾戰爭：天主教與基督新教的百年戰爭史》，中華網論壇，
　　2014 年 7 月 3 日。

親屬西班牙王室,基督教新教則依靠瑞典、法國和荷蘭;天主教的巴伐利亞以及科倫、列日、蒙斯特、帕德伯恩、希爾德斯海姆又傾向法國,攻擊西班牙。宗教使他們之間或結派,或成仇敵,互相攻擊,爭戰不止,當然也死人無數。

西方宗教之間因互不能容忍,更不能並行而互相殘殺並導致戰爭,最著名的就是前所述十字軍東征,由教皇發起,連續 200 年。教皇烏爾班二世在法國的克勒芒召開會議,號召所有人拿起武器,投入戰爭,從異教徒手中奪回「主的墳墓」,並聲稱所有參加遠征的人可以赦免罪孽,戰死疆場的人靈魂可以升入天堂。東征的戰爭主要是針對伊斯蘭教,其次也有基督教中的不同派別,如東正教。第三次東征,腓特烈一世也在途中墜水死去。第七次東征,路易九世被俘,1250 年以大筆贖金贖回。第八次東征,遇上流行病,死人無數,路易九世也染病身亡。

十字軍東征,造成經濟一片混亂,導致掠奪和屠戮,甚至屠城。有的王國被滅亡了,有的王國被併吞了,有的民族被滅絕了,部落滅絕更是不可勝數。十字軍死亡人數達 30 萬,戰爭中被殘忍的燒死,箭射死,捉住後絞死,有的被從高聳的城牆上往下摔死,吃奶的嬰兒被抓著腳從母親懷中拖出來,摔死。第一次東征,僥倖活下來的猶太人被趕入會堂,活活燒死。[17] 各種殘酷的刑殺,無所不用其極。200年間的戰爭,死亡人數何止百萬。這造成了基督教和伊斯蘭教之間的對立和仇恨更加嚴重。直至 2000 年前後的海灣戰爭,美國、法國等被襲擊,美、法的報復,世界不得安寧,其實都有宗教的因素。襲擊者號稱「聖戰」,便是明證。

美國和蘇聯,一直是敵對的兩個超級大國,本來人們認為一是資本主義民主制度,一是共產主義制度,是社會的制度不同引起的競爭而又形成敵對關係。可是二十世紀九○年代,蘇聯已取消了共產主義制度,也取消了共產黨領導,也採取了民主制度,總統也由全民選

舉，制度也完全同於歐美，按道理，俄、美、歐應該是一家了，但是敵對關係並沒有消失，恐怕還是宗教問題。俄羅斯信奉的是東正教，和美歐的基督教是不融的。

伊斯蘭教中的遜尼派和什葉派，也都同樣遵循《古蘭經》，都信奉其主安拉，應該是一教，但因對個別問題看法不同，便水火不相容，以致互相攻擊殺伐，死傷無數。

這世界上千餘年的爭戰，無數人死於非命，無數部落、宗派被滅絕，無數人無家可歸，這個世界一直不得安寧。如果要採取中國的哲學「道並行而不相悖」，各自發展，各行其道，相安無事，不都可以免除嗎？那麼世界將何等的安寧。所以，中國的哲學可以救世界。

註 Note

17　以上見（美）威爾‧杜蘭特：《世界文明史——信仰的時代》，華夏出版社，2010 年版，第 615 頁。

| 第三章 |

親和自然，征服自然

　　中國人對自然的親和，在全世界是無以倫比的。世界上沒有任何一個民族能像中國人這樣的親和自然，甚至尊重自然。孔子說：「智者樂水，仁者樂山。知者動，仁者靜。知者樂，仁者壽。」仁者知者（智者）都樂於山水，可見對自然的親和。而且古代的帝王諸侯經常祭祀天地山川。像秦始皇、漢武帝這樣具有雄才大略的皇帝，不可一世，但也去祭祀跪拜泰山和天地。這在西方社會是絕無的。西方的君王、貴族可以崇拜基督、上帝，絕不會崇拜山川大地。

　　「自然」有兩種意思。其一是自然而然。比如一粒種子，掉入土壤裡，發了芽，長成樹苗，長成參天大樹，老了，枯了，死了。新的種子又落入地下發芽，周而復始，沒有任何人為的過程，這就叫自然。漢代王充《論衡‧亂龍》篇有云：「天道自然，非人事也。」又如一片森林，其中有的樹高，有的樹低，有的直，有的彎曲，高高低低，曲曲直直，或密或疏，或粗或細，皆是自然而然。像西方公園裡的叢樹，或一排樹，修得一樣高，選的一樣直，那不是自然，而是人為加工挑選、剪修的結果，人為者偽也。《老子》十七章有云：「太上不知有之……悠兮其貴言，功成事遂，百姓皆謂我自然。」又二十五章：「人法地，地法天，天法道，道法自然。」這個「自然」就是自然而然的意思。後來，中國人把天地造化稱為自然。「造」是從無到有，「化」是從有到無。比如山中本來沒有這棵大樹，因為樹種落

中西文化的衝突

到地下，長出大樹，這叫「造」。樹老了，死了，枯爛了，又化到空氣和泥土中去了，這叫「化」。從無樹到有樹，從有樹又回到無樹，由「造」到「化」，都是自然的，非人爲。《老子》第四十章有云：「天下萬物生於『有』，『有』生於『無』。」就是這個道理。所以，「造化」又叫「自然」。「自然」含有這兩層意思。中國人對「自然」的親和也包括這兩層意思。而且，古人說的「自然」、「天地萬物」、「天道」、「樸素」等，皆有「自然」的意思。《莊子·應帝王》中說：

> 遊心於淡，合氣於漠，順物自然而無容私焉，而天下治矣。

其實《莊子》一書從頭到尾全是講人與自然和諧的好處。

第一篇〈逍遙遊〉中說：

> 若夫乘天地之正，而御六氣之辯，以遊無窮者，彼且惡乎待哉。

「乘天地之正」即順應自然之道，自然之性。「正」即今所謂規律、法則，亦即順應自然的規律。「六氣之辯」即六氣的變化。以之遊於無窮的境域，他還有什麼依待的呢？

莊子還談到藐姑射山上神人，廣被萬物，合爲一體（「將磅礴萬物以爲一」），外物傷害不了他（「物莫之傷」）。

第二篇〈齊物論〉論人與自然萬物平等觀。其中說道「天地與我並生，而萬物與我爲一」，並指出「人類自我中心」的錯誤。

第三篇〈養生主〉，談人必須順應自然，「依乎天理」（順著自然的道理），「安時處順」（安心適時而順應自然變化）。

第四篇〈人間世〉談「乘物以遊心」（順任事物的自然而優遊自適）。

第五篇〈德充符〉宣揚「萬物皆一也」、「物視其所一」。「萬物」包括人，都是相同的。莊子更要人「常因自然」（經常順任自然）。只有如此，才能保存自己的身體和本性。

第六篇〈大宗師〉，就是宗法大自然，開始便討論人與天（自然）的關係。「天與人不相勝」（人和大自然不是互相對立的），「與天為徒」（天與人合一）。而且還要「不以人損道，不以人助天，是之謂真人。」（不用心智損壞道，不用人的作為去輔助天然），人與自然是平等的、親和的。莊子還要人們認識自然的規律，但不是像西方人那樣認識其規律後要去改造自然，而是要順任自然，在自然中求得生命的安頓。甚至生與死也是自然的變化的必然現象，能安於所化，精神才能得到大解放。莊子大聲高呼「偉哉夫造物者」、「偉哉造化」、「安時而處順」。又云「物不能勝天」（人為不能勝過自然）。甚至說大自然就是人的父母（「不翅（啻）於父母」），而且還要「惟命是從」，「安排而去化」（聽任自然的安排而順應變化）。

第七篇〈應帝王〉談「順物自然」、「勝物而不傷」。最後莊子說，南海之帝為儵，北海之帝為忽，中央之帝為渾沌，儵和忽對渾沌說，人皆有七竅，你為什麼沒有呢？於是每日為渾沌鑿一竅，到第七天，渾沌死了。渾沌本來是自然的、質樸的，鑿竅是想讓他更好、更理想，結果死了。大自然本來很好，很有道理，你改造它，結果它死了。

莊子的「外篇」、「雜篇」也都是論述人要與自然和睦相處，不可改變大自然。而且要一任自然，不要干涉。《老子》最基本精神是「無為而無不為」[1]；「無為」就是人不要干涉，不要改造，不要增添，一任自然。「無不為」就是人不為，而自然自有作為，什麼事都能完好的產生。老子說：「道常：無為而無不為，侯王若能守之，萬物將自化。」[2]（萬物就會自生自長）。《莊子》一書更發揮了老子的「無為而無不為」的思想。莊子借老聃之口說：

……無爲而才自然矣，至人之於德也，不修而物不能離焉。若天之自高，地之自厚，日月之自明，夫何修焉？[3]

（無爲而自然，像天之高，地之厚，日月之明亮，有誰去增修的呢？）

莊子還在其〈胠篋〉一節中說：上層人物，如果喜好用智慧（擾亂自然），天下就會大亂。弓箭、鳥網、機關的設施，上空的鳥就要被擾亂了。鉤餌、漁網、竹簍的設施，水中的魚就要被擾亂了。木棚、獸欄、兔網的設施，草澤裡的野獸就要被擾亂了……所以天下常常大亂，罪過便在喜好用智巧。

還說因爲喜好智巧，以致上面掩蔽了日月光，下面銷毀了山川的精華，中而破壞了四時的運行，無足的爬蟲，微小的飛蟲，沒有不喪失本性的。這些都是人的智巧多，即西方的研究自然，拷打自然，改造自然的科學方法，以引起了天下大亂。包括世界大戰，不也是因爲人研製出先進的武器而導致的嗎？

莊子還主張：

聖德之世，同與禽獸居，族與萬物並。[4]

（最好的時代，人與鳥獸同居，和萬物並聚。）

註 Note

1　《老子》第 37 章。
2　《老子》第 37 章。
3　《莊子·田子方》。
4　《莊子·馬蹄》。

這不僅是天人合一，人和禽獸、萬物也合一了。人也要反璞歸真。璞和真是天地萬物的本真狀態。其實大自然中，有些雖是自然，但還呈現出不自然的狀態，比如中國雲南的大理石，光滑整潔，雖自然也像人為加工過一樣，所以還要「復歸於璞」。《老子》說：「道常無名，樸。」「樸」就是自然的原始狀態。《莊子》反覆地稱讚「樸」、「樸素」。要「既雕既琢，復歸於樸」，「無為復樸」、「樸素而天下莫能爭美」。不僅要自然，還要回到自然的原始狀態——樸。而且「樸」和「樸素」也是天下最美的（這一問題在中國的藝術部分再作論述）。

《老子》六十四章有云：

以輔萬物之自然而不敢為。

即以輔助萬物的自然發展而不加干預。老、莊的道家思想和主旨便是：自然是最高的境界，一切要遵從自然，人要親和自然，與自然和睦相處。道家思想對中國的士人有巨大的影響。儒家思想雖然是「入世」的，但也是親和大自然的。儒道思想深入中國士人心裡，士人又影響一般民眾。所以，中國人對自然的親和是根深柢固的。

所以，中國士人真正的隱居都要到山林中去，和大自然在一起，盡情的享受大自然的美。隱士又稱山林之士。人死後，也埋葬在野外大自然中，無論帝王，抑是貧士，如秦始皇、唐宋元明清歷代皇帝，乃至普通小民，都是入土為安。而且，土都在大自然中，無一埋葬在宮殿等建築群中。而且，帝王諸侯以及經濟能力較優越的人家，在墳墓周圍廣植松柏，大的形成陵園，充分的大自然化。西方的名人往往埋葬在教堂中，大型建築中，像法國的先賢祠、歷代帝王、教會頭領、著名哲學家、詩人、文學家、藝術家等都安葬在大教堂中、宮殿中，這就和大自然隔離了。

中國人把春夏秋冬形象化，必是牡丹代表春，荷花代表夏，菊花代表秋，梅代表冬。而西方必用四個美女代表春夏秋冬。這在義大利、法國等大型建築中到處可見。

西方人不是不熱愛大自然。其一，是親和自然的程度，遠遠不如中國人；其二，在哲學上，他們絕不認為人和自然平等、一體。尤其是他們要改造自然，征服自然，利用自然，叫自然變為人的「奴隸」，最後破壞了自然。根據卡普拉《轉折點──科學‧社會‧興起的新文化》中轉述：

> 按照培根的觀點，「對自然必須『在她漫步時窮追不捨』，『令她提供服務』，使她成為『奴隸』。她應當被『加以強制』，科學家的目的就是『拷打出自然的奧祕。』」[5]

這簡直把自然看成敵人、奴隸，和中國人尊重自然的態度完全不同。

有時西方人也談「順從自然」，但「順從自然」的目的是為了瞭解自然，最終支配自然。培根《新工具》中說：「人類知識和人類權力歸於一，因為凡不知原因時即不能產生結果。要支配自然就須服從自然。因為我們若不服從自然，我們就不能支配自然。」

培根所以認為科學知識能為帝國的政治服務，是因為他將自然法則與政治法則等同起來。他認為，政治法則與自然法則同出於上帝之手，二者十分相似。認識了自然法則同時也就掌握了政治法則。他說：「無疑，一點點哲學使人傾向於無神論；但是，深究哲理則使

註 Note

5　（美）卡普拉：《轉折點──科學‧社會‧興起的新文化》，中國人民大學出版社，1989 年版，第 38 頁。

人心回歸宗教。」[6]培根這裡說的無神論者，不是指那些不相信上帝存在的人，而是指德謨克利特、伊壁鳩魯等人所代表的哲學流派。他們否認有超自然的神，把神與宇宙內部的基本原則等同起來。相反，在培根看來，上帝是宇宙的統治者，用政治家的術語說，神是宇宙的行動長官。培根的神是一個絕對君主，是最高的立法者和法官，他的法律支配整個世界。培根在 1630 年的一封信中指出：「自然法則與真正的政治法則之間有驚人的相似與一致：一個不過是統治世界的秩序，另一個則是治理國家的秩序……我斷言，自然的原則與政治的原則之間有一致性。」[7]

這樣，征服自然也就成為政治家的目標，也就成為人類的目標了。

法蘭西斯·培根是文藝復興時期的哲學家，是實驗科學以及近代歸納法的創始人。他的思想在當時很有進步性，開創了一種全新的唯物主義的對自然關係。但是培根生活在宗教神學還占據主導意識的時代，雖然培根的自然觀摒棄了宗教神學的不可知論影響，但是培根無可避免的留有神學系統的尾巴。實際上培根將國家運行機制與自然機制等同起來，認為二者之間有一致性，並且由此認為可以通過對自然規律的研究，也就是對上帝統治自然的方式研究，加強君主對國家的統治研究。

因此，培根所謂的對自然研究實際上是將人世間的國家統治上升到哲學層面，為君主的統治法理性以及統治方式尋求認證與規範。通過對自然規則的研究，進一步發現政治規則，並為統治國家服務，這是培根的根本出發點。正是出於這個原因，培根才不斷強調「知識就是力量」，在此 power 也可被翻譯為權力，也就是知識就是權力，這種知識因而代表了人對自然的一種權力與對國家的統治權力之間的一致性。

　　培根的實驗哲學體現了近代哲學的基本特徵，因爲實驗不僅僅是一種方法，其內涵深刻表明主體與客體的關係。實驗需要條件，但這種條件往往不是天然的，更多的需要人（主體）爲地設立，使事物能在理想狀態下運動，顯示自己的必然過程。這實際上說，實驗本身已經設立目標，已經懷有企圖。人已經事先預謀著去統治自然，謀求認識日常經驗難以達到的原因和結果，並藉此控制自然的力量和運行過程。主體通過實驗把自然對象化，使事物不再是天然的、原初的，而是經過了加工和改造，貫徹了技術的意圖。因此，現代科學的行爲並非中立的，而是對自然的嚴重干涉和支配，是人按照自己的意圖對周圍世界的統治。實驗就是統治自然的一部分。[8]

　　培根對自然規則的研究是通過實驗達成的，當然這其中最根本的目的是通過獲得這些知識實現對國家以及自然的控制。因而在實驗中就先行的設立了人自身對自然的企圖，人對自然的設想通過實驗獲得肯定或者否定，並將實驗的結果當做自然本身加以接納。這就使得本眞的自然在人思維以及實驗的轉換下變成了知識，變成了知識上的自然。其哲學內涵就在於它們能把自然和世界構造成可預測、可統治的對象。這正是培根心目中的「科學」的本質。這實際上是後世笛卡爾二分論以及今天工具主義氾濫的前身，實際上所謂工具以及科學中貫徹的是人類本身的意圖。

註 Note

6　（英）培根：《培根論說文集》，水天同譯，商務印書館，1983 年版，第 57 頁。

7　Bacon, *Letters3*, London, 1861-1874, p.90-91.

8　尚新建：《論「知識就是力量」——培根對人與自然關係的重新界定》，中國青年政治學院學報，2007 年第 6 期，第 85 頁。

　　在培根那裡，國家權力的概念與支配自然力密切相關……培根的「知識就是力量」並非單純號召人們努力掌握科學知識，提高自身的工作能力，更重要的則是提出人類征服自然、統治自然的科學綱領，重新規定人在自然中的地位以及人與自然的關係，從而改變知識的性質，讓知識爲社會和政治服務，將知識與力量（權力）合一。[9]

　　前面說過在培根的思想中，上帝—自然，君主—國家，之間的同構關係。知識就是力量實際上是指知識在國家統治權力中扮演的角色，這不僅體現在對知識的占有所具有的社會地位的優勢，更體現在國家對自然的控制與征服。在知識—國家—權力（力量）—自然之間建立其聯繫。

　　培根的哲學直接導致了後來人與自然嚴重對立的思想，成爲人爲製造自然與人對立的理論基礎。

　　西方學者認爲人類是宇宙的中心，自然是被人統治的。

　　人類中心論：只有人與人之間才存在直接的道德義務，人對非人存在物只負有間接的義務；人與自然的關係不具有任何倫理色彩，之所以要把道德關懷施與人之外的存在物，是因爲把自然當作履行人與人之間的義務的仲介或工具納入了道德視野。換言之，我們人類對環境問題和生態危機負有道德責任，主要源於我們對人類生存和對子孫後代利益的關注，並非對自然事物本身的關注。只有在人類利益的基礎上，而不是從所謂的自然權利或自然價值出發才可能建立生態倫理學。

　　僅滿足感性偏好而不考慮伴生後果的理論是強式人類中心論。它以感性的意願爲價值參照系，把人的欲望的滿足作爲價值的圭臬，而自然則是達到這種目的的工具；「征服自然」、「控

制自然」是這種理論的主題，當代的環境問題與其不無關係，它不是真正的「人類」中心主義，因為它只以人的直接需要、當前利益為導向，在根本上放棄了人的長遠利益、整體利益或共同利益，其實質是個人中心主義或人類沙文主義。

以上兩段來自現代學者 Norton G. Bryan 的 Environmental Ethics and Weak Anthropocentrism[10]，這兩段話表明了現代西方自然倫理思想中的一種傾向，既是將人與自然的關係限定為利用與非利用的關係，人保護自然的出發點在於對自己的後代有利，將自然視為滿足人類偏好的資源。這種西方自然倫理觀談不上人與自然之間在生命層次上的聯繫，自然本身沒有權利，僅僅為一種資源，人對自然的道德感來源於對人的利益考慮。

人類中心論的要點是：一、人不可能脫離自身的利益而存在，人理所當然是以人為中心，正如蜘蛛只能以蜘蛛為中心。二、並非只有人才是所有價值的源泉，每一造物均有工具價值和內在價值。作為工具價值，它是按照自然物對於人種延續和良好存在等有益於人的特性而賦予的價值；作為內在價值，它是自然物自身就是目的性因素，是建立「有效的自然倫理」的基礎，但是人類評價自身的價值高於自然物的價值。三、當前的生態問題並不產生於人類中心論的態度本身，在人類進化過程中生態問題

註 Note

9　尚新建：《論「知識就是力量」——培根對人與自然關係的重新界定》，中國青年政治學院學報，2007 年第 6 期，第 86 頁。

10　Norton G. Bryan, *Environmental Ethics and Weak Anthropocentrism*, Environmental Ethics, Volume 6, Issue 2, Summer 1984, pp131~148，此文無中譯本，這是我的博士生方汀翻譯的。

是不可避免的現象，它產生於人類關於自然的知識超過了正確運用這些知識的知識以及人口迅速而無節制的增長。四、人類對未來的可預測性和認識能力的無限性決定了人類存在著主動擺脫生態危機的現實性和可能性，人類保護自身利益包含著保護人類自然環境的利益。

上文是另一位現代西方自然倫理學者 W.H. Murdy 的 Anthropocentrism：A Modern View[11]，這段話說明了人自身的價值高於自然本身的價值，自然的價值要符合人類價值的判定。在這個過程中不可避免的出現人與自然的衝突，在這個作者看來，人保護自然是由於人對自然利益的需要。西方自然倫理學中的人類中心論與中國傳統哲學中人是萬物之靈的思想完全不同，在傳統儒家思想中，人能作為萬物之靈在於人之德可配天之德，生發萬物，所謂「夫君子所過者化，所存者神，上下與天地同流。」[12]

科學的目的在於造福人類，使人成為自然界的主人和統治者。（《笛卡爾的人類哲學》）

這句摘自《笛卡爾的人類哲學》，他堅持認為，在精神的東西和物理世界的東西之間，本質上存在絕對的差別。在笛卡爾的這種二元論世界觀中，人與他們的環境的有機的——我們現在應稱之為生態的——聯繫被忽略了，自然被看做是被剝奪的對象，而不是被親和的對象。

理智的（先天）法則不是理智從自然界得來的，而是理智給自然界規定的。[13]

康得的這個觀點是康得形而上學的出發點，康得認爲自然不是目的，而人才是目的，人的理性要給自然立法。這是康得人類中心主義的論調。雖然康得強調人對自然的認識是被先驗過濾的，自然的本質也就是物自體的存在是不能被人的理性所認識，但是這也導致了人類中心主義，並給人類的自然立法提供了理由。

機械唯物主義的生態觀就是指斷言自然界乃是一個毫無理智與生命的組合體的觀念。在這種觀念看來，自然界當然只是一架機器而已，它雖由各種機器零件構成，但是由於這架機器始終是由外在的人們所控制的，因此它的功能的發揮完全取決於既定的目標。[14]

機械唯物主義的這種將自然看做機械，而人操控這台機器。這種觀念所凸顯的天人對立的理念是深埋在培根、笛卡爾主客二分的認識論觀點之中的種子。隨後的德國唯心主義哲學傳統將其發育，並在黑格爾的哲學體系中長成成熟的果實。

在黑格爾哲學中，自然根本就是理念的產物，是理念的外在形式。在黑格爾眼裡，所有自然的千奇百怪、萬紫千紅的事物根本離不開絕對理念。這是黑格爾哲學中天人對立思想以及對自然的持有的貶低態度的根源。黑格爾將自然的規定性視爲「外在性」，外在一詞是相對於絕對理念的自足性說的，是絕對理念的異化。因而自然對絕

註 Note

11　W.H.Murdy, *Anthropocentrism：A Modern View*,Susan J. Armstrong & Richard George Botzler ed. Enviornmental Ethics, New York: McGraw-Hill,1993.

12　《孟子・盡心上》。

13　（德）康得：《未來形而上學導論》，商務印書館，1978 年版，第 93 頁。

14　（英）羅賓・柯林伍德：《自然的觀念》，華夏出版社，1999 年版，第 6 頁。

對理念只能產生扭曲的反映，是絕對理念的所產生的殘次品，不完全品，正如恩格斯所說的「觀念（絕對理念）的下降」。因此黑格爾在絕對理念、人、自然三者之間就做出了割裂：絕對理念是完滿自足的存在，而自然只能以異化的方式展示這種存在，而人卻可以用理性達到這種存在，因此人實際是世間萬物的主宰。在這一過程中，人把自然界作爲自己認識和改造的對象，通過理性觀念把握自然，自然因此成爲人的本質力量展現的對象。因而自然在黑格爾看來就是低級的，異化了的絕對理念。

什麼是自然呢？

> 我將把產生一切自然現象所必需的那些不同異質物質稱爲元素，而把這些元素組合起來的那個現實的總結果或那些相繼出現的總結果稱爲自然。[15]

狄德羅主張把哲學建立在自然科學的基礎上。而自然科學觀念中的自然呈現爲機械唯物主義的形式，當時的人們就是用這種機械的觀念將自然看做一部巨大的機器。

> 自然變化多端、以無窮的方式配合著的物質，不斷接受並且傳導著各式各樣的運動。這些物質的不同的特性、不同的配合，這樣變化多端的活動方式（這些方式是活動的必然結果），給我們構成了事物的本質；就由這些多樣化的本質產生出不同的秩序、等級，或這些事物所占處的種種體系，它們的總和就形成我們所稱的自然。[16]

十八世紀歐洲的自然觀普遍是這種機械形式的，將自然視爲各種運動以及事物之間的傳導與配合，展現出不同的等級秩序。

以培根、笛卡爾為代表的機械唯物主義自然觀，18 世紀實踐法國唯物主義的自然觀，以及以費爾巴哈為代表的直觀唯物主義自然觀，儘管內容各不相同，但存在一些共同的特徵：割裂了自然與人、自然與社會、自然科學與人文社會科學的聯繫，以抽象孤立的思維模式審視兩者的關係，因而都是舊唯物主義抽象自然觀。

不承認自然界，不承認被物理科學所研究的世界是一個有機體，並且斷言它既沒有理智也沒有生命，因此，它就沒有能力理性地操縱自身運動，更不可能自我運動，它所展現的以及物理學家所研究的運動是外界施予的，它們的秩序所遵循的自然律也是外界強加的自然界不再是一個有機體，而是一架機器：一架按其字面本來意義的機器，一個被在它之外的理智設計好放在一起，並被驅動著朝一個明確的目標去的物體各部分排列。[17]

這段話上帝和人都站在自然的對立面。[18]

但在古希臘哲學中，「自然」並不如此：

在古代的希臘，與「自然」相當的詞是 physis，它意指自

註 Note

15　北京大學哲學系外國哲學史教研室：《十八世紀法國哲學》，商務印書館，1979 年版，第 342 頁。

16　（法）霍爾巴赫：《自然的體系》上，商務印書館，1999 年版，第 10 頁。

17　（英）科林伍德：《自然的觀念》，吳國盛譯，北京大學出版社，2006 年版，第 6 頁。

18　吳國盛：《追思自然：從自然辯證法到自然哲學》，遼海出版社，1998 年版，第 101-102 頁。

然而然地生成、生長、衰老、死亡。用亞里斯多德的話來說，physis 意味著「運動變化的原理包含在事物本身之內」。顯然，這裡的自然是具有內在生成發展法則的、有生命的、有機的自然。於是，人類不僅不和自然對立，而且是這個有生命的力的自然整體的一部分，甚至連上帝也內在地從屬於自然而不能超越自然。從羅馬時代開始，nature 這個名詞儘管來源於動詞 nascor，與希臘語的 physis 相近，但是自從它被引進中世紀基督教社會之後，其意義和地位都發生了變化。神、人、自然一體性被神、人、自然之間的等級秩序取代。無論人類還是自然，都是上帝創造的，上帝凌駕於一切創造物之上。此外，人類與自然也不是同格的，由於人類從上帝那裡取得了支配自然、利用自然的權利而超越於自然。[19]

這段內容說明西方自然概念在基督教的作用下發生了轉變。從原初包含性的、整體性的概念轉變為差序格局、等級性的概念。在這個等級秩序中，自然處於最低等級，受到高等級人類的支配。

實際上，自文藝復興以來，工業的發展和科學的發展密切相關並密切地相互作用。它們是互相受益的。但是，倘若我們問這種相互作用是如何發生的，我的回答是這樣的。它從開始就必然發生，因為它來源於一種新的哲學觀念或宗教觀念：關於哲學家即有知識者也應是行使權力者的柏拉圖學派觀念的一種獨特的新變體。那種理論的這一獨特的新變體在知識就是力量——支配自然的力量——這句名言中得到表達。自文藝復興以來出現的工業發展和科學發展都是這種哲學觀念——人類征服自然的觀念——的實現。我認為，征服自然的觀念是認識論的樂觀主義的文藝復興的變體。我們在新柏拉圖主義者列奧納多那裡發現了它，在培

根的有些譁眾取寵的形式裡發現了它。[20]

這部分內容有些複雜，作者說明了西方現代人支配自然的行為根源在於西方哲學傳統在文藝復興期間發生的轉變。這一轉變使得原初所具有的古希臘世界觀被打破，使得哲學家、知識所有者在法理上成為權力的所有者。這就為新的世界觀的來臨掃清了障礙，這種新的世界觀也即是培根所表述的「知識就是力量」的權力表現，人獲得知識是為了支配自然、利用自然、改造自然。這和中國人認為人和自然一體，人要親近自然，甚至尊重自然完全不同。

與古希臘不同，基督教《聖經》的生態觀卻具有自身的特點，由此決定了兩者對中世紀生態觀的不同的影響。第一，自然並不具有神性，上帝是唯一可以聲稱對自然萬物的統治權的神。上帝不受任何限制，上帝從無中創造了世間萬物。第二，上帝並沒有賦予自然萬物以固有的規律，而是將一切規則「常用他權能的命令托住萬有」。第三，自然物不能被崇拜，因為一切自然物皆仰仗於上帝，受上帝意志制約。第四，作為上帝的委託者，上帝賦予人類以管理自然萬物的權利。地球上的一切物質，無論是海裡的，還是空中的，無論是牲畜，還是地上的一切動植物，這些都歸他們管理。[21]

註 Note

19 李醒民：〈論作為科學研究對象的自然〉，《學術界》，2007 年第 2 期。

20 （英）波普爾：《走向進化的知識論》，中國美術學院出版社，2001 年版，第102 頁。

21 王豔：《馬克思主義生態觀研究》，南京航空航太大學，2011 年博士論文，第27 頁。

此段是對《舊約‧創世紀》的轉述。表明早期基督教中上帝、人、自然三者的關係，在這裡自然失去了古希臘觀念中的神性，轉而成爲最低級的存在。

上帝創造各有差別的宇宙萬物，在創造的過程中，上帝顯然賦予了必須積極地彰顯善的目的，爲此上帝將善隱藏於萬物之中。而萬事萬物的美與善都是片面的，只有上帝作爲終極的善和唯一的善。人們可以發現，宇宙作爲整體享有總體的善。[22]

基督教的宇宙觀使得全部的美與善被歸結於上帝，自然中只存在片面的美。

基督教的本質就在於確立人在宇宙萬物中的中心地位，這不僅在事實上造成了人與自然相互分離的二元論的觀念，而且由於對自然的無限貶低從而極易導致對自然的極端仇視、冷漠。[23]

美國的卡洛琳‧麥茜特在其《自然之死》中說：

科學的新人絕不會認爲「對自然的訊問會在某處被禁止或拒絕」、自然必須作爲一個「奴隸」來「服役」，它將在「強制」中被機械技術所「鑄造」。自然的研究者和偵探們將會發現她的陰謀和祕密。[24]

科學方法與機械技術相結合，將創造出一種「新工具」，一種新的研究體系，它使知識和物質力量結合在一起。在學術、戰爭和航海領域中，印刷術、火藥和指南針的技術發現，「幫助我們去思考一直閉鎖在自然深處的祕密」。「它們不像那些舊式技術對自然過程給予

溫文爾雅的引導，而是施用力量去占有和征服她，直到動搖她的整個基礎」，在機械工藝下，「自然會比在享受她的悠然自在時出賣更多的祕密」。[25]

由於西方的奴隸自然、控制自然、拷問自然，「拷打出自然的奧祕」之思想。對自然毫無親和之意，且有奴役、敵視之心。一方面強化加速了他們對自然科學的研究，另一方面，也加速了自然資源的枯竭，縮短了地球的壽命，尤其是對自然生態環境的破壞。人的生存環境遭到破壞後，人的健康也損失無窮。各種新的疾病層出不窮，科學家又要研製新的治療方法，新的方法（藥品等），又產生新的疾病，循環往復，直至毀滅人類。且看西方學者的論述：

> 資本主義生產使它彙集在各大中心的城市人口愈來愈占優勢，這樣一來，它一方面聚集著社會的歷史動力，另一方面又破壞著人和土地之間的物質變換，也就是使人以衣食形式消費掉的土地的組成部分能回到土地，從而破壞土地持久肥力的永恆的自然條件。這樣，它同時就破壞城市工人的身體健康和農村工人的精神生活。[26]

註 Note

22　（意）湯瑪斯・阿奎那：《神學大全》第 2 冊，胡安德譯，中華道明會、碧嶽學社聯合發行，2008 年版，第 46 頁。

23　（美）林恩・懷特：〈生態危機的歷史根源〉，《科學》，1967 年第 155 期。

24　（美）卡洛琳・麥茜特：《自然之死》，吳國盛等譯，吉林人民出版社，1999 年版，第 169 頁。

25　（美）卡洛琳・麥茜特：《自然之死》，吳國盛等譯，吉林人民出版社，1999 年版，第 169 頁。

26　（德）馬克思：《資本論》第 1 卷，人民出版社，2004 年版，第 579 頁。

這就是西方資本主義的運作是以對人精神的破壞與對自然的消耗
為基礎的。

　　倫敦的空氣永遠不會像鄉間那樣清新而充滿氧氣。250 萬人
的肺和 25 萬個火爐集中在三四平方德里的地面上，消耗著極大
量的氧氣，要補充這些氧氣是很困難的，因為城市建築本身就阻
礙著通風。呼吸和燃燒所產生的碳酸氣，由於本身比重大，都滯
留在房屋之間，而大氣的主流只從屋頂掠過。住在這些房子裡的
人得不到足夠的氧氣，結果身體和精神都萎靡不振，生活力減
弱。因此，大城市的居民患急病的，特別是患各種炎症的，雖然
比生活在清新的空氣裡的農村居民少得多，但是患慢性病的卻多
得多。[27]

　　蒸汽機的第一需要和大工業中差不多一切生產部門的主要需
要，都是比較純潔的水。但是工廠城市把一切水都變成臭氣沖天
的汙水。[28]

　　橋底下流著，或者更確切地說，停滯著艾爾克河，這是一條
狹窄的、黝黑的、發臭的小河，裡面充滿了汙泥和廢棄物，河水
把這些東西沖積在右邊的較平坦的河岸上。天氣乾燥的時候，這
個岸上就留下一長串齷齪透頂的暗綠色的淤泥坑，臭氣泡經常不
斷地從坑底冒上來，散布著臭氣，甚至在高出水面四五十英尺的
橋上也使人感到受不了。此外，河本身每隔幾步就被高高的堤堰
所隔斷，堤堰近旁，淤泥和垃圾積成厚厚的一層並且在腐爛著。
橋以上是製革廠；再上去是染坊、骨粉廠和瓦斯廠，這些工廠的
髒水和廢棄物統統匯集在艾爾克河裡。[29]

　　文明是一個對抗的過程，這個過程以其至今為止的形式使土
地貧瘠，使森林荒蕪，使土壤不能產生其最初的產品，並使氣候
惡化。[30]

這四段是恩格斯對資本主義工業擴張帶來的環境問題的生動描述。

　　一句話，動物僅僅利用外部自然界，簡單地通過自身的存在在自然界中引起變化；而人則通過他所做出的改變來使自然界為自己的目的服務，來支配自然界。[31]

這個支配自然，使自然為自己服務，實際上也破壞了自然，等於「飲鴆止渴」。大自然對人類的報復也是毫不留情的。以下內容選自[美]蕾切爾·卡遜著《寂靜的春天》[32]：

　　在人對環境的所有襲擊中最令人震驚的是空氣、土地、河流以及大海受到了危險的、甚至致命物質的汙染。這種汙染在很大程度上是難以恢復的，它不僅進入了生命賴以生存的世界，而且也進入了生物組織內，這一罪惡的環鏈在很大程度上是無法改變的。在當前這種環境的普遍汙染中，在改變大自然及其生命本性的過程中，化學藥品起著有害的作用，它們至少可以與放射性危害相提並論。在核爆炸中所釋放出的鍶90，會隨著雨水和飄塵爭先恐後地降落到地面，居住在土壤裡，進入其上生長的草、

註 Note

27　《馬克思恩格斯全集》，第 2 卷，人民出版社，1957 年版，380-381 頁。

28　《馬克思恩格斯全集》，第 20 卷，人民出版社，1971 年版，第 320 頁。

29　《馬克思恩格斯全集》，第 2 卷，人民出版社，1957 年版，第 331 頁。

30　（德）恩格斯：《自然辯證法》，人民出版社，1984 年版，第 311 頁。

31　《馬克思恩格斯選集》，第 4 卷，人民出版社，1995 年版，第 383 頁。

32　（美）蕾切爾·卡遜，呂瑞蘭、李長生譯，《寂靜的春天》，上海譯文出版社，2007 年版。

穀物或小麥裡，並不斷進入到人類的骨頭裡，它將一直保留在那兒，直到完全衰亡。同樣地，被撒向農田、森林、花園裡的化學藥品也長期地存在於土壤裡，同時進入生物的組織中，並在一個引起中毒和死亡的環鏈中不斷傳遞遷移。有時它們隨著地下水流神祕地轉移，等到它們再度顯現出來時，它們會在空氣和太陽光的作用下結合成為新的形式，這種新物質可以殺傷植物和家畜，使那些曾經長期飲用井水的人們受到不知不覺的傷害。（第9頁）

新的化學物質像涓涓溪流不斷地從我們實驗室裡湧出，單是在美國，每一年幾乎有五百種化學合成物在實際應用上找到它們的出路。（第9頁）

由科羅拉多州某製造工廠排出的有毒化學藥物必定通過了黑暗的地下海流向好幾里遠的農田區，在那兒毒化了井水，使人和牲畜病倒，使莊稼毀壞……（第24頁）

農藥的噴灑不僅計畫不周，而且如此濫用。在新英格蘭南部的一個城鎮裡，一個承包商完成了他的工作後，在他的桶裡還剩有一些化學藥粉。他就沿著這片不曾允許噴藥的路旁林地放出了化學藥物。結果使這個鄉鎮失去了它秋天路旁美麗的天藍色和金黃色，……在麻塞諸塞州鄉鎮的官員們從一個熱心的農藥推銷商手中購買了滅草劑，而不知道裡面含有砷。噴藥之後道路兩旁所發生的結果之一是，砷中毒引起十二頭母牛死亡。（第36頁）

當人類向著他所宣告的征服大自然的目標前進時，他已寫下了一部令人痛心的破壞大自然的記錄，這種破壞不僅僅直接危害了人們所居住的大地，而且也危害了與人類共用大自然的其他生命。致使鳥類、哺乳動物、魚類，事實上使各種類型的野生物直接受害。（第42頁）

環境健康的一系列新問題的產生原因是多方面的——一是由於各種形式的輻射，二是由於化學藥物在源源不斷地生產出來，

殺蟲劑僅是其中的一部分。現在這些化學藥物正向著我們所生活的世界蔓延開來，它們直接或間接地、單個或聯合地毒害著我們。（第 87 頁）

以下內容選自卡洛琳·麥茜特著《自然之死》[33]：

　　如今，無機氮肥和化肥殺蟲劑留下的是持久破壞土壤的殘餘物和難以預見的副作用；追求高產出的單一耕種導致的是病蟲害大規模肆虐；市場激勵著持續不斷地把新的「處女地」變為耕地，整個兒破壞了已建立起來的生態平衡。其次，增長、擴張和積累的傾向作為資本主義的遺傳品性，把依靠土地維繫生計的農民逐出了歷史舞臺，破壞了人地合作的傳統模式。（自然之死，第 52 頁）

　　資本主義生產方式對森林的影響，遠遠超過了純粹的人口壓力所產生的影響。以無機的，不可再生的鋼鐵資源為基礎的技術進步和經濟擴張，增強了人們開發林地的能力。儘管在 14 世紀的人口銳減之前，人門壓力已經使森林生態系統受損，待生態系統恢復後，16 世紀的商業資本主義導致了木材資源戲劇性的衰落。（自然之死，第 62 頁）

　　12 至 13 世紀歐洲人口飛長，迎來了個大開荒時期，林地變成了耕地，沼澤成了役畜的草場。英國、法國、德國和義大利的森林面積都明顯縮小了。英國森林地帶的鋼鐵工業靠橡樹燒出的木炭來煉鐵，從 13 世紀就開始侵蝕森林了。圍繞著人口稠密之

註 Note

33　（美）卡洛琳·麥茜特：《自然之死》，吳國盛等譯，吉林人民出版社，1999 年版。

地，木柴的短缺引發了一場能源危機⋯⋯已經有必要由紐卡索（Newcastle）進口海煤（seacoal）海煤是一種含硫量高的軟煤，燃燒時產生黑煙灰和嗆人的煙霧。（自然之死，第63頁）

　　作為英國的木材開採的一個後果，採煤業指數般地興起。⋯⋯煤的輸入量增加了20倍至25倍之多。哪裡燒海煤，哪裡就留下厚厚一層黑煙灰和嗆人的煙雲。據說伊莉莎白女王「讓海煤煙味搞得太煩心太傷心」，以致在1578年要求倫敦的釀造商和其他工業不要使用任何類型的煤，完全用木柴做燃料。由於木柴只能通過高價獲得，這一要求沒能得到回應。17世紀，對海煤的抱怨戲劇般地上升了。1627年的一項反對明礬工的請願聲稱，海煤之煙腐蝕了草地並毒死了泰晤士河中的魚。倫敦的婦女抱怨「這個城市的煤煙氣味」。（自然之死，第67頁）

恩格斯在《自然辨證法》中說：

　　我們不要過分陶醉於我們對自然界的勝利。對於每一次這樣的勝利，自然界都報復了我們。每一次勝利，在第一步都確實取得了我們預期的結果，但是在第二步和第三步卻有了完全不同的、出乎意料的影響，常常把第一個結果又取消了。美索不達米亞、希臘、小亞細亞以及其他各地的居民，為了想得到耕地，把森林都砍完了，但是他們做夢也想不到，這些地方今天竟因此成為荒蕪不毛之地，因為他們使這些地方失去了森林，也失去了積蓄和儲存水分的中心。阿爾卑斯山的義大利人，在山南坡砍光了在北坡被十分細心地保護的松林，他們沒有預料到，這樣一來，他們把他們區域裡的高山畜牧業的基礎給摧毀了；他們更沒有預料到，他們這樣做，竟使山泉在一年中的大部分時間內枯竭了，而在雨季又使更加凶猛的洪水傾瀉到平原上。[34]

這表明對自然的破壞加速了人類生存環境的惡劣。

我們再看中國學習西方研究自然、改造自然的後果。

長江兩岸本來森林、樹木濃密，後來一些人要改造自然，向山要糧，向河要糧，把樹木砍掉，種上莊稼。似乎多收了一些糧食，結果山上因樹林被砍，泥土流失，堵塞河流。河堤因無樹木，也就不固不保，造成長江決堤，洪水氾濫，淹沒萬畝良田，億萬人受災受難，不僅損失了財產，更損失了生命，損失大大超過了增產的一點糧食。結果又不得不退耕還林，仍然恢復原來的狀態，洪水的災難也就自然減少了。

如果不學習西方，不去改造自然，順任原來的森林、樹木，自然的發展，山上水土得以保持，河堤鞏固，便不會有那麼多災難。後來的退耕還林，在幾十年，上百年中，也不可能回復到原來的自然狀態。損失是很難彌補的。

前幾年電視上播放某發達省一個發達村莊和落後村莊的比較，很有意義。兩個村莊本來差不多。一個村莊靠大城市較近，他們中有些有文化和科學知識的人要改變自己的生活，要發家致富，必須改變以種田為主的方式，於是便請來一些科學家，從事研究，在他們的村莊建成了很多工廠，其中有很多是化學工廠。很快他們的產品暢銷全國，甚至出口國外，他們獲得巨大利潤，於是農田再無人去耕種，幾乎家家參與工業生產。二十年不到，這個村莊家家巨富，億萬戶有之，千萬元戶更多，百萬元戶就不值得一提。於是家家建有洋房、別墅，家家有汽車，而且大多是進口汽車，至於吃、穿、用甚至超過國外發達國家的水準。也是二十年不到的時間，這個村莊原來的青山綠

註 Note

34　（德）恩格斯：《自然辯證法》，《馬克思恩格斯全集》，第 20 卷，人民出版社，1971 年版，第 519 頁。

水早已不復存在。農田早已荒蕪，到處是臭水溝，臭水塘，河流魚蝦早已死光，連鳥鵲都沒有了。更嚴重的是，幾乎家家有癌症病人，有的一家有幾個癌症病人。他們又把賺到的錢投進醫院，治療癌症。電視採訪中，家家的癌症病人痛苦之狀，以及家人為治療癌症病人的痛苦之狀，皆十分悲慘。部分有知識的人認識到這是環境污染的結果，開始把家人遷到別的村莊或城內，但疾病卻無法遷移，而且死亡最多是孩子。他們花盡了自己的積蓄，但人仍然死了。二十年間，這個村莊的人平均壽命下降到四十歲。他們高檔的別墅，高檔的汽車並沒有給他們帶來幸福。自然環境的破壞，反而加速了他們的痛苦和死亡。

　　另一個是貧困的村莊。他們沒有請來科學家，沒有研究如何改變自然以發家致富，沒有改變自己村莊的自然環境，他們依舊是耕種為主。二十年來，他們村莊沒有百萬元戶，千萬元戶，更沒有億萬元戶，沒有別墅，沒有小汽車，只有落後的小型的運輸車和拖拉機。探訪中，這個村莊大多數農民仍然是粗布棉衣，和那個富裕村莊人家的西服洋服相比，落後太多。至於富裕村莊晚上燈紅酒綠，少女翩翩起舞，更是沒有。他們早睡早起，農忙時耕種收穫；農閒時，晒晒太陽，三五老人聚在一起聊天，偶爾打打牌，過年過節，自己組織一些文藝愛好者，唱唱歌，舞動幾下。生活雖不富足，但吃飯穿衣尚且不愁。但他們村莊青山綠水依舊，每日悠閒自得，河塘有魚蝦，樹上有鳴鳥。而且二十年過去了，樹又都長高長大了，更加鬱鬱蔥蔥。因為基本上沒有競爭，人與人之間關係也十分融洽淳樸。但這個村莊沒有一個生癌症的病人，絕大多數人說不知道醫院是什麼樣，他們從未進過醫院，有幾個人還幽默地說，不知生病是什麼滋味，不知吃藥是什麼滋味。他們平均壽命是 80 歲，壽命是那個富裕村莊人的兩倍。更重要的是，他們很清閒，不但身閒，心更閒，沒有勾心鬥角、爾虞我詐，沒有天天為賺錢而絞盡腦汁的痛苦，沒有生癌症進醫院的痛苦。

　　這也許是兩個極端的例子，但也頗能說明問題。

　　數年前，筆者受邀請去廣西寫生，任務是畫一批廣西的山水。我們到了世界上有名的長壽地區——河池市。這裡是聯合國重視的長壽地區，聯合國多次派人來考察研究此地人為什麼長壽。我第一次到這個地方，看到的是到處都很原始，到處是山地，當然遍地青山綠水。村前村後，房屋四周，溝塘兩邊，路旁壟上，全是綠色的叢竹、芭蕉、大小樹木。除了有的家中有一個電視機外，沒有任何工廠。以人種玉米為主，每家主食以玉米居多，青菜都是自己家前後地裡長的，吃的時候臨時去地裡拔幾棵，洗一洗就下鍋，或生吃了。那裡95歲以上、百歲以上老人到處可見。而且雖然百歲左右，眼睛視物看人、耳朵聽聲音都很清楚。我遇到一位老太太，96歲，走路不用枴杖，走得很快。我趕上去和她講話，我的方言很重，她居然全部聽懂，而且她回答我的提問也十分清晰。沒有老年人那種哼哼唵唵的遲鈍感。她走到自己家門口，我一看是一個很陳舊的木門、木牆，她迅速進去，馬上拿出兩個小板凳，讓我坐，又迅速進去，拿出一個大筐，一大串玉米棒。她一面擰著玉米棒，把玉米剝下來，一面和我說話。原來她不願閒著，和客人講話，手裡也不停地幹事。她的靈敏、迅速、清晰、勤勞，完全不像一個老人，更不像一個96歲老人。說話當中，隔壁一個老太太出來，她指著那位老太太說：「她比我還大兩歲呢。」

　　我去的是長壽地區中最長壽的巴馬縣，這裡山多地少，有「八山一水一分田」之稱。因為原始，沒有汙染，空氣中負氧離子含量每立方米20000個以上。據聯合國統計，這個人口很少的縣，百歲以上老人所占比例之多，居世界前五名。90歲以上老人就更多，而且都很健康的活著。其根本原因，就是這個縣的人自然的生活著，和當地大自然和諧相處。他們不去研究、拷問自然，不去征服改造自然。他們不知道負氧離子有多少，不知道用化肥、農藥，不建工廠，不建試驗所，甚至有點像《莊子》所說的「抱甕灌園」的意思。我一向對莊子「抱甕灌園」和《老子》「雞犬之聲相聞，民至老死不相往來」持否

定態度，但看到這裡的情況，似乎也很有道理。

　　這個縣中的人都很安分，不大和人來往。如果不是聯合國把它列為世界長壽縣，引來很多人參觀調查、投資，這個縣會一直保持其質樸狀態，人們會一直寧靜的美好的生活下去，悠閒自得，無病無災。

　　可惜我第二次去這個地方，因為參觀的人多，投資者也出現，這個本來十分質樸的地方，已建造了很多公路，以方便來參觀的人行駛汽車，又建造了很多旅店，很多世代務農的人也開始經商。如果不控制，這個長壽地區很快就會被破壞。

　　但是如果中國人都這樣不研究自然，不從自然中索取而發展自己，或者如前引《老子》六十四章所說的：「以輔萬物之自然而不敢為。」固然對人類、對地球有好處；但作為世界競爭中的一個國家，那就會落後。其他國家研究自然，向自然拚命的索取，發展自己，強大自己，強大到一定程度就會從「拷打自然」到「拷打落後」。他們的資源挖掘光了，就會來挖我們的資源。所以，中國就必須適當放棄自己的哲學，而學習西方的哲學，也從自然中索取來發展自己，強大自己。當然，這也加速我們自己的資源枯竭，也會汙染自己的環境，破壞自己的生態平衡。只是可以抗衡西方的強勢吞併。但如果全世界都用中國的哲學，不去過分的「拷打自然」，奴役自然，而和自然和睦相處，那麼，人類就會更長久，這個世界就十分美好。

　　當然，適當的研究自然，不是破壞自然，不是過速的利用資源，而是研究如何保護自然，避免自然中部分對人類有威脅的因素。不要競爭著去利用自然，改變自然。生產並發明化肥、農藥、各種化工汙染、核汙染、轉基因，等等，拚命的破壞自然；而是隨著自然的發展而發展，根據自然的需要，而做出適當的調理，也就是荀子「制天命而用之」的哲學。那麼這個地球會更美好，更長久。

　　這裡要補充說明的是：

　　在中國二十世紀五〇年代，中國有一部分學者為了迎合當時政

治的需要，提出，雖然中國古代哲學家莊子、老子、孔子、孟子等所有儒家學者提倡「天人合一」，人與自然和睦相處，但也有人提出，要征服自然。例如荀子便提出「制天命而用之」[35]。他們舉出的唯一一處中國人主張征服自然的便是荀子這句話，他們把「制」理解為制裁、強制、改造的意思。其實，這個「制」是遵從的意思。《商君書・更法》中有：「知（智）者作法，而愚者制焉；賢者更禮，而不肖者拘焉。」《淮南子・氾論訓》有云：「夫聖人作法，而萬物制焉。」高誘注：「制，猶從也。」「制天命而用之」的意思是遵從天命而用之。古今真正的有學之士並無異見，荀子的哲學思想也是儒家的一部分，未曾出離「親親而仁民，仁民而愛物」、「民胞物與」以及「天地與我並生，萬物與我為一」的範疇，也是主張人要和自然親和、和睦相處。

　　西方發達國家後來也認識到人和自然對立以及征服自然、拷打自然的危害性，也提出保護生態平衡，保護大自然，甚至保護部分動物，又宣布某些動物是人類的朋友。這都有意無意地回到中國的哲學中去，但還遠遠不夠。西方還應該認真學習研究中國的哲學，以保護這個地球。

註 Note

35　《荀子・天論》中句。

第四章

天人合一，天人二分

 釋「天人合一」

「天人合一」最爲中國現代學者所樂道，一直被中外學者論爲最能代表中國哲學或中國精神的特色，甚至是中國文化的一個主要特徵。但古代學者卻很少提到「天人合一」，只有在注解闡說《正蒙·乾稱》篇時提到，其他地方也沒有人把「天人合一」作爲十分重要的理論命題提出。到了現代，不知多少名家大家大談「天人合一」。按理：「天人合一」是什麼意思，早應該有一個明確的答案才是。但對於這句話的理解，卻有很多種。有的很含糊。歷史上任何一種重要的理論命題，正確的解釋只能是一種。解釋的不同，愈多愈說明錯誤愈多，或者根本就沒有正確的理解。

「天人合一」的解釋很多種。儘管都出自名家之口，說明不知何意的還是居多。因此，還有再研究的必要。

在眾多的解釋中，除去很含糊的，很明確的解釋有兩種。

其一，中國的「天人合一」，從優點講，是人和自然和睦相處，萬物一體，「民吾同胞，物吾與也」，物都是我的同類，這就和諧了。但中國傳統的天人合一有兩種，一種是儒家的，一種是老莊的。天人合一共同的特點是不要把人和物分開，不要強調人和物的區別，要強調「天地與我並生，萬物與我爲一，……」[1] 季羨林也認爲，「我主張『天人合一』。天，就是大自然；人，就是人類。合就是互相理

解，結成友誼，不能相視爲敵人。」[2]「東方文化的中心，我認爲是『天人合一』。意思就是人與自然要成爲朋友，不能成爲敵人。」[3]很多學者的看法基本同於此。

其二是《漢語大辭典》上解釋：「天人合一，中國哲學中關於天人關係的一種觀點。與『天人之分』說相對應。認爲『天』有意志，人事是天意的體現；天意能支配人事，人事能感動天意，由此二者合而爲一體。戰國時的子思、孟子首先明確提出這種理論，漢儒董仲舒繼承此說發展爲『天人感應論』」。

前者主要說「天人合一」是人和自然和諧相處，萬物一體，這個「天」是無意志的，不是神，其實是天地萬物。後者主要說：「天人合一」是天和人互相感應。而這個「天」是有意志的神。區別很大。而持後一說法的人往往是研究「天人合一」的專家。所以《漢語大辭典》採取了他們的說法。

持後說者，如余英時就認爲：「在『絕地天通』時期，只有地上人王以全民代表的名義擁有與『帝』或『天』的直接交通的特權……但他必須通過一種特有的神奇法術才能和『帝』或『天』取得直接聯繫，這便是所謂『巫術』。王或者以『群巫之長』的身分，或者指派他所信任的巫師主持天人之間的交通。所以我稱這種交通爲集體方式的『天人合一』，即由地上的『余一人』，代表人民的集體與『天』合一。」[4] 在這裡，余英時顯然認爲「天」是有意志的人格神。「天人合一」也顯然是有意志的天和人的交通感應。他還認爲：

註 Note

1　張世英：〈在詩與哲的屋簷下〉，載《中國藝術報》，2016 年 1 月 27 日第 3 版。

2　池田大作等：《暢談東方智慧》，(香港) 商務印書館，2004 年版，第 38、40 頁。

3　池田大作等：《暢談東方智慧》，(香港) 商務印書館，2004 年版，第 38、40 頁。

4　余英時：《論天人之際》，中華書局，2014 年版，第 163 頁。

「天人合一」的初源在「絕地天通」時期「群巫之長」的降神經驗……「天人合一」完全仰賴巫作仲介，以建立「人」、「神」之間的交通「管道」。[5]

以上這兩種對「天人合一」的解釋是對立的，都出於大專家筆下，二者必有一錯，或者都錯。

金岳霖應該是有點實力的哲學家。他在《中國哲學》一文中也指出：

> 多數熟悉中國哲學的人大概會挑出「天人合一」來當做中國哲學最突出的特點……我們把「天」理解為「自然」和「自然神」，有時強調前者，有時強調後者，……「天人合一」就是主體融入客體，或者客體融入主體，堅持根本同一，泯除一切顯著差別，從而達到個人與宇宙不二的狀態。[6]

還有北京大學樓宇烈所著的《中國的品格》[7]中專列「天人合一」一節，他說：

> 首先可以考察一下，天人合一的思想是從哪兒來的？起源於什麼地方？我們發現，這種思想跟中國原始文化中的自然崇拜，或者說天地崇拜，就是以天地為生物之本這樣一種思想是相關的，同時又跟中國原始文化中的祖先崇拜相關聯。
> ……
> 天人合一中的天，其實就是自然之天、天命之天結合在一起的，後來人們又認為自然之天和天命之天跟人都是密切相連的，因此就有了天人合一的概念。[8]

另外，秦家懿「推斷『天人合一』的想像最初始於遠古降神的

經驗，即人在一種神祕和發狂的精神狀態中，感受到『和神合而爲一』……這其實是巫師的經驗……」[9]

當然，如前所述，「天人合一」的解釋還有很多，不再一一列舉了。

必須首先查清「天人合一」是誰最先提出來的，他的意思才是唯一正確的解釋，以經解經，才是正經。其他各家在此基礎上闡發和發展，或另作別釋，那是另外的事。

「天人合一」的說法，首先是宋代的理學家張載總結出來的（注意不是他個人首先創造出來，而是總結出來），他在其著作《正蒙·乾稱》中先是說：

> 浮屠明鬼，謂有識之死受生循環，遂厭苦求免，可謂知鬼乎？以人生爲妄見，可謂知人乎？天人一物，輒生取捨，可謂知天乎。孔孟所謂天，彼稱謂道。[10]

接著下一段中，他又說：

> 釋氏語實際，乃知道者所謂誠也，天德也。其語到實際，則以人生爲幻妄，以有爲爲疣贅，以世界爲陰濁，遂厭而不有，遺

註 Note

5　余英時：《論天人之際》，中華書局，2014 年版，第 171 頁。當然余英時認爲各個時期的「天人合一」形式和內涵都不同。

6　季羨林、張光璘編選：《東西文化議論集》上冊，經濟日報出版社，1997 年版，第 250 頁。

7　樓宇烈：《中國的品格》，四川人民出版社，2014 年版，第 52~53 頁。

8　樓宇烈：《中國的品格》，四川人民出版社，2014 年版，第 52 頁至 53 頁。

9　轉自余英時：《論天人之際》，中華書局，2014 年版，第 170 頁。

10　張載：《張載集·正蒙·乾稱篇第十七》，中華書局，2006 年版，64~65 頁。

而弗存。就使得之，乃誠而惡明者也。儒者則因明致誠，因誠致明，故天人合一，致學而可以成聖，得天而未始遺人。……[11]

前段是說佛家講鬼，認為人死之後，靈魂進入六道輪迴，生死循環，因而把生死看作苦事，希望通過修行擺脫輪迴（張載認為精氣聚則為人，散則漸滅而為鬼）。這種認識難道是對鬼的真實瞭解嗎？以人生為虛妄，這是對人生真實的認識嗎？「天人一物」，天和人是一物，亦即天人同一理。

熊剛大說：「天與人同一理，今乃棄人事以求天性，是不知有天之理。」[12] 王夫之《張子正蒙注》云：「天之用在人，人之體無非天……聲色、臭味、父子、君臣、賓主、賢愚，皆天理之所顯現而流行，非空之而別有天也」。「輒生取捨」，即捨人生而求天性。怎能知天之理呢？明吳訥《正蒙補注》中釋此文中「天人一物，輒生取捨」說：

> 佛氏指浮生幻化，是不知人之理也。天人同一理，人乃棄人事以求天性，是不知天之理也。

明‧劉璣《正蒙會稿》中釋此云：

> 蓋「天人一物」，氣聚則生，氣散則死。死生，人鬼之常，若輒舍人而取天，則既不知鬼，亦不知天矣。

清‧華希閔《正蒙輯釋》釋此謂：

> 天是大底人，人是小的天，何取何舍？舍人求天，非天也。孔孟未嘗不言天，只是以道為天，非以虛空為天也。

熊剛大則認為：

　　天人一致，何所取捨？

　　這裡說的「天人一物」、「天人一致」、「天人同一理」，實際上就是下面說的「天人合一」。

　　下一段說「釋氏語實際」。這「實際」即佛家語中指的真如、法性境界，這是儒家所說的「誠」也，「天德」也。其說到實際，則以人生為幻妄，有所作為為疣贅。以世界（佛家語：宇宙）為陰濁，對人世厭棄，要拋棄現實生活，佛教對世界的認識實際是對天理的錯誤認知。

　　「誠而惡明」，簡單的說即，知之而惡之。知道實際而厭惡實際。因為佛以空為宗，以天地萬物皆為幻，為空，為「疣贅」，「以世界為陰濁」，所謂「厭世」。這對於人生、世道皆無補益。既然世界是空的，「萬法皆空」，人生又有什麼意義呢？「誠」屬於天道，「明」屬於人道，「誠」與「明」應該一致，而釋氏「誠而惡明」，則天人不是一物，天人不合一了。從這裡已經可以看出：「天人合一」即天理，人道是一致的意思了。

　　劉璣《正蒙會稿》中云：「誠而惡明，天而不認，……聖何嘗不成於善信哉？天而人也。本語其始也，歸其終也。『二本殊歸』者，天人本合一，釋氏歧而二之，則始終皆不同矣。」

　　儒者則因明致誠，因誠致明。自誠而明，生而知之也，皆天德清明，曰良知。張載在《正蒙・誠明》曰：「誠明所知乃天德良知，非

註 Note

11　張載：《張載集・正蒙・乾稱篇第十七》，中華書局，2006 年版，第 64~65 頁。

12　熊大剛注：《性理群書句解・正蒙》，凡熊大剛語，皆出此書中。

聞見小知而已。」王夫之說：「誠者，天之實理。明者，性之良能。性之良能出於天之實理，故交相致，而明誠合一。必於人倫庶物，研幾、精義、力行以推致其極，馴致於窮神知化，則天下之理得，而成位乎其中矣。」[13] 實際上張載這句話出自《中庸》：「自誠明，謂之性。自明誠，謂之教。誠則明矣，明則誠矣。」張載自己說「『自明誠』，由窮理而盡性也；『自誠明』，由盡性而窮理也。」[14] 性就是事物的本質。又謂：「性與天道不見乎小大之別也。」[15] 性雖在人而小，道雖在天而大，以人知天，體天於人，則天在我而無小大之別也。是天與人一也。「性與天道合一存乎誠」[16]「盡性然後知生無所得，則死無所喪。」「天人異用，不足以言誠；天人異知，不足以盡明。」[17]「明誠」和「誠明」都是窮理和盡性，不過一先一後的問題。人能盡性而知天，天能盡性而知人，二者也是合一的。從張載這些論述中可知，他的「天人合一」即「天人一物」。天指「天理」，人指「人道」，即天理、人道為一物，天理、人道合一。道和理的區別是：一事一物的具體的規律，叫理；萬事萬物總的規律叫道。天理的綜合即天道，以理見道，以道統理，道和理在一定場合下是一回事。「天人合一」即天理、人道合一，即天道、人道合一。也就是上面說的「天人同一理」。張載這種「天人合一」即天道、人道合一之思想處處有顯示。

張載另一句名言：「為天地立心」[18]。人為天地立心，則人心即天地之心，人心又來自天地，則天地之心亦人心。也是天道，人道合而一，即天人合一也。

張載又說：「天無心，心都在人之心。」（《張載集‧經學理窟》）《朱子語錄》中有「天地間非特人為至靈，自家心便是鳥獸草木之心。」《易傳‧復卦》又云：「復，其見天地之心。」朱子又云：「天地以生物為心，而所生之物因各得夫天地生物之心以為心。」（《四書章句集注》）「人得之遂為人之心，物得之遂為物之心，只是一個天地之心爾。」（《朱子語類》）由是觀之，天地以生物為心，生物

又以天地之心為心，人得之以為人之心，天心又是人心，人心又是天心，故「天人合一」，即天道、人道合而為一也。

　　張載《正蒙·天道》中說：「天視聽以民，明威以民，故《詩》、《書》所謂帝天之命，主於民心而已焉。」「天視聽以民」出於《尚書·周書·泰誓》：「天視自我民視，天聽自我民聽。」天之視聽，皆因於民之視聽，則天、民（人）一也，也就是天道、人道一也，亦即「天人合一」。前所言「天人一物，輒生取捨」，即天道、人道為一理，怎麼能捨人道而求天理呢？亦即天人合一。

　　王夫之說：「道一也，在天則為天道，在人則有人道。人之所謂道，人道也，人道不違於天。」熊剛大說：「天與人同一理」，即「天人合一也。」接著張載又說：「故天人合一，致學而可以成聖，得天而未始遺人。」簡單地說：誠屬於天道，明屬於人道，「因明致誠，因誠致明」即天道與人道互為因果，故「天人合一」，即天道與人道是合一的。誠，天之實際，天理也；明，性之良能，明其理也。所以，「致學可以成聖」。「《易》所謂不遺、不流、不過者也。」[19]這句話典出《易經》卷九《繫辭上傳》：

　　　　《易》與天地準，故能彌綸天地之道。仰以觀於天文，俯

註 Note

13　王夫之：《張子正蒙注》，嶽麓書社，2010 年修訂本。凡王夫之語，皆見此書。

14　張載：《張載集·正蒙·誠明篇第六》，中華書局，2006 年版，第 21 頁。

15　張載：《張載集·正蒙·誠明篇第六》，中華書局，2006 年版，第 20 頁。

16　張載：《張載集·正蒙·誠明篇第六》，中華書局，2006 年版，第 20 頁。

17　張載：《張載集·正蒙·誠明篇第六》，中華書局，2006 年版，第 20-21 頁。

18　張載此語為「為天地立心，為生民立命，為往聖繼絕學，為萬世開太平。」其《近思錄》中為：「為天地立心，為生民立道，為去聖繼絕學，為萬世開太平。」見《張載集》，中華書局，1978 年版，第 376 頁。

19　張載：《張載集·正蒙·誠明篇第六》，中華書局，2006 年版，第 20-21 頁。

以察於地理，是故知幽明之故。原始及終，故知死生之說。精氣
爲物，遊魂爲變，是故知鬼神之情狀。與天地相似故不違，知
周乎萬物而道濟天下，故不過；旁行而不流，樂天知命，故不
憂；安土敦乎仁，故能愛。範圍天地之化而不過，曲成萬物而不
遺，……[20]

這是說《易》的作成也與天地同一（準擬天地），所以才能包涵
天地間的道理……「不違」即不違背天地自然規律，「不過」即不偏
差，「不流」即不流溢淫濫，「不遺」即不使遺漏。

這就更說明「天人合一」之天即天理，人即人道，所以致學可以
成聖，足以擬範周備天地的化育而不致偏失，足以曲盡細密地助成萬
物而不使遺漏……

明人劉璣《正蒙會稿》[21]解釋這一段說：

　　釋氏有「實際」之語，即吾儒所謂「誠」也，「天德」也，……
天即天道，人即人道，天人合一，致學而可以成聖……天而人也
……二本殊歸者，天人本合一……

這裡講得更清楚，「天人合一」即天道、人道合而爲一。

所以前述那些名家說：「合就是相互理解，結成友誼，不能相視
爲敵人」、「天有意志，人事是天意的體現，天意能支配人事」、「王
或者以『群巫之長』的身分……主持天人之間的交通。所以我稱這種
交通爲集體方式的『天人合一』」、「『天人合一』完全仰賴巫作仲
介」等等的解釋，全是錯誤的。

清・李光地《注解正蒙》[22]中說：

　　……自明而誠，人合天也。得天而不遺乎人者：誠無不明，

天合人也，惟天人合一，故「易」謂之……

「人合天」，「天合人」，亦即天人合一也，亦即天道，人道合一也。

張載是唯物論者，他的「天」絕不是有意志的人格神，他認為天地一切皆氣所化，他在自己的著作《張載集》中多次說明：

太虛無形，氣之本體，其聚其散，變化之客形爾。（《正蒙‧太和》）

天地之氣……氣之為物，散入無形，適得吾體，聚為有象，不失吾常。太虛不能無氣，氣不能不聚而為萬物……（《正蒙‧太和》）

氣之聚散於太虛，猶冰凝釋於水，知太虛即氣，……（《正蒙‧太和》）

一物兩體，氣也。（《正蒙‧參兩》）

神天德，化天道，德其體，道其用，一於氣而已。（《正蒙‧神化》）

凡可狀皆有也，凡有皆象也，凡象皆氣也。氣之性本虛而神，則神與性乃氣所固有。（《正蒙‧乾稱》）

歷來研究張載的學者也都認為張載心目中的「天」，絕不是有意志的人格神。

註 Note

20　《周易譯注》第 500 頁，上海古籍出版社，2007 年版。

21　《惜陰軒叢書》。

22　《文淵閣四庫全書》本。

如是看來，《漢語大辭典》解釋「天人合一」，認爲「天有意志」，天能支配人，人事能感動天意，云云，是不符張載原意的。

而另一種解釋，認爲「天人合一」是人與自然和諧相處云云，也和張載的意思並不十分吻合。

張載的「天人合一」如前所述，是天理（或天道）、人道二者合一。這些理論在先秦哲學中是常見的。如《周易》卷一「夫『大人』者，與天地合其德，與日月合其明，與四時合其序，與鬼神合其吉凶」；《莊子‧德充符》「萬物皆一也」；《禮記‧樂記》「大樂與天地同和，大禮與天地同節」；《尚書‧泰誓中》「天視自我民視，天聽自我民聽」；等等皆然。

 ## 「天人合一」與自然

從張載的「天人合一」理論中，可以引述出人和萬物一體，人和自然和諧的理論。天理、天道中也有萬物一體，人與自然和諧的理論，則人道也要遵循。郢書燕解，也給世界帶來了好處。眞正通曉天理、人道，也就達到了萬物一體的境界，能夠瞭解萬物一體，也必定體悟到天理和人道。但從張載的「天人合一」理論中，卻引述不出天是人格神，而可和地上的人交通的「合一」理論。而且，張載還在《正蒙‧乾稱》中提出「民胞物與」的命題，他提出「民，吾同胞；物，吾與也」，要求愛一切人如愛同胞手足樣，並進一步擴大到「視天下無一物非我」的認識。他又依據《中庸》「誠」者「合內外之道」的表述，把「合內外」確立爲實現「天人合一」的基本模式。由是觀之，他的「天人合一」是最終實現天人之間的統一，即是天理、天道與人道的統一。綜合他的其他思想，也有人與自然萬物的統一的意思。

翻閱典籍，清代以前的學者無不把「天人合一」理解爲「天人一

理」，天是天理或天道，人是人道。像現代學者那幾種解釋，在古代典籍中都沒有查到。而且，也只是在解說張載《正蒙‧乾稱篇》時提到「天人合一」。其他地方也很少提到「天人合一」。張載有時提到「天人合一」，有時又說「天人一物」，有時又說「以合天地之心」等等，也沒有把它作爲十分重要的哲學命題提出，只是在比較釋儒理論區別時淡淡一說，遠沒有他在〈西銘〉中提到的「民，吾同胞；物，吾與也」的命題重要。而且張載把他的理論最重要部分書寫在他講學學堂的西牆上，後人稱爲〈西銘〉，這就是他的《正蒙‧乾稱篇》第一段；他把另一段重要內容書寫在學堂東牆上，被稱爲〈東銘〉，這就是《正蒙‧乾稱篇》最後一段。「天人合一」的理論，既不在〈西銘〉中，也不在〈東銘〉中。從宋到清800多年間，也沒有人把它作爲十分了不起的命題論說。到了現代學者，因爲沒有弄清其本義，反而十分重視，大加張皇。

　　但是，如果拋卻張載「天人合一」理論命題的本意，學者們當然可以作各種各樣的解釋。其一是《書‧呂刑》中說：「乃命重、黎絕地天通，罔有降格。」孔傳「重即羲，黎即和，堯命羲和世掌天地四時之官，使人神不相擾，各得其序，是謂絕地天通。言天神無有降地，地祇不至於天，明不相干。」「絕地天通」，地上只有巫師或人王通過祭祀、占卜的禮儀，與天交通。這是一種「天人合一」。其二是「天人感應」，即天意與人意的交感相應，天能干預人事，預示災祥，人的行爲也能感動天。例如元代戲劇《竇娥冤》，竇娥受冤，寫的是：竇娥本是善良孝順的女性，卻被官府判爲狠毒的殺人犯。臨刑前，她爲自己的冤許下三願：「血飛白練，六月降雪，亢旱三年」，證明自己無辜。後來，果然血飛白練，六月天正炎熱，卻降下大雪，而且乾旱三年。說明人冤，天亦感應，以示其冤。其三是「天地與我並生，而萬物與我爲一」。《莊子‧知北遊》中說：「汝身非汝有也。」人的身體也是天地所委託的形體（「是天地之委形也」）；人

的生也是天地所委付的和氣，人的性命也是天地所委付的自然；子孫
也是天地所委付的蛻變。所以「萬物與我爲一」。「天地一體」，人
與自然和諧相處。其四，即我們前面所說的天理、人道合而爲一。天
理即人道，人道即天理。無論是哪一種解釋，天、人都是不分爲二
的，都對人的行爲有所約束。《尙書‧注疏‧泰誓中》在「天視自我
民視，天聽自我民聽」後便有一段：「傳言天因民以視聽，民所惡
者，天誅之。」民意即天意也，這不就是「天人合一」嗎？《書‧泰
誓》云：「惟天地萬物父母也。」張載《乾稱篇》開始即說：「乾稱
天，坤稱母，……民，吾同胞；物，吾與也。」天地生萬物包括人，
所以，民是我的同胞，物是我的黨與，亦即《莊子》所說「萬物與我
爲一」。若從「物，吾與也」，「萬物與我爲一」看來，人都應該是
維護自然，尊重自然，不可破壞自然。更不可像西方哲學那樣視自然
爲「奴隸」。此外，中國哲學文化中的「天人感應」說，也有人認爲
是「天人合一」的內容。這也很有積極價值。

　　《易經》是中國的群經之首，其《繫辭上傳》有云：

　　　天垂象，見吉凶，聖人象之。

　　這是說，天垂示之象，可以預示吉凶，聖人效法（賢人傳播，
普通人遵從）。這也屬於「天人感應」說的一種。聖人都要效法天，
都要遵從天，可見天的偉大和崇高。「天人感應」即是天和人互相感
應。天能影響人事，預示災祥，人的行爲也能感應上天。如果君主或
主政大臣做了違害人民的事，不仁不義的事，上天就會降下災異進
行譴責或警告。如果君主和主政大臣行仁義之道，利國利民，政通人
和，上天也會降示祥瑞以加褒獎和鼓勵。所謂「其本在地，而上發於
天」，「政失於此，則變於彼」。如是則促使君主、大臣，時時檢討
自己的行爲，是否上符天意，下合民情，時時注意，「飭身正事」改

掉錯誤，至少不敢作惡以害民。

現在有些高級官員之所以會貪腐，會欺壓百姓，尤其像「四人幫」那樣無惡不作，缺少監督和約束，也是原因之一。而古代有了「天人感應」說，對君主、對主政大臣，就有了無形的約束，督促上至君主，下至百姓，多行仁義之事、善事，不可作惡。這在中國古代典籍中到處可見。

《漢書·天文志》有云：

> ……慧孛飛流，日月薄食，暈適背穴，抱珥虹霓，迅雷風襖。怪雲變氣，此皆陰陽之精，其本在地，而上發於天者也。政失於此，則變見於彼，猶景之象形，鄉之應聲。是以明君睹之而寤，飭身正事，思其咎謝，則禍除而福至，自然之符也。

二十四史中記載，歷代王朝，遇到天災或天文地理之異相，必檢查朝廷內外，做了哪些不合民情的壞事。或罰治那些貪官汙吏，或誅殺不得民心的官員，或帝王親作謝罪，這起到警示帝王，約束帝王之作用。因為「政失於此，則變見於彼」，這就時時警告帝王官僚不可失政。人君及主政的大臣都要檢查自己犯了什麼過錯，有哪些對不起國民的事。如果有，改正了，向上天謝罪，自然「禍除而福至」。這是「自然之符」。可見，自然的作用，足以約束人君和主政的大臣。

《漢書·天文志》記：

> 元光中，天星盡搖，上以問候星者，對曰：「星搖者，民勞也。」

《五行志》又記：

> ……漢七國同日眾山潰，鹹被其害，不畏天威之明效也。

帝王不畏天威，不改正，便遇到大災難。

又記：秦始皇時，因「燔詩書，阬儒士，奢淫暴虐……後十四年而秦亡。」

《宋史》卷四十八《天文》有云：

> 天不言而信，天之道也。天於人君有告誡之道焉。示之以象而已，……而述天心告誡之意，進言於其君，以致交侑之儆焉。《易》曰：「天垂象，見吉凶，聖人則之。」又曰：「觀乎天文，以察時變。」

這裡強調天示象以告誡人君。

二十四史中還記載很多大臣被誅殺前，皆有天文預兆。

如《後漢書・天文中》：

> 太白入輿鬼，為將凶。後中郎將任尚坐贓千萬，檻車征，棄市。

「孝順永建二年……八月乙巳，熒惑入輿鬼，太白晝見。」於是幾位大臣因「相與交通」或「鬥爭」被斬首。類似的記載十分多，也從反面說明大臣如果幹了壞事，上天必有應。這也約束大臣少幹壞事。皇帝即位也要祭祀告天。《後漢書・祭祀上》記，漢光武帝劉秀即位做皇帝時云：

> 建武元年，光武即位於鄗，為壇營於鄗之陽。祭告天地，……其文曰：「皇天上帝，后土神祇，眷顧降命，屬秀黎

元，爲民父母，秀不敢當……群下曰：『皇天大命，不可稽留。』敢不敬承。」

歷代皇帝即位都要先祭祀天地，上告於天。《明史・太祖本紀》記朱元璋掃蕩群雄之後，「李善長帥百官勸進，表三上，乃許。甲子，告於上帝。」

「洪武元年春正月乙亥，祀天地於南郊，即皇帝位。定有天下之號曰明，建元洪武。」

「告於上帝」、「祀天地」即在地上設祭品，跪拜於天（對空而拜）。皇帝有至高無上的權力，無人敢管他，但有上天管他。他還是懼怕天，懼怕大自然的，這對皇帝便有了約束。這也說明在中國文化中，對自然的崇敬，以及自然的地位之高，像西方哲學中把自然視爲「奴隸」，視爲「被拷打的對象」。中國是絕無的。

在歐洲，皇帝即位，是由主教加冕，即在君主即位時舉行一個儀式，由教會的主教把王冠加在君主頭上，這位君主才正式成爲皇帝，他們不會拜告天地。把天的位置、自然的位置放在最高，則可對帝王將相作最大的約束，所謂「人在做，天在看」，「人有千算，天只一算」。不但明裡不敢作惡，暗裡也不敢作惡。這樣才能「慎獨」，才能「暗室不欺」。中國文化歷來把天放在最高的位置。《尚書・誓中》有：

惟天惠民，惟辟（君王）奉天。（惟天愛惠民眾，君王恭奉上帝）

即使是一般人，對天也十分敬重。所謂「對天發誓」，便不敢

違反。戲劇《四郎探母》中，四郎楊延輝在金國和金國公主結了婚。後來，宋金交戰，他的母親押送糧草，到了交戰地宋營，延德要去探母，公主同意。延德索要出金營的令箭，公主怕他去而不回，便要他「發盟誓，你對著天表一番。」楊延輝「對天發誓」，公主便放他回宋營。楊延輝發誓後，也必須回來。

「對天發誓」、「天佑下民」，「惟天地萬物父母」、「天有顯道」，「上天孚佑下民」、「天乃賜王勇智」等等。以至五代、宋時，帝王作的《官箴銘》中仍有「下民易虐，上天難欺。」這在維護民眾的利益，淳化社會道德方面，價值是無限的。中國傳統文化中，即使被今人稱為封建迷信的內容，其實大多也都有提升社會道德，體貼民情的積極意義。

「天人二分」與自然

而西方人沒有「天人合一」的思想，主張天人二分，天是天，人是人，人要改造自然，征服自然，實際上是破壞自然，結果是自然對人類報復，加速地球和人類的滅亡。

科學家曾做過一個實驗：人對著一瓶水喊「我愛你」。對另一瓶水喊「我恨你」。結果用顯微鏡觀察，前者呈現出美麗的結晶體，後者呈現出醜惡凌亂的結晶狀。再用各國語言寫在紙條上寫「我愛你」、「我恨你」，貼在瓶上，瓶內的水顯現出的結晶狀，與前者一樣。這個實驗足以說明，大自然、人，應該存在什麼樣的關係。[23]

西方哲學強調人的作用，強調人與自然對立，人與社會對立，但自然、社會必須為人服務。如前所述，亞里斯多德在《形而上學》中強調「求知是人的本性。」培根更提出，「知識就是力量」。「求知」目的是什麼呢？中國人認為是「為己」。孔子、荀子皆說：

古之學者為己，今之學者為人。[24]

《顏氏家訓‧勉學》云：

> 古之學者爲己，以補不足也；今之學者爲人，但能說之也。

《太平御覽》卷六百七引《新序》云：

> 齊王問墨子曰：「古之學者爲己，今之學者爲人，何如？」
> 對曰：「古之學者，得一善言，以附其身，今之學者，得一善
> 言，務以悅人。」

　　爲己，即充實自己，涵養自己，使自己修養提高，履而能行之，身正言正，爲德、爲政、爲文、爲藝皆正，無爲惡也。而西方學者「求知」，「知識就是力量」的目的是爲了支配自然，改造自然。通過對知識的學習，對自然的研究，認識自然，改造自然。他們一直把人與自然分離作爲一種精神。人們學習知識，就是爲了在行動中支配自然。到了費希特更是將人與自然對立的精神發揚到極致。他認爲人生存在的目的就是要行動，要實踐，要克服「非我」的限制，這就是要征服自然。西方也有學者如恩格斯就批判過那種「把精神和物質，人類和自然，靈魂與肉體對立起來」的荒謬性，但也認爲這種「對立」使人獲得個體獨立性，明確地確立人的主體性，以及發揮人的主觀能動性，使人能進一步認識自然、研究自然、支配自然，改造自

註 Note

23　（日）江本勝：《水知道答案》，海南出版公司，2009 年版。

24　見《論語‧憲問》。又見《荀子‧勸學》，《北堂書鈔》引《新序》、《後漢書‧桓榮傳論》。

然。西方的這種思想，促進了西方的科學技術革命和工業的發展，促進了社會的物質發達和政治進步，甚至有能力來侵略東方，奴役東方。但這也增加了世界動盪不安的因素，如果採用中國的與大自然和睦相處、天人合一的哲學，這世界便會相安無事。

 ## 四　結論

　　中國強調「天人合一」，人和萬物一體。《莊子》一書中多次談到：「萬物與我為一」（〈齊物論〉），「萬物皆一」（《德充符》），「旁礴萬物以為一」（《逍遙遊》）。又說「天地者萬物之父母也」（《達生》），天地是包括人在內的萬物之父母。「四時得節，萬物不傷」（《刻意》），「常因自然而不益生」（《德充符》），是說常順任自然而不用人為去增益。書中更說：「天與人不相勝也。」（《大宗師》），即天與人不是互相對立的，也就反對和利用自然和改造自然。《莊子》書中甚至講述了一個「抱甕灌園」的故事，說子貢南遊至楚，又回到晉，途經漢陰，見到一個老人（一丈人）在菜園子裡，挖地道到井中，抱著甕（相當於陶罐一類器皿）取水灌園，用力甚多而見功甚少。子貢便說「有一種機械，一日可以灌溉一百畦田園，用力甚少而見功多，你為什麼不願用呢。」老人說：「怎麼？」子貢說：「鑿木為機械，後重前輕，提水如同抽引，快速如同沸湯，湧溢，名叫桔橰。」灌園老人面起怒色，但還是笑著說：「……有機械者必為機事，有機事者必有機心，機心存於胸中，則純白不備，則神生不定，神生不定者，道之所不載也。吾非不知，羞而不為也。」[25]莊子認為這種簡單的機械都不能用，因為「有機事者必有機心」，而主張抱著甕去取水灌園。這也就反對研究自然、改造自然，真正做到「天人合一」了。但若依這種「抱甕灌園」的思想，中國的科技就不會發展。那麼在這個世界上，中國必然落後，必然遭受外人侵略，必

然挨打。所以，中國人必須暫時放棄自己的哲學，轉而利用外國的哲學「天人二分」，發揚人的主觀能動性，去認識自然，研究自然，發現自然的規律，適當的改造自然。而且自然界也存在一些威脅人類安全的因素，需要人去發現和調和。

尤其是西方人反對「天人合一」而主張「天人二分」，加強研究自然規律，發展科學，改革技術，造出無數機械和高科技產品，更造出威脅人類安全的新式武器。如果我們還是和大自然和睦相處，還是「抱甕灌園」，不去研究自然，發展科技，我們必然落後，甚至無法立足於這個地球之上。

其實，中國也不是反對研究自然，也不反對發展機械，子貢介紹的那種機械——槔，也是當時先進的科技產品。只是中國的「天人合一」哲學，限制過分的發展征服自然的思想，推崇適可而止，而且這種機械仍是物理性質。如果全世界都按照中國的「天人合一」哲學去發展，尊重自然，與大自然和睦相處，只是適當的利用一些無損於大自然的機械，調合人與自然的關係，不去發展那些損壞大自然的核武器，化學農藥，轉基因，克隆技術等等。那麼，這個世界必將更美好，更純樸，人的幸福指數也就更高。

實際上，西方人現在也已認識到人類和自然對立的危害性，有的已有控制，有的已無法控制。若早早採取中國的哲學，何至於有那麼多對抗自然、征服自然、破壞自然的發明創造呢？這些發明創造，雖然有的起到「飲鴆止渴」的作用，但都對人類社會帶來不可估量的損失。因此，必須從中國「天人合一」以及其延伸的思想加以研究並付諸實踐，才能有益於人民。

註 Note

25　《莊子今注今譯・天地》，中華書局，2001 年版，第 318 頁。

第五章

愛物、役使──
中西人和物的關係

亞里士多德在《政治學》中認爲：

植物活著是爲了動物，所有其他動物活著是爲了人類。[1]

亞里士多德的哲學在西方影響很大。但他這段話還是有點問題。植物活著不光爲了動物，五穀雜糧、蔬菜瓜果也爲了人類，而且爲了人類似乎更多一些。有些動物如虎獅豹狼等也是吃肉的，並不吃植物。除了邏輯和事實上問題外，更大的問題，他沒有講人對動物、植物應盡的義務。西方人對待物的態度是「役使」，不負義務。托馬斯・阿奎那說：

（對於動物）根據神之旨意，人類可以隨心所欲地駕馭之，可殺死也可以其他方式役使。[2]

從這裡看出，他對動物缺少平等心和同情心。

康得認爲，世界上只有理性的人，也只有人才能成爲被尊重的對象。他在《道德形而上學》中說：

在理性判斷的限定內，人只對人自身（對自己或他人）負

｜李可染〈米芾拜石〉

中國人愛物近於愛人。米芾是宋朝一代官員，又是書法家、鑑賞家。他見到好的石頭便下拜，稱爲「石兄」。宋代以後畫家畫「米芾拜石」者有很多。中國的皇帝拜名山、拜天地，西方絕無。

有義務……除人自身之外，我們無法知道還有別的義務對象。所以，人對人以外的任何存在都不負有義務。（頁 422）

他在《道德哲學講義》中還說：「人……對動物沒有任何直接義務……」

關於人對物的態度，西方和中國大不相同。中國傳統哲學中認爲，人和物是平等的，人要愛物，甚至敬物。

註 Note

1　轉引自（美）戴斯・賈丁斯：《環境倫理學 ── 環境哲學導論》，北京大學出版社，2002 年版，第 106 頁。此段譯文略異於吳壽彭譯文。吳譯見《政治學》，北京，商務印書館，1965 年版，第 24-25 頁。

2　轉引自（美）戴斯・賈丁斯：《環境倫理學 ── 環境哲學導論》，北京大學出版社，2002 年版，第 106 頁。

　　宋代有一位官員兼書法家、詩人米芾見到好的石頭就下拜，呼之為「石兄」。因為石頭特立獨行，不依不靠，冷熱如常，且有節，「耿介如石」，人從石頭當中看出君子仁人的品質氣節，故下拜。從宋代至今，畫家畫〈米芾拜石〉題材不可勝數。中國還有一位高級官員廖承志，多次拜自己的毛筆。至於見到古老的槐樹、松樹、廟宇等物下拜者更多。前面說過，連皇帝都要拜名山。西方人則不會跪拜一塊石頭，也不會拜大樹。西方人可以拜神，不會拜物。中國人認為人和物為一體。人必須愛物、節用的思想更是普遍的。

　　《孟子·盡心上》認為：

　　　　親親而仁民，仁民而愛物。

　　董仲舒《春秋繁露》中說：

　　　　質於愛民，以下至於鳥獸昆蟲莫不愛。不愛，奚足謂仁？

　　鄭玄在《周禮註疏》中說：

　　　　仁，愛人以及物。

　　北宋的張載是宋理學中「關學」代表人物，他的學說是繼承古代儒學而有所發展的學說，他的《正蒙·乾稱》中提出：

　　　　民，吾同胞；物，吾與也。[3]

　　他並把這句話作為〈西銘〉之一，書寫在他講學學堂的西牖上，意思是，人民是我的同胞；天地萬物是我的黨與。「黨與」也就是同

胞類。張載還在《張子語錄》中說：「理不在人，皆在物，人但物中之一物耳。」宋張九成《西銘解》云：

> 既爲天地生成，則凡與我同生於天地者，皆同胞也；既同處於天地間，則凡林林而生，蠢蠢而植者，皆吾黨與也。

朱熹《朱子全書》第十三冊中《西銘解》講得更全面：

> 人、物並生於天地之間，其所資以爲體者，皆天地之塞；其所得以爲性者，皆天地之帥也。然體有偏正之殊，故其於性也，不無明暗之異。惟人也，得其形氣之正，是以其心最靈，而又以通乎性命之全，體於並生之中，又爲同類而最貴焉，故曰「同胞」。則其視之也，皆如己之兄弟矣。物則得夫形氣之偏，……然原其體性之所自，是亦本之天地而未嘗不同也。故曰：吾與。則其視之也，亦如己之儕輩矣。
>
> 惟其同胞在，故以天下爲一家，中國爲一人，如下文所云。惟吾與也，故凡有形於天地之間者，若動若植，有情無情，莫不有以若其性、遂其宜焉。此儒者之道。

朱熹的意思很明白，人和物並生於天地之間，人（民）是我的同胞；物，是我的黨與依靠，也是同胞朋友類。物包括「若動若植」，則動植物都是我的同胞。朱子又說：

> 萬物雖皆天地所生，而人獨得天地之正氣，故人爲最靈，故

註 Note

3　張載《正蒙・乾稱》，也是〈西銘〉中句。

民吾同胞，物則亦我之儕輩。（《西銘解》）

《孟子》所謂：「親親而仁民，仁民而愛物。」（《盡心上》）《孟子》認爲對民要仁，對物要愛。這更是儒家的一貫觀點。王夫子《張子正蒙注》云：

> 繇吾同胞之必友愛，交與之必信睦，則於民必仁；於物必愛之理，亦生心而不容矣。

清羅澤南《西銘講義》中又有解釋曰：

> 「物與」之中，也有一個理一分殊，如牛、馬、犬、豕則蓄之，虎、豹、犀、象則遠之，嘉穀則種之，稂莠則芟之。愛之之心雖同，處之之道則異也。……是以君子之於物也，亦必有以愛之，不殺胎，不殀禾，不覆巢，「數罟不入洿池，斧斤以時入山林」，無不欲有以遂其生，而若其性。取之必以其時，用之必以其節，……以天地之心爲心者，無不愛之民物。

儒、道都主張愛物，也要節物，節物也是愛物的內容之一。既然「萬物與我爲一」、「物，吾與也」，人要不要吃肉吃魚，吃糧食蔬菜呢？吃了，又如何體現出「仁人愛物」之心呢？這就是儒家說的「理一分殊」，「理一」就是愛，愛人、愛物，「分殊」就是不同的對待各種事物。孟子提出「數罟不入洿池」、「斧斤以時入山林」。[4]不要用細密的漁網去大池沼裡捕魚。古代規定：網眼一定要四寸以上，四寸以下的網不得到湖泊中捕魚，以保護小魚。山林也不可隨便砍伐，冬天斬陽木，夏天斬陰木，以保護山林的主體。而且，不殺胎，不殀禾，不覆巢。誠如清人羅澤南在《西銘講義》中釋「物，吾

與也」時所說：

> 天地之心，父母之心也。人以父母之心爲心者，無不愛之
> 兄弟。以天地之心爲心者，無不愛之民物。雖其施有差等之殊，
> 而其一視同仁之心實無有間。害虐烝民，暴殄天物，是不啻賊骨
> 肉之恩，而傷父母之心者。至誠盡己之性，以盡人物之性。至於
> 「參天地，贊化育」，誠有不忍隔膜視之故耳。

西方的哲學大多受柏拉圖主義影響，其次是受亞里士多德的影響。他們崇尚超感性的概念，「理念的世界」，因而，他們認爲：「物質則是次要的、遲鈍的、非理性的和反對性的力量，是理念的不情願的奴隸，……物質既輔助理念，又阻礙理念，是自然和道德上的惡的根據。」[5] 又云：「非理念的物質就必定是惡的原因……」[6]「物質則是較低級和次要的基質。」[7]

斐洛（前 30-50，出生於亞力山大）的哲學中也認爲「世界的缺陷和惡就必定源於物質。」[8]

中國人認爲人的肉體也同樣是神聖的，髮膚受之於父母。要孝順父母，首先要保護自己肉體，包括髮膚，絕對要保護，不容否認。古人絕不剃髮，剪掉頭髮是犯罪的。中國本土宗教——道教，頭髮也是蓄起來的，絕不剪削。僧人剃髮是外來的規定，後來中國人剪髮都是

註 Note

4　《孟子·梁惠王上》。

5　（美）弗蘭克·梯利：《西方哲學史》，光明日報出版社，2014 年版，第 75 頁。

6　（美）弗蘭克·梯利：《西方哲學史》，光明日報出版社，2014 年版，第 75 頁。

7　（美）弗蘭克·梯利：《西方哲學史》，光明日報出版社，2014 年版，第 75 頁。

8　（美）弗蘭克·梯利：《西方哲學史》，光明日報出版社，2014 年版，第 134 頁。

外來的影響。而斐洛認爲「肉體是人的惡的來源。」[9]

西方哲學中所說的「物質」和中國傳統哲學中所說的「物」有一定區別，但最基本的部分還是相同的。世界萬物包括人的肉體都由物組成，中國的《伊川語錄》中說：「天地萬物爲一體。」物並不是惡的來源，也不是次要的，更不是奴隸。西方人對物的態度，是利用、改造、征服，物是人的奴隸，絕不是和人一體的。因而，只要能爲人利用，不惜損毀物，改造幾近於消滅。不但物可改造，人體也可以改造，男人可以改變成女人，女人可以改變成男人。這種改變，是違反自然的，也是毫無意義的。

大自然是十分有道理的。地球上有人類幾萬年、幾十萬年，沒有任何人分配、改造，歷年歷代出生的男女比例總是一樣多。凡有男女比例失調者，皆是人爲的。所以，自然不會錯。而且，改造過的男女也是不能生育的。

在中國古代，不但人不可以變性（那時候當然沒有這種技術，哲學上也不准許創造這種技術），連不是正當時間生長出來的菜蔬也不准食，因爲它違反自然。西瓜、部分蔬菜，冬天不生長，如果用改造自然的方法使之生長出來了，也是不能食的，而且必須禁止。《論語》中記載孔子：「不時，不食。」[10] 即是說，不是該吃的時候的食物，不食。《呂氏春秋·季春紀》：「食能以時，身必無災。」[11] 即按食物的生長季節去食用，身必無災害。

如現在的大棚菜，能在嚴冬季節生長出西瓜、青菜等。中國古人不是不能，中國在二千多年前的漢代就有這個技術，《漢書·循吏傳·召信臣傳》記載：「大官園種冬生蔥、韭菜、茹，覆以屋廡，晝夜燃蘊火，待溫氣乃生，信臣以爲此皆不時之物，有傷於人，不宜以奉供養，及它非法食物，悉奏罷。……」[12] 這些蔬菜冬天因天寒，本不能生長，但他們上面覆以「屋廡」，下面燃燒炭火以加熱，地上產生溫氣，冬天也生長出來了。召信臣奏說：「這些不是時候的東西，

有傷於人，不能吃。」後來便不再生產了。二千多年前，中國就有這種技術，可以在冬天把本不能生產出的菜蔬生產出來。再晚一千年，西方人也沒有這種技術。如果中國的哲學准許或提倡這種改造自然的方法，至今不知先進到什麼程度。

《鹽鐵論・散不足》卷七亦載：「古者穀物、菜果，不時不食；鳥獸魚鱉，不中殺，不食。」「不時」即違反自然規律，也就「不食」；吃了，身必有災。據現代科學研究，凡這些不時之食，對身體皆有害處，也是不提倡食之的。

西方在改造自然，物為奴隸的哲學指導下，總要傷害物，創造出違反自然的物。轉基因也是違反自然的，科學證明也是有害的。甚至造成人不能生育，最終將滅絕人類。

當然，中國人也砍柴，也伐樹，也打獵，也宰殺牛羊等等，但這都是在生態平衡的原則下，也是自然的方法，未嘗改造物之種，更不可能毀滅物種，未嘗違背大自然的生態平衡法則。即使如此，在有知識的人中，傷害生命的事也是不准許的。《孟子・梁惠王上》有云：「君子遠庖廚也」[13]；又云：「數罟不入洿池（細密的漁網不入大池捕魚）……斧斤以時入山林」，都是要對大自然取保護措施；《論語・述而》記：「子釣而不綱，弋不射宿」等；皆如此。

凡是違反自然的，其結果皆對人有害。只有採用中國人和自然和睦相處的哲學，才是正確的。

註 Note

9　（美）弗蘭克・梯利：《西方哲學史》，光明日報出版社，2014 年版，第 135 頁。

10　《論語譯注》，中華書局，2006 年版，《論語・鄉黨》，第 102 頁。

11　《呂氏春秋集釋》，北京市中國書店，1985 年版，卷 3《盡數篇》，第 8 頁。

12　《漢書》卷 89《召信臣傳》，中華書局，1962 年版，第 3642-3643 頁。

13　《孟子譯注》，中華書局，1995 年版，第 15 頁。

我們看看《莊子》一書中談人和物的關係。

《莊子》內篇第二篇，即〈齊物論〉，談的是人與物的平等，物與物平等。郭象注曰：「是非雖異，而彼我均也。」其中名言：

　　天地與我並生，而萬物與我爲一。[14]

「萬物與我爲一」即人與萬物不僅是平等的，而且是一體了。可見傷害了物，便是傷害自己。這和西方的對於物的觀點完全不同。莊子又在〈應帝王〉和〈秋水〉中說：

　　聖人之用心若鏡，不將不迎，應而不藏，故能勝物而不傷。[15]
　　明於權者，不以物害己。[16]

前句是說聖人要在承受物、駕馭物時而不傷害物，後句是說人也不要讓物傷害自己。既不傷害物，也不被物所傷，這就是莊子的哲學，其實也是中國古代人與物關係的哲學，也就是我後面要談到的和睦相處，和諧發展。

　　藐姑射之山，有神人居焉……其神凝，使物不疵癘，而年穀熟。[17]

不但不傷害物，而且還要保護物，使物不受災害，穀物豐熟。

　　……之人也，之德也，將旁礴萬物以爲一，……物莫之傷……[18]

這是說廣被萬物合爲一，外物傷害不了他。莊子還認爲世上的

物，沒有無用的，只有人不會用罷了，而且「物無害者」。[19]

　　物固有所然，物固有所可。無物不然，無物不可。故為是舉
　莛與楹，厲與西施，恢恑憰怪，道通為一。……凡物無成與毀，
　復通為一。[20]

　　莊子還提出「物化」的觀點。[21]他夢到自己化為蝴蝶，「栩栩然
蝴蝶也，自喻適志與，不知周也」（《人間世》）。醒後又不知道是
莊周夢為蝴蝶，還是蝴蝶夢為莊周。這就是「物化」，即物我界限消
解。他雖然舉的是蝴蝶與莊周的例子，實際上是說世界上物與我界限
是不存在的，萬物可融化為一。

　　　乘物以遊心。[22]

　　其意思是順任事物的自然而優遊自適。
　　莊子還借大木的口吻說：「若與予也皆物也。」[23]（你和我這個

註 Note

14　《莊子今注今譯》中〈齊物論〉，中華書局，1983 年版，第 71 頁。
15　《莊子今注今譯》中〈齊物論〉，中華書局，1983 年版，第 227 頁。
16　《莊子今注今譯》中〈齊物論〉，中華書局，1983 年版，第 427 頁。
17　《莊子今注今譯》中〈逍遙遊〉，中華書局，1983 年版，第 21 頁。
18　《莊子今注今譯》中〈逍遙遊〉，中華書局，1983 年版，第 21 頁。
19　《莊子今注今譯》中〈逍遙遊〉，中華書局，1983 年版，第 30 頁。
20　《莊子今注今譯》中〈齊物論〉，中華書局，1983 年版，第 61-62 頁。
21　《莊子今注今譯》中〈齊物論〉，中華書局，1983 年版，第 92 頁。
22　《莊子今注今譯》中〈人間世〉，中華書局，1983 年版，第 123 頁。
23　《莊子今注今譯》中〈人間世〉，中華書局，1983 年版，第 132 頁。

大木一樣的都是物。）

　　　　「若夫藏天下於天下而不得所遯，是恆物之大情也。」[24]（如果把天下付託給天下，就不會亡失了。這乃是萬物的真實情況，把物同等於天下了。）

　　莊子又說：「物不勝天」，這裡的「物」又指人力，人力不能勝過天。

　　　　夫至德之世，同與禽獸居，族與萬物並。惡乎知君子小人哉。[25]

　　莊子認為，最好的時代，人與禽獸同居，人群和萬物並同，而無所區分。這就是莊子對物的態度。莊子又說：

　　　　故至德之世，……萬物群生，連屬其鄉，禽獸成群，草木遂長。是故禽獸可係羈而遊，鳥鵲之巢可攀援而闚。[26]

　　這也是說人與萬物禽獸平等相處，互相尊重，互相狎玩。
　　《老子》還談到「萬物將自化」（認識萬物），「萬物作而弗始，生而弗有」（讓萬物興起而不加倡導，生長萬物而不據為己有）。
　　《莊子·齊物論》中說：「……與物相刃相靡」（拷問、摩擦）是可悲的。而西方哲學就是要「拷問」自然，要人與物「相刃相靡」。
　　《莊子》接著還說「凡物無成與毀，復通為一」。
　　《莊子·天運》還提出：「塗郤守神，以物為量。」（凝守精神，循任自然）
　　《莊子·秋水》認為：「以道觀之，物無貴賤。」物與物也是平

等的。

莊子還說：「物物者與物無際，而物有際者，所謂物際者，不際之際……」[27] 即大智之人支配物的和物沒有界限，這還等於人與物為一了。

莊子更說：「聖人處物不傷物。不傷物者，物亦不能傷也。」[28]（聖人與物相處卻不傷害物，物也不會傷害他。）

莊子還說：「通於萬物，此之謂天樂。天樂者，聖人之心，以畜天下也。」[29]

又云：「萬物一府。」[30]

莊子更提出：「游心於物之初。」[31]

「浮游乎萬物之祖。」[32]

《莊子》一書中談到人和萬物平等，物與物平等，人與物和平相處而互不相害，而且還要尊重物的地方還有很多。「物之初」更是指物的本始狀態。「萬物之祖」是萬物的根源。辛棄疾《鷓鴣天·博山寺作》詞有云：「一松一竹真朋友，山鳥山花好弟兄。」則大自然中松竹花鳥等皆朋友兄弟也。

前面說過，愛物就要節約用物。儒道都主張節約用物，不可浪費資源。《墨子》一書有三篇專論節約用物。〈節用〉、〈節葬〉、〈非

註 Note

24　《莊子今注今譯》中〈大宗師〉，中華書局，1983 年版，第 178 頁。

25　《莊子今注今譯》中〈馬蹄〉，中華書局，1983 年版，第 246 頁。

26　《莊子今注今譯》中〈馬蹄〉，中華書局，1983 年版，第 246 頁。

27　《莊子今注今譯》中〈知北遊〉，中華書局，1983 年版，第 575 頁。

28　《莊子今注今譯》中〈知北遊〉，中華書局，1983 年版，第 588 頁。

29　《莊子今注今譯》中〈天道〉，中華書局，1983 年版，第 340 頁。

30　《莊子今注今譯》中〈天地〉，中華書局，1983 年版，第 298 頁。

31　《莊子今注今譯》中〈田子方〉，中華書局，1983 年版，第 539 頁。

32　《莊子今注今譯》中〈山木〉，中華書局，1983 年版，第 498 頁。

樂〉都是力主節儉。〈節用〉中反覆說：「用財不費」、「去無用之費，聖王之道」，並闡述了飲食、衣服、安葬之節用法。〈節葬〉一文中大談「厚葬」的害處，反對大棺中棺、文彩等「靡民之財」，主張棺三寸，衣三領則可以了。〈非樂〉中，他反對浪費很多資財製造樂器，又「處高臺厚榭」而觀之。《史記‧太史公自序》中總結墨子：「要曰強本節用。」荀子書中也有專門論「節用」的章節。「節用」即是節約用物，反對浪費物。「節用裕民而善臧其餘……故知節用裕民，則必有仁聖賢良之名，而且有富厚丘山之積矣。」[33] 這把「節用」提高到「仁義聖良」的地步。這與西方人爲了競爭發展，可以恣意浪費資源而無所惜者的思想，不可同日而語也。

中國傳統思想中，有時借用迷信的色彩宣傳「節用」，反對浪費物，糟蹋物，「鞭打青苗，灑潑清水，拋糧棄物，不敬字紙」等都是犯天條的。傳說有一個年輕人，途中用鞭抽打青苗（小麥苗），未打完便被雷擊死。寫字用的紙，如果不加節約，也會影響士人的功名。還有「惜福」，人要惜福，就是要少用物，不要浪費，人才會有福報等等，皆是中國人對物敬惜的思想所致。

若按西方人的思想，物是「惡的根源」，物是不值得敬惜的。地球上的物是可以隨便使用，甚至浪費。如是則資源浪費無禁。地球上的物是有限的，如不加敬惜，勢必加速資源的枯竭。世界經濟三大要素──資本、勞動力、自然資源，資源用完了，資本和勞動力也無所用了。所以必須按照中國的哲學，敬惜物，節用物，按時生產和按時利用物，不要違反自然的規律，才能對人類有好處。

註 Note

33　《荀子集解》，中華書局，1988 年版，第 177 頁。

第六章

愛人、兼愛，殖民掠奪

 「愛人」、「兼愛」

　　日本在「明治維新」之前，其文化多來自中國，是個非常謙卑、溫順而講究禮儀的民族。「明治維新」學習西方之後，則開始發動戰爭，侵略很多國家。

　　日本學者一直承認，日本傳統文化是中國的子文化。日本一直學習中國的儒道文化，也一直是一個講仁義、守道德的國家。但到了明治（始於 1868 年）時代，開始了著名的「明治維新」，一切改學西方。首先是富國強兵，用西方哲學代替中國哲學。不久日本就開始了史無前例的擴張和侵略的道路。原處於中國東、日本南的琉球國從 1372 年起，歷代琉球新王都要遣使向中國請求冊封，向中國進貢。但日本明治維新後，即侵擾琉球。

　　1879 年 4 月 4 日，強行把琉球併入日本版圖，改為沖繩縣。然後日本又進攻朝鮮，攻打臺灣，向中國開戰，向俄國開戰，向德國開戰；再後全面侵華，偷襲美國的珍珠港，侵占東南亞——菲律賓、馬來西亞、新加坡、泰國、關島、威克島，以及英國的占領地中國香港等，到處燒殺淫掠，並施行細菌戰、毒氣戰，強迫本國和東亞、東南亞各國婦女組成「慰安婦」，無惡不作。

　　這一切在其學習西方文化之前（追隨中國文化時）是絕對不會有的。中國的文化是以「仁義」、「愛人」為宗旨的。

孟子說：「仁者愛人」。[1] 這句話本於孔子《論語》中記：「樊遲問仁，子曰：愛人。」[2]《論語‧學而》說：「節用而愛人。」（節約費用，愛護人）《論語‧陽貨》又云：「君子學道則愛人。」（學習了則有仁愛之心）

孟子還說：「愛人不親，反其仁。」[3]（我愛別人，可是別人不親近我，那麼就要反問自己，自己的愛還夠不夠？）不但要愛人，還要愛得徹底。

孔、孟等儒家主張「愛人」、「仁愛」，當然也是愛世上一切人。但其愛有區別，有等級。對君主之愛，對父母之愛，對兄長之愛，皆不同。其主張由親情出發，推而及他。「老吾老以及人之老，幼吾幼以及人之幼。」「親親而仁民，仁民而愛物」，最後也達到「泛愛眾」。「民，吾同胞；物，吾與也。」這也有一定的道理。總之，最終是愛世上一切人，乃至愛世上一切物。「博愛之謂仁」，儒家把「愛」，而且「博愛」歸入「仁」的範疇，仁者必愛人，愛人者即仁也。

若以儒家的「仁者愛人」之哲學，則天下就不會有戰爭，不會有大亂。而且孟子在「仁者愛人」之後還說「愛人者人恆愛之。」你愛人，人也常愛你。這樣，天下就互相友愛了，就沒有爾虞我詐，互相攻擊了。那樣，天下就大同了。

孔子之後，墨子更提出「兼愛」。影響更大。

《韓非子‧顯學》篇有云：「世之顯學，儒、墨也。」墨子是戰國時魯國人，「學儒者之業，受孔子之術」，但感到儒學有不足之處，「故背周道而用夏政」，創「墨學」。《呂氏春秋‧似順》記：「孔墨之弟子徒屬，充滿天下，皆以仁義之術教導於天下」，可見墨學之影響。

《墨子》主旨「興天下之利，除天下之害」，提出：尚賢、尚同、節用、節葬、非樂、非命、兼愛、非攻、天志、明鬼等十大主

張，而以「兼愛」爲本。因爲「兼愛」才需要「尚賢」、「尚同」，才必須「非攻」等。墨子的「兼愛」是主張平等的愛，沒有等級的愛。愛一切人，愛一切家庭，愛一切國家。他在《兼愛上》中分析天下一切亂皆起於「不相愛」。子自愛，不愛其父；弟自愛，不愛其兄；臣自愛，不愛其君；父自愛，不愛其子；兄自愛，不愛其弟；君自愛，不愛其臣；以致於亂，「皆起不相愛」。賊自愛自家，不愛別人之家。諸侯只愛自己的國家，不愛別人的國家；「攻異國以利其國」，故攻打其他國家以利自己的國家；天下之大亂也，「皆起於不相愛」。

墨子認爲「若使天下兼相愛」。國與國不相攻，家與家不相亂，盜賊無有，君臣父子皆能孝慈。若此，「則天下治」。他的結論：「天下兼相愛則治，交相惡則亂。故子墨曰，不可以不勸愛人者，此也。」

在《兼愛中》中，墨子分析了不兼愛的壞處：

今諸侯獨知愛其國，不愛人之國，是以不憚舉其國，以攻人之國。

是故諸侯不相愛，則必野戰。

天下之人，皆不相愛，強必執弱，富必侮貧，貴必敖賤，詐必欺愚。凡天下禍篡怨恨，其所以起者，以不相愛生也。

他要求「視人之國，若視其國」，並說：

註 Note

1　《孟子譯注‧離婁下》，中華書局，1995 年版，第 197 頁。

2　《論語譯注‧顏淵》，中華書局，1995 年版，第 131 頁。

3　《孟子譯注‧離婁上》，中華書局，1995 年版，第 167 頁。

　　兼相愛，交相利，……夫愛人者，人必從而愛之；利人者，人必從而利之；惡人者，人必從而惡之；害人者，人必從而害之。不爲大國侮小國，不爲眾庶侮鰥寡。（《兼愛中》）

　　結論是：「今天下之君子……當兼相愛，交相利，此聖王之法，天下之治道也，不可不務爲也。」（《兼愛中》）

　　墨子在《兼愛下》中又一次論說：

　　若大國之攻小國也，大家之亂小家也，強之劫弱，眾之暴寡，詐之謀愚，貴之敖賤，此天下之害也。

　　因爲要「兼愛」，墨子提出「非攻」，即反對攻伐戰爭。因爲戰爭「奪民之用，廢民之利」、「賊虐萬民」、「飢寒凍餒疾病而轉死溝壑中者，不可勝計也。此其爲不利於人也，天下之害厚矣，而王公大人樂而行之，則此樂賊滅天下之萬民也，豈不悖哉。」（《非攻下》）。墨子提出「兼愛」的思想後，後世儒家也極力贊成。張載在其《正蒙‧誠明》中則說：「立必俱立，知必周知，愛必兼愛，成不獨成。」

　　根據儒家「仁者愛人」的理論，尤其是墨家「兼愛」和「非攻」的理論，還有後世儒家「愛必兼愛」思想，愛自己的國家，也愛別人的國家。大國、小國、強國、弱國「兼相愛」。你愛我，我也愛你，那麼世界上就不會有侵略他國的戰爭。中國在戰國之後，只有內部的統一戰爭，或者爲了保衛祖國的戰爭，而沒有侵略他國的戰爭。

　　秦以後，中國的疆域雖然也逐漸擴大，但那不是侵略他國。其一是開拓，相當於開荒，把本來無人過問或與本國相連的土地開拓出來，自然的成爲中國的領土。比如海南島，在戰國至秦時，就是一個荒島。雖然在中國的南部，但隔著一道水，無人管理，無人開發，也

可能沒有居民。到了漢代，就有人去管理而自然成爲中國的領土。其二是民族大融合。少數民族尙武，經常打到漢人統治的內地，統治了內地。但內地漢文化先進，文明高於他們，他們自動融合進來。以漢人爲主的中國每一次被少數民族打敗趕走了，領土一時變小，不久反而擴大了。比如匈奴汗國，原本在中原（中國）之西北，因爲其尙武，把文化先進的晉打敗。晉室南遷，成爲東晉，東晉的領土變小了。但北魏孝文帝深知中原文化的先進，主動漢化，語言、文字、服飾、習慣全部改學漢人，又和漢人通婚，一切都漢化了。這樣，整個北中國便永遠屬於中國了。所以領土反而擴大了。清後期，中國領土縮小了，是被外國武力奪走或以其武力強大強行劃出的。

中國從來不會去武裝侵略其他國家，也不會因爲武力強大強行把周圍的國家劃入自己的版圖，只有自然融合者。

原本在中國東邊的琉球島國，清朝時如果劃入中國的版圖，那是十分容易的，而且琉球島上的居民也會十分樂意。但清朝沒有那樣做。後來，日本國學習西方，強兵後，馬上強行把琉球島劃入日本的版圖。中國不但沒有出兵干涉，李鴻章只是寫信給當時日本首相，也只是指摘他以大欺小，把琉球小國強行劃入日本版圖，不仁義。中國的仁義，失去了琉球島；日本的不仁義，得到了琉球島。中國如果當時放棄自己的哲學，採取西方的強兵哲學，先於日本把琉球劃入自己的版圖，則今天就不會有釣魚島之爭了。日本人既得隴，又望蜀，得到了琉球，又望我們的釣魚島、臺灣島。西方的強勢文化就體現在這裡。

 「四海一家」

明初永樂三年（1405）起，明成祖派總兵太監鄭和率大型船隊下西洋，那時中國海軍力量在世界上首屈一指。至宣德八年（1433），

二十八年間，鄭和率船隊七次下西洋。所率 240 多艘海船，27000 多人，還帶有傑出的畫家和翻譯家各數十人，從江蘇太倉的劉家港起錨，經福州閩江口至虎門到馬六甲海峽，西行由太平洋到印度洋，造訪 30 多個國家，到達東非、紅海。鄭和下西洋早於並超過近一個世紀之後的葡萄牙、西班牙等國的航海家，如麥哲倫、哥倫布、達伽瑪等人；更比馬漢早五百年提出海權論。

前幾年，又有英國皇家海軍潛水艇指揮官、海軍中校加文·孟席斯花了 14 年時間，歷盡千辛萬苦，追蹤考察鄭和船隊的遺跡。其根據考古等資料，以及蒐集到的古地圖、東西方的斷簡殘篇、鄭和下西洋時留下的村莊及留下的船員後代，還有留下的中醫等，撰寫了《1421：中國發現世界》一書，[4] 論述了明成祖永樂十九年正月三十日，在總兵太監鄭和率領下，各種船艦 100 多艘，海員 28000 餘，歷經兩年，環遊地球一周。這次航行比哥倫布早 70 年，並發現了美洲新大陸。而且哥倫布航海的地圖也是中國人繪製的。比麥哲倫早 100 年便已環地球航行。而且中國人更比庫克船長早 350 年發現了澳洲與南極洲，並且領先歐洲人 300 年就解決了很多測量問題。

僅和哥倫布相比吧：鄭和首航是 1405 年，哥倫布是 1492 年；鄭和船隻 240 艘，哥倫布是 3 艘；鄭和大船長 151.8 米，寬 61.6 米。哥倫布是 24.5 米，寬 6 米。明朝的先進可知矣。

據學者們研究，當時明朝所擁有的海船比歐洲海船的總和還要多得多，據英國學者李約瑟博士經研究得出的結論：

> 明代的海軍在歷史上可能比任何亞洲國家都出色。甚至同時代的任何歐洲國家，以致所有歐洲國家聯合起來，可以說都無法與明代海軍匹敵。[5]

美國 Louise Levathes 著《當中國稱霸海上》其中談道「到了明代，

中國的海軍是世界史上空前的大艦隊……沒有任何一個國家的艦隊可以與之匹敵。」「當歐洲剛剛擺脫蒙昧，中國以其強大的海軍，已經具備成為 16 世紀的殖民強權的條件，全球的財富唾手可得。」但是中國沒有殖民其他國家。[6]

中國的先進，在當時世界上首屈一指。鄭和憑藉自己的武力，完全可以把 30 多個國家都打下來，變為中國的殖民地；把中國附近的國家劃入中國的版圖，也是很簡單的；甚至打到歐洲去，在歐洲發展殖民地，掠奪一些財產回來，也很簡單，但中國的海軍沒有這麼做。鄭和七次下西洋，只遇到三次戰役。一次是幫助一個小國家平息內亂，一次是某國想偷襲鄭和船隊，一次是海盜侵擾。鄭和所立的碑上有銘文說：「及海外邦、番王不恭者生擒之，蠻寇之侵略者剿滅之，由是海道清寧，番人仰賴。」這說明鄭和船隊的武力之強大，足以趕走這三十多個國家的國王，足以把這些國家變為自己的殖民地，至少可以把他們的財富奪走部分。但中國人沒有憑仗自己的武力去侵略別國，也沒有奪取別人的財富，而且還調解海外各國之間的紛爭。飽受強國欺凌的滿剌加國（今馬六甲），也是在鄭和幫助下獲得獨立的。

鄭和第一次下西洋時，到了今印度尼西亞爪哇島。這個國家的東王、西王正在打內戰。東王戰敗，其屬地被西王的軍隊占領。鄭和船隊的船員上岸購買東西，被占領軍誤認為是東王派來援助的部隊，於是被西王軍隊誤殺了 170 多人。鄭和部下一致請戰，要為死去的將士報仇。鄭和當時要殲滅西王及其勢力是很容易的事。西王聞之，十分

註 Note

4　（英）加文・孟席斯：《1421：中國發現世界》，（中文譯本）京華出版社，2005 年版。

5　轉引自馬來西亞鄭和下西洋博物館內說明詞。

6　引文見 Louise Levathes：《當中國稱霸海上》，廣西師大出版社，2004 年版，《目錄》說明第 1、3 頁。

害怕，急派使者請罪，願賠償六萬兩黃金以贖罪。鄭和見西王已誠惶誠恐並願意受罰，且又是誤殺，於是便赦免了西王。而且又放棄了六萬兩黃金的賠償費。西王十分感動，兩國從此和睦。

國外研究鄭和下西洋的學者也一致認為，鄭和的船艦雖然武力強大，但卻傳播「以和為貴」的中華傳統禮儀，以及「四海一家」、「天下為公」的中華文明。這就是儒家的「仁者愛人」和墨家的「兼愛」思想在起作用。「兼愛」也愛這些弱小國家。

鄭和下西洋，所到之國，首先向當地國王或酋長宣讀大明皇帝的詔書（鄭和帶有各種語言的翻譯官），然後又向這些國家贈送禮物。贈送禮物中有黃金、瓷器、陶器、絲綢和一些珍寶等物；還傳授給他們航海造船技術、指南針的使用，以及印刷術等；另外，鄭和還帶有醫生為各國病人治病，甚至把一些好的醫生留在當地。至今東南亞很多國家仍有中醫用針灸、中草藥為當地人醫病。這些醫生都說是鄭和下西洋時，船隊中留下來的醫生後代。沒有向當地索取任何財物。史稱鄭和下西洋是「厚往薄來」，即帶有很多財物贈送給沿岸各國，贈完而回。這些財物皆是大明政府的財政支出，是相當巨大的。鄭和之後，大明王朝之所以不再派人下西洋，財力不足也是原因之一。美國著名華裔歷史學家黃仁宇計算，永樂年間鄭和下西洋所費約在白銀600萬兩，相當於當時國庫年支出的兩倍。並且不包括造船等費用。造船又要幾十萬兩銀子，僅造船就要花費「天下十三省的錢糧」。

鄭和六次下西洋回來後，每年來向明朝進貢的國家有60多個。凡進貢者，「賞賜厚宜」，明王朝以貢品的價格的1至20倍左右賞賜給他們，賞給各國國外的絲綢動輒便是數千匹，另有瓷器、珍貴物品等，數量皆很驚人。1405年明政府賜給日本國王銅錢150萬枚，次年又賞賜1500萬枚，王妃500萬枚，以致日本自己不需要鑄銅錢。明王朝對周圍的小國大方如此。此外，各國貢使來回車船、住宿吃用等費用也由明政府負擔。有的貢使在明京城生活舒適，一過就是半

年乃至三年，費用也由明政府支給。有時明王朝政府又派船把他們送回。

而且鄭和下西洋所經國家中，多有華僑居住。這些華僑聞聽明朝來使，又武力強大，都希望鄭和支持他們在當地提高地位，甚至讓他們掌握政權。但鄭和都勸他們遵守當地法規，搞好關係，共同建設所在國，以致很多華僑對鄭和十分失望。直到現在，華僑的後代仍然說鄭和到來，並沒有給華僑特別的照顧。鄭和所施與當地的好處，華僑和當地人是一視同仁的。鄭和所到之處，都是維護所在國的利益，促進所在國的團結和發展。

總之，鄭和秉承明政府的旨意，繼承中國「仁者愛人」、「兼愛」的傳統。雖然船隊武力強大，首居世界一流，但卻並不去奴役他國，更不把他國變爲自己的殖民地，也不搜刮他國的財產，而且還贈送給這些國家很多財產，幫助他們穩定、發展和團結，這就是中國的「仁者愛人」和「兼愛」的表現。

而西方的航海家航海是爲了他們的政府開拓海外殖民地，爲了建立海上霸權，爲了掠奪當地的財富，爲了流放罪犯，總之都是損人利己。中國人何嘗損人利己。

 中外比較

但不懂「仁者愛人」的西方國家則不然。1511 年，西方葡萄牙王國發現滿剌加（馬六甲）港口之重要，有利可圖，便以其武力之強大，出兵打進了滿剌加，趕走了滿剌加國王；並且大肆屠城、殺人無數，繼而統治了滿剌加，使之成爲自己的殖民地，大量占有殖民地的財富。中國幫助了滿剌加恢復鞏固了地位，發展經濟，而西方卻奪取其政權，掠奪其財富。一幫一奪，中國和西方對待他國的態度何其鮮明。葡萄牙人占領了滿剌加後，又繼續東侵，乃至占有了中國的

澳門。

西方後來科技發展，船堅炮利，便到處征戰。葡萄牙、西班牙、荷蘭、英國、法國、德國等等，都在世界各地發展殖民地，爭奪殖民地，搜刮殖民地的財富以利己。中國在船堅炮利居世界之首時，沒有去征服、奴役、殖民任何一個國家；西方在繼中國之後，船堅炮利了，反而攻打中國，強迫中國簽訂不平等條約，強迫中國割讓領土供他們殖民。完全沒有中國「仁者愛人」和「兼愛」的思想。

《論語》一書中兩次提到「己所不欲，勿施於人」，這是唯一的一次一句話提到兩次。一是《論語·衛靈公》篇：

> 子貢問曰：「有一言而可以終身行之者乎？」子曰：「其恕乎，己所不欲，勿施於人。」

一是《論語·顏淵》篇：

> 仲弓問仁。子曰：「出門如見大賓，使民如承大祭。己所不欲，勿施於人。」

「己所不欲，勿施於人」，意思是：自己不想要的或不喜歡的任何事物，都不要強加給別人。「恕」和「仁」的主要內容都是如此。

孔子又說仁的另一面是：

> 仁者，己欲立而立人，己欲達而達人。[7]

朱熹在《四書章句集注》中注此語：「以己及人，仁者之心也。於此觀之，可以見天理之周流而無閒矣。狀仁之體，莫切於此。」又云：「程子曰：……仁者以天地萬物為一體，莫非己也。」

　　自己要成立了，也要別人成立。自己實現了願望，也要別人實現。反之，自己認為不好的事，也不要加於別人。比如鴉片傷害人的身體，耗盡人的錢財且不能自已。如果一國人都吸鴉片，那麼這個國家就弱了、垮了。所以，自己不吸鴉片，也就絕不能讓人家吸鴉片。

　　十九世紀前後，西方國家知道吸鴉片的害處。尤其是英國，深知鴉片對人乃至國家的害處，於是嚴禁自己國家的人吸鴉片，凡吸鴉片者，抓到必處死。而且處死前必示眾，以警告他人千萬不可吸食鴉片。但是以英國為首的西方國家，卻把大量的鴉片用船運到中國以及東方其他國家，毒害這些國家的人民。英國並在他的殖民地設立公司，專門種植販賣鴉片。其目的，一是毒害這些國家的人民，使之變弱，變成病夫，無力反抗他們；其二是謀取暴利。

　　英國學者藍詩玲（Julia Lovell）現任教於倫敦大學伯貝克學院，撰寫了一本《鴉片戰爭》，其中談到：「今天，大多數英國人對自己國家過去的殖民行徑感到非常尷尬，有太多令人震驚的帝國擴張活動令我們感到羞恥。……英國帝國主義有一件不可告人的醜事被視而不見，這就是鴉片──一種令人十分容易上癮的毒品，它在整個 18 世紀和 19 世紀給英帝國提供了滾滾財源。」「19 世紀，維多利亞時代的英國擴張得如此之大……它的一大半建立在從毒品賺取的金錢上。」一個國家靠毒品發達，其道德可想而知。如果在中國，大臣和儒生必以孔孟「仁義之道」及「己所不欲，勿施於人」等道理制止這種害人和損人利己的行為。「18 世紀後期英國得到孟加拉後，迅速在那裡建立起鴉片製造壟斷制度，強迫當地印度農民簽訂種植罌粟的合同。到收穫季節，鴉片汁原液在英國開辦的工廠裡加工成產品，裝進芒果木箱子，然後以極高的利潤賣給中國。」「英國不光是從事鴉

註 Note

　7　《論語・雍也》篇。

片貿易賺取利潤，還為鴉片發動戰爭。……英國在亞洲從事鴉片貿易及為之發動戰爭的歷史，是明顯的機會主義和偽善行為……」「鴉片對英帝國都很重要。在華南，鴉片換成白銀，白銀為英國公司購回茶葉，因而，鴉片扭轉了英國在亞洲的貿易逆差，為英國人的茶葉嗜好提供了資金，相應地，茶葉交易的稅收，又為皇家海軍提供了很多費用。1850 年代以後，向中國出售鴉片的收入，實際上負擔了英國統治印度時期的大部分費用，並為英國在印度洋沿岸的貿易提供了白銀。」

作者還多次承認英國向中國強行出售毒品鴉片，是不道德的；承認既向中國售出了毒品，又打了兩次鴉片戰爭，而且還「得到了那個島（香港）」。英國「很多船上裝滿用印度鴉片換來的中國茶葉」、「從各地運來的奇珍異寶，香料、靛藍、絲、波斯地毯、菸草、咖啡……」

藍詩玲在書的正文開始便以切實的數據證明英國政府如何用鴉片毒害中國人。「1820 年代，英國人認為他們發現了一個解決他們的困難的完美辦法。這就是鴉片。」「1752 年到 1800 年之間，有 1.05 億萬銀元（大約合 2625 萬英鎊）流入中國，而 1808 年到 1856 年之間，則有 3.84 億銀元反向流動，貿易的天平顯然由於繁榮的鴉片輸入而傾斜了。從 1800 年到 1818 年，鴉片每年平均輸入量穩定在大約 4000 箱（每箱 140 磅），到 1831 年達到將近 2 萬箱。……到 1830 年代末，鴉片銷售再次翻了一番多。」「鴉片貿易的利潤絕大部分落入了英國政府的口袋。」「……把毒品運往中國，它只是委託、安排印度數以千萬英畝的罌粟種植、監管鴉片的製造……把鴉片運到中國海岸……」[8] 他們損人利己，完全沒有道德約束。

中國抵制他們販賣鴉片以毒害中國人民的行為，他們又發動鴉片戰爭，強迫中國人訂立了不平等條約，強迫中國賠款、割讓香港等。

這些事在講「仁義」、講「己所不欲，勿施於人」的中國，絕不

會發生。中國絕不會把自己認識到的毒害人的鴉片大量地賣到國外。中國從古至今向西方輸出的是絲綢、陶器、瓷器、印刷術、指南針、造紙技術等，全是有利於西方國家的物質發展和文化發展的內容。「己欲達而達人」「仁者愛人」、「兼愛」，這就是中國哲學的實踐。

中國少數商人在十九世紀後，也出現了一些「唯利是圖」的商業行為，這都是受了西方商業行為和思想影響的結果。古代的「絲綢之路」以及「海上絲綢之路」，中國向西方輸入一件有害的物品嗎？沒有。反之，中國向西方輸入的絲綢、陶瓷等，有一件不利於西方人的健康和美好的生活嗎？沒有。這就是「仁者愛人」、「己所不欲，勿施於人」以及「己欲達而達人」的具體表現。

 ## 四 殖民、掠奪及其他

當中國的航海事業以及武力之強大，足以壓倒西方時，卻沒有去侵略西方，更沒有把任何一個國家變為自己的殖民地，而是去幫助、資助這些弱小的國家。但當西方強大時，他們成為海上霸權者，又爭奪海上霸權，然後就用武力征服弱國、小國。英國曾稱為「日不落大英帝國」，即是說全球到處都是他們的殖民地。英國的富裕，大部分依靠的是從海外掠奪來的財富。

以馬來西亞（1963 年前被稱為馬來亞）為例。馬來西亞分東西兩部分，被稱為「東馬」、「西馬」。首都吉隆坡在西馬，但東馬疆域更大。東馬原來很落後，是華人（大多是中國東南的福建廣東地區農民、上海人和部分小知識分子）漂洋過海到了這裡開發發展起來

8　以上引文皆見（英）藍詩玲（Julia Lovell）：《鴉片戰爭》，新星出版社，2015 年版，第 1-5 頁。

的，稍後也有部分印度人前來參加開發。在華人帶動下，當地馬來人也出來參與開發。原來的馬來西亞當地土著基本上住在山上，過著採集式的生活，近似於原始、蠻荒。華人來後才有所改變。在華人開發稍具規模後，被英國人發現了此地有利可圖。這個英國人便寫信給英國女王，要求英皇室支持。女王回了信，大意是說：給你派去一支部隊（按：大約只五六十人，都配備先進的槍枝彈藥。但那時候，馬來西亞大約連一枝新式武器也沒有。這幾十個人的武器也足以對付很多馬來人和中國人）你在那裡獲得的利益，六成歸你自己，四成交給我（英國皇室）。這個英國人有了這支武裝隊伍，先是幹了一點好事，給當地人看看病或在交通要道建一座小橋，當地人對他們開始印象很好。然後這個英國人在其武裝隊伍支持下便強行向當地華人及其他有錢人徵稅。徵稅多了，便建總督府，又從英國招人來幫助他收稅、管理。稅愈收愈多。華人交錢太多，十分不滿。但中國政府絕不會派武裝隊伍來用武力征服別人，相反會本著「仁者愛人」以及平等思想，勸說那裡的華人以「仁義」待人遵守當地風俗習慣，好好地和當地人團結，共同建設發展當地經濟和文化，更不會教唆當地華人把搜刮當地的利潤四六分成上交中國政府。

英國人收稅太多，當地華人損失太重，便組織起來，把英國人趕走了。華人占領了總督府，但華人只知道勞動、生產、做生意，不知組織武裝力量保護自己。於是英國人便出來，挑撥馬來人和華人關係。原來當時的土著人處於野蠻狀態，有「獵人頭」的習慣，即砍人頭以炫耀自己強而有力。他們把砍來的人頭掛在自家屋前，砍的人頭愈多，女人愈願意嫁給他。英國人便說服他們專砍華人頭，砍一個華人頭可以去英國人那裡領取很多賞錢。於是當地土著人便大肆襲擊砍殺華人，華人傷亡慘重。本來當地土著十分尊重華人，華人來開發，他們也得益。現在變為仇人，當然他們完全是為了獲得優厚的賞錢，其實內心並不仇華。這時候，英國人又出來調停，華人只好退出總督

府，只好如數交納稅錢給英國人。英國人才停止了教唆當地人襲殺華人。英國人又統治了這個地方，但靠的不是仁義道德，而是殘忍、凶殺、詐力和武力。

馬來人以及華人後來也承認英國人在這裡管理，也促進了當地的發展和進步。其實他們這種「促進」還是為了自己獲取更多更大的利益。鴉片戰爭之後，中國來人更多，他們便拿錢去英國政府那裡買一塊土地，或租一塊土地。其實這些土地並不是英國的，但英國人卻以政府名義發給華人（或印度人或馬來人）一個土地使用證，這塊土地便永遠屬於使用者，使用者可以安心開發利用這塊土地，發展生產。除了交租之外，自己生活也很富足。英國人在當地人不影響他的利益外，也帶來了自由、民主等制度，也建醫院或學校，傳播英國文化，至少要學英文。這一切都給當地帶來了發展，但是發展的目的，還是為英國人徵更多的稅收，更有利於英國。

中國人在自己強大時，是資助弱國，幫助弱國，仍然支持當地人管理自己，絕不把當地變為自己的殖民地，絕不會出賣別人的土地。英國人不是支持當地人管理自己，而是由英國人來管理，變當地為他們的殖民地。一是「仁者愛人」、「兼愛」；一是利己、殖民。二者區別太大了。「路遙知馬力，日久見人心」，英國人在這裡統治了140多年。到了第二次世界大戰期間，日本人打進來了。馬來西亞人認為以英國的強大，足以保護自己不受日本侵略和奴役。但事實並非如此。1941 年 12 月 8 日，3 萬日軍從泰國進攻馬來西亞，英國約 13 萬守軍一路潰敗，幾乎沒有作任何抵抗就逃跑了。[9] 跑到新加坡，日

註 Note

9　據拉曼大學歷史學者黃文斌副教授研究和考察，英軍曾在馬來西亞怡寶和金寶之間的務邊鎮旁山上挖戰壕，構築工事，準備抵抗日軍。但英軍只在工事裡堅守不足三天，並沒有作戰，日軍一來，英軍還是逃跑了，現工事戰壕猶在；但沒有彈殼等戰鬥遺跡。這是僅有的一次準備抵抗但未抵抗的行為。

本打到新加坡，僅 60 多天，於翌年 2 月 15 日，英國軍總司令白思華手舉白色降旗向日軍總司令山下奉文屈膝乞求投降，日軍傲慢地接收投降。次日，白思華帶領 13 萬英軍進入日軍的俘虜營。馬來西亞、新加坡全落入日本人手中。英國首相丘吉爾在其回憶錄中哀呼：這是英國歷史上最嚴重的災難和最大規模的投降。

英國可以和法國打 116 年一場戰爭（史稱「百年戰爭」，實自 1337 年至 1453 年），那是為了自己的國家。但為了保護自己的殖民地，他們連一年甚至連一個月也不打。因為這不是他們的國家，他們只要在這裡取得利益，而不願犧牲自己的利益。中國的香港被英國占領，日本人打到香港，英國人也逃跑了，並沒有為了保護自己的占領地而堅持和侵略者血戰。中國人堅持抗戰，馬來西亞人堅持抗戰，犧牲流血，代價慘重。抗戰勝利了，英國人又跑回來了。可見他們無「仁者愛人」之心，而只有殖民利己之意。好在馬來西亞人、新加坡人認清了英國完全沒有保護自己的心意，然後決定獨立，不再受其殖民了。[10]

中國人「己所不欲，勿施於人」，而英國人對自己「不欲」的罪犯卻送到北美洲新大陸去；北美獨立後，他們不能再把罪犯投放到北美，於是又投放到澳大利亞去。中國人從來不會把自己「不欲」的罪犯投放到別的國家。這就是愛自己，也「兼愛」別的國家的意思。

中國政府也把中國人送到國外去，但不是罪犯，而是「華工」。二戰時，歐洲戰爭使英法等國男人死傷太多，他們缺少大量的勞動力，中國政府派遣數十萬華工去支持他們。這些華工絕對沒有一個是罪犯，他們都是經過挑選、身體健康、年輕力壯、能從事重體力勞動的優秀工人、農民。而且凡是有過不良行為的人，一律不准派遣，恐怕影響別國的風氣和建設。當然，中國的建設也需要這些年輕力壯的優秀工人、農民，但中國人「己欲立而立人，己欲達而達人」、「仁者愛人」，還是把這些優秀的年輕人送到歐洲去，幫助他們建設，恢

英軍總司令帕西瓦爾（Arthur Percival，一譯爲白思華），帶領 13 萬英軍，手舉降旗向日本軍總司令山下奉文屈膝投降，把英人統治 140 多年的馬來西亞、新加坡奉獻給日本。圖中左二手擧降旗者爲英軍總司令帕西瓦爾，左三（當中著黑衣掛軍刀者）爲日軍總司令山下奉文。英軍不會爲保護自己的殖民地而犧牲的。英軍有 13 萬人，而日軍只有 3 萬人。

英軍總司令帕西瓦爾簽訂投降書的第二天，便和司令部其他軍官，在日本人刺刀下舉起投降的雙手，帶領 13 萬英軍，走進日軍的俘虜營。（然後爲日軍做苦工）英軍可以爲自己的國家和法國打了一百多年戰爭，但不願爲保護自己的殖民地而戰。

註 Note

10　但英國人培植的勢力仍在，這些人得到英國的好處，仍會歌頌英國。

| 日本畫家宮本三郎（1905—1974）油畫作品

根據英軍總司令帕西瓦爾向日軍總司令山下奉文簽訂投降書的照片畫的一幅油畫，現藏日本東京國立現代美術館，新加坡國立美術館長期陳列其複製品。

復生產。而且，這批「華工」去到歐洲都是從事最艱苦、最勞累的工作，卻爲歐洲的恢復發展做出了巨大的貢獻。

19 世紀前後，中國遭到列強的侵略，貧困了，很多中國人下南洋，自發到了國外。他們也都是能建設能生產的優秀人才。他們出苦力，憑自己的智慧、力氣去開發、生產。東南亞很多國家的發展，華人起到重要的作用，這是事實。華人爲很多國家帶去了勞動力、智慧、技術、文化，唯獨沒有把這些國家變爲自己的殖民地。

美國前總統奧巴馬多次在電視新聞中向全世界宣布：「美國絕不做世界第二」。也就是說美國必須做世界第一，那麼第二、第三就讓

別人去做，自己不願做的事為什麼要讓別人做呢？

英國人在離開香港之前，把香港納稅人的錢花得光光的，又把香港大學教師工資忽然提高很多，超過英國教師的幾倍，給後來的政府帶來困難。這些事都和中國傳統道德背道而馳。從「兼善」的思想來看，理應留下一批錢給新的政府，以示友好。大學教師工資提高與否也應留給新政府去處理，但西方人缺乏中國「仁者愛人」、「兼愛」以及「己所不欲，勿施於人」的哲學，所以，才會留給世界很多麻煩。

如果中國人早一點用西方人的辦法，尤其是在明代，海軍足以壓倒全世界時，採用西方人的辦法，中國早已強大了，也不至於會有今天的領土之爭。西方人崇尚強國、強兵，就會以強欺弱，世界上很多次劃分殖民地，甚至把中國的領土強行劃分出去，都是少數強國幾個人決定的，不給中國政府知道就瓜分了、劃分了。中國是主張「弱德」的國家，德而弱，就不會強行損害人家，強反而處下。孔子說：

　　貧而樂，富而好禮。[11]

富了更要以「處下」的身分對人更有禮貌，更不要揚言「不做天下第二」，這就不會以強欺弱，更要「仁者愛人」、「兼愛」、「己所不欲，勿施於人」。所以，如果全世界都有中國的傳統道德，那麼這世界就必然十分安寧，十分文明，而到處充滿友愛。所以，只有中國的傳統哲學才能救世界。

註 Note

11　《論語・學而》篇。

| 第七章 |

去兵、去食，富國強兵

西方人一直要富國強兵，歐洲學者亞當斯密還寫了一本《國富論》，強調國家對軍隊的建設、強軍的原則。又談了財政政策，如何使國家富裕。中國近代的「富國強兵」理論就是從西方引進的。誠然，中國古代的當權者也要強兵，也要富國，並有具體的措施，但在理論上，中國是反對強兵的，也很少談富國。而且儒、道都是主張「去兵」，去除或減少軍隊的作用，而只宣導仁義。

《論語》中記子貢和孔子一段有名的對話：

> 子貢問政。子曰：「足食，足兵。民信之矣。」子貢曰：「必不得已而去，於斯三者何先？」曰：「去兵。」子貢曰：「必不得已而去，於斯二者何先？」曰：「去食。自古皆有死，民無信不立。」[1]

這段話意思是，子貢問怎樣治理國家，孔子回答：充足的糧食，充足軍備，人民對政府的信任。子貢說：必不得已，要去掉一項，於這三者中間，先去掉哪一項？孔子說：去掉軍備、軍隊（兵指軍備武器，也指軍隊）。子貢又說：必不得已再去掉一項，於這二者中間，先去掉哪一項呢？孔子說：去掉糧食。（沒有糧食，不過是死亡）自古以來，誰都免不了死亡，但如果人民對政府不相信，國家就不

行了。

當然，孔子也不否認「足食，足兵」的作用，但「民信」更重要。「去兵」、「去食」都不要緊。

孟子的思想也如此。《孟子·離婁上》有云：

> 城郭不完，兵甲不多，非國之災也；田野不辟，貨財不聚，非國之害也。上無禮，下無學，賊民興，喪無日矣。

這裡明白地說，城牆不堅固，軍隊軍需不充足，並不是國家的災難。這和孔子的「去兵」思想一致。又說經濟不富裕等，也不是國家的災難，這等於孔子的「去食」。但是如果上層的人沒有禮義，下層的人沒有教育，違法亂紀的壞人多了，國家的滅亡也就快了。這和孔子說的「民信」意近。

可見儒家對軍隊、軍備是最輕視的。也就是說，儒家不主張用軍隊維持國家。當然，也更不會主張用軍隊去侵略其他國家。否則，怎麼能要「去兵」呢。其次，糧食、經濟固然重要，但更重要的是「民信」，可見「民信」比死亡更嚴重。這家的思想也是主張去兵的。

《老子》曰：

> 夫兵者，不祥之器，物或惡之，故有道者不處。[2]

這裡的「兵者」，也是指武器，同時指用於作戰的軍隊。老子認爲是不祥的東西，大家都厭惡它，所以有道的人不需要它（或不使用

註 Note

1　楊伯峻譯注：《論語譯注·顏淵》，中華書局，1980 年版，第 126 頁。

2　《老子》31 章。

它）。這證明老子是反對戰爭的，當然也反對軍備。老子接在上一句後又說一遍：

> 兵者不祥之器，非君子之器，不得已而用之，恬淡爲上。勝而不美，而美之者，是樂殺人。夫樂殺人者，則不可得志於天下矣。[3]

這一段話意思是說：軍隊兵革是不祥的東西，非君子所要使用的東西，萬不得已而用之，要淡然處之（不可過分）。勝了也不要高興，如果是高興者，就是喜歡殺人的人。喜歡殺人的人，就不能成功於天下。

老子顯然是反對戰爭的，自然「兵者不祥之器」，當然也要去除。這一點也和孔子的「去兵」思想是一致的。莊子更要「去兵」，更反對戰爭，並主張人類要回復到結繩記事之前，人與麋鹿動物雜處時代。更不要說軍備軍隊了。《老子》主張：

> 小國寡民……雖有甲兵，無所陳之。使民復結繩而用之。
>
> 甘其食，美其服安其居，樂其俗。鄰國相望，雞犬之聲相聞，民至老死，不相往來。[4]

《莊子》引用了這一段話，只是把「民結繩而用之」置在最前。[5]但《莊子》還要回復更古：

> 夫至德之世，同與禽獸居，族與萬物同。[6]
>
> 神農之世，臥則居居，起則於於，民知其母，不知其父，與麋鹿共處，耕而食，織而衣，無有相害之心，此至德之隆也。[7]

　　《莊子》認爲人要回復到母系社會階段，這才是至德至盛的時代。人「無有相害之心」，當然也不可能有軍隊建設。他還主張：

　　　　日出而作，日入而息，逍遙於天地之間而心意自得。[8]

　　《莊子》更說：

　　　　唯無以天下爲者，可以托天下也。[9]

　　即只有不以天下爲己所用者，才可以把天下託付給他。《呂氏春秋・貴生篇》則說：「惟不以天下害其生者，可以托天下。」所以莊子更是主張「去兵」的，連兵器、軍隊都不需要了。

　　孔子主張去兵，其次去食，他的理想社會是什麼呢？《論語》記載孔子和他的幾位學生的對話，在「各言其志」中：子路則主張強兵，「千乘之國，攝乎大國之間，……」孔子聽後，微微一笑而已。冉求則主張富國。「可使足民。」公西赤希望穿著禮服，戴著禮帽，做一個小司儀。最後曾點說：暮春三月，春天衣服都穿定了，我陪同五六位成年人，六七個小孩，在沂水旁邊洗洗澡，在舞雩臺上吹吹風，一路唱歌，一路走回來。（「浴乎沂，風乎舞雩，詠而歸。」）

註 Note

3	《老子》31 章。
4	《老子》80 章。
5	《莊子・胠篋》。
6	《莊子・馬蹄》。
7	《莊子・盜跖》。
8	《莊子・讓王》。
9	《莊子・讓王》。

孔子表示同意曾點的主張。[10]

　　孔子要「去兵」、「去食」，不提倡「強兵」，也不要求「富國」，只要老百姓安居樂業，每日洗洗澡，吹吹風，唱唱歌，這就行了。這絕對是和平思想，安民思想，其實也應該是世界大同的最理想社會的思想。要「富國」，看看西方的《國富論》，那就必須競爭，人與人之間便有矛盾，便有鬥爭。要「強兵」，就像西方的理論那樣，就要人民出錢來養軍隊，就要準備打仗，遭殃的、受苦受貧、死亡的還是老百姓。

　　孟子反對用兵更甚於孔子。他說：

　　善戰者，服上刑。[11]（好戰的人應該服最高的刑。）

　　而且孟子一生提倡仁愛，他是著名的「不忍心」者。當齊宣王不忍心一頭牛被宰殺，孟子表揚他的仁愛之心。

　　……是乃仁術也……君子之於禽獸也，見其生，不忍見其死；聞其聲，不忍食其肉。是以君子遠庖廚也。[12]

　　孟子連禽獸之死都不忍見，不忍食其肉，何況用兵去殺人？墨子尤其是反對戰爭的。《墨子》一書列《非攻》三節，「非攻」即反對攻伐戰爭。他反覆闡說攻伐戰爭給國家人民帶來的危害，對社會發展的損失。他認為殺一人，謂之不義，必有一死罪，殺十人，十重不義。但攻伐卻是數十萬、百萬的死人。人民的財產和生命，國家的建設都遭到巨大破壞。「攻伐，此實天下之巨害也。」「賊虐萬民，以亂聖人之緒。」但墨子卻主張備戰以反對不義之戰，這就更正確了。

　　當然，中國也有兵法，尤其是《孫子》，又叫《孫子兵法》。不但是中國千古名著，也是世界上最有名的兵法。其實，中國古代的兵

法都是反對敵我雙方廝殺式的戰爭，而重道、重民、重信義，減少用兵。如《孫子兵法》卷上第一篇〈計篇〉，一開始便談到兵家五事：

> 一曰道，二曰天，三曰地，四曰將，五曰法。

並解釋：「道者，令民與上同意也。」張預注曰：「恩信使民」。又云：「以恩通道義撫眾。」是說戰爭的第一個條件是行道義，平時恩信於民。

第二篇〈作戰篇〉，首先計算費用，言「國之貧於師者遠輸，遠輸則百姓貧。」「近師者貴賣，貴賣則百姓財竭。」也是警告作戰者，使其知戰爭的費用，會使百姓貧困。

第三篇〈謀攻篇〉很重要，孫子說：

> 凡用兵之法，全國為上，破國次之。全軍為上，破軍次之，……是故，百戰百勝，非善之善者也。不戰而屈人之兵，善之善者也。

也是主張不要直接的以兵刃相接進行戰爭。怎麼作戰呢？孫子又說：

> 故上兵伐謀，其次伐交，其次伐兵，其下攻城；攻城之法為不得已。

註 Note

10　《論語・先進》。

11　楊伯峻：《孟子譯注・離婁章句上》，中華書局，1995 年版，第 175 頁。

12　楊伯峻：《孟子譯注・梁惠王章句上》，中華書局，1995 年版，第 15 頁。

伐謀是用計謀，取勝於不戰。伐交是以外交孤立之，使其不敢戰。兩者都不是兩軍兵刃相接的戰爭，都不傷害人的生命，不損失人民的財產。

「伐兵」是武器，是對陣，以兵器之先進，以兵陣之高明，使對方不敢戰。但已不是太高明的方法。《太公》曰：「爭勝於白刃之前者，非良將也。」

當然，攻城的戰爭就更下了。所以《孫子兵法》雖然是談如何戰爭的，但仍以得道、撫民、伐謀、伐交為上。以兩軍對刃之戰為下，為不得已。

現存中國四川成都的諸葛武侯祠，有一幅清人趙藩撰並書寫的對聯：

能攻心，則反側自消，從古知兵非好戰；
不審勢，即寬嚴皆誤，後來治蜀要深思。

也是把「攻心」作為戰爭的最高境界。而且明確的說「從古知兵非好戰」。

三國時蜀諸葛亮善戰，其謀士馬謖告誡他：「攻心為上，攻城為下；心戰為上，兵戰為下。」諸葛亮接受了他的建議。

這些都是中國歷來對戰爭的態度，都和儒家的「去兵」、「善戰者服上刑」是一致的。

宋代儒學地位又升高，其臣子對皇帝說：「願陛下二十年不言兵。」宋人生活富裕了，文化提高了，發展了。尤其是宋代的理學，闡述發揮孔孟儒學，講仁義，講道德，講誠明，「存天理，滅人欲」，更是反對用兵。也不談富國，更不談強兵。

其實，世界上只要沒有戰爭，所有的國家都「去兵」，國家正常的發展，不談富國，國必富。北歐很多國家為什麼十分富裕？人均

收入超過美國，而且免費醫療，免費接受各種教育，人民的幸福指數居全球首位。其中原因之一，就是這些國家不大規模的參與軍事競爭，不過分的加強「軍備」，不過分的「強兵」。因為不過分的「強兵」，所以他們也基本上不發動戰爭，國就富了。如果把錢都用在「軍備」、「強兵」上，國必窮。我沒有研究過軍備和戰爭的費用問題，但一位將軍告訴我，二十世紀四〇年代，一顆炮彈價 14 兩黃金，用 100 萬發炮彈的錢補助農民，足夠 1 億農民 1 年生活得很好，但 100 萬發炮彈幾次就打完了。戰爭消耗的錢何其巨大。所以，儒家強調「去兵」是對的。

西方則強調「強兵」、「富國」，強兵更在富國之先。《君主論》一書中就反覆強調「以武力相逼」：「一旦他的信仰發生變化，新君主就能借助武力來迫使其就範」；「一個不留統統殺掉」；「因此占領者在奪取一個國家的統治權時，要考慮哪些殘暴行徑是必需的，並且要在施暴時一次性完成，避免日後持續不斷的做損害之舉。這樣，占領者日後可以安撫人們，並且通過一些小恩小惠把民眾爭取到自己身邊來」；「所以殘酷的行為，必須畢其功於一役，⋯⋯而施與恩惠，則應細水長流，一點一點地給，這樣可使恩惠對人們的影響持久一些」。[13] 這些「理論」根本缺少「真誠」，更缺少「仁義」，在中國絕對不會存在。孟子說：

行一不義，殺一不辜，而得天下，皆不為也。[14]

雖然中國的統治者未必能做到不殺無辜，或者像《君主論》中說

註 Note

13　（意）馬基雅維里：《君主論》，商務印書館，1986 年版，第 43 頁。

14　《孟子・公孫丑上》。

的那樣殘暴，但中國的哲學，中國的先哲們絕對不會教唆統治者去殺人。即使做一件不義之事，殺一個無辜的人，也是不准許的，而且必須施仁義。施仁義也要真正的仁義，而不是像《君主論》中說的小恩小惠，而且是假仁假義，又「一點一點地給」。這是教唆人卑鄙。

《君主論》還說：「所有的君主國……其執政之基在於良好的法律和優秀的軍隊。」[15] 而中國理論中君主的執政基礎定是仁義道德。

《君主論》中又說：「任何一個君主國如果沒有自己的軍隊，它都是不穩固的。」[16] 另外，他們不但不談仁義，不談親民，還大談「軍事藝術是統治者的唯一藝術。」這門藝術的效力，不僅能夠使天生為君主的人保持住自己的地位，還多次使許多平民出身的人登上君主之位。……若想奪取一個國家的統治權，你必須得精通這門藝術。「如果不整軍經武，就會被人輕視……」[17]

中國的文化談戰爭首先談仁義，談民心。而西方軍事理論從來不談仁義和道德，倒是有很多反道德、反仁義的所謂理論。

德國‧克勞塞茨《戰爭論》是西方的最重要的軍事理論著作，其中從頭至尾大談戰爭是一種暴力。「戰爭史迫使敵人服從我們意志的一種暴力行為。」「暴力用技術和科學的成果裝備自己來對付暴力……暴力，即物質暴力……是手段，把自己的意志強加於敵人是目的。」「暴力大限度的使用，有些仁慈的人可能很容易認為，一定會有一種巧妙的方法，不必造成太大的傷亡就能解除敵人的武裝或者打垮敵人，並且認為這是軍事藝術發展的真正方向。這種看法不管多少美妙，卻是一種必須消除的錯誤思想。」「從仁慈產生的這種錯誤思想是有害的。」[18] 這和中國的軍事理論書完全相反。中國的兵法以及一切關於戰爭的學說都主張少殺人，「不戰而屈人之兵，善之善者也」。「故善用兵者，屈人之兵而非戰也」，「拔人之城而非攻也」。而且，歷來的各種文獻記載中都會給「好殺」的將領安排一個悲慘的結局，認為這是他「好殺」的報應。例如《史記》中記秦大將白起，

楚王項羽最後失敗被殺，都是因為他坑殺降卒所得到的報應。三國時諸葛亮用火攻殺蠻兵，他見到蠻兵被燒死的慘狀，自歎「折吾壽也」。這些思想都警告打仗的將領，不可多殺，不可殘酷。

中國的現代理論中也強調革命，戰爭是暴力，不必講仁義，都是從西方學來的，傳統理論中是沒有的。

西方的《戰爭論》中還反覆地說：

> 戰爭是一種暴力行為，而暴力的使用是沒有限度的。[19]
> 不受限制的行動，是暴力的絕對表現……[20]

亞當斯密的《國富論》中就強調：

> ……（戰爭法）要求國民隨時準備赴死的權利和毫不猶豫消滅敵人的權利。

他更反覆強調：

> 戰爭仍然由武器的力量來決定。

而中國傳統理論，都是在強調戰爭前的準備，能否進行戰爭，是

註 Note

15　（意）馬基雅維里：《君主論》，商務印書館，1986 年版，第 57 頁。

16　（意）馬基雅維里：《君主論》，商務印書館，1986 年版，第 68 頁。

17　（意）馬基雅維里：《君主論》，商務印書館。1986 年版，第 69 頁。

18　（德）克勞塞維茨：《戰爭論》第 1 卷，解放軍出版社，1997 年版，第 1 頁。

19　（德）克勞塞維茨：《戰爭論》第 1 卷，解放軍出版社，1997 年版，第 3 頁。

20　（德）克勞塞維茨：《戰爭論》第 1 卷，解放軍出版社，1997 年版，第 8 頁。

統治者的仁心道德，戰前爲人民做哪些好事。《左傳‧莊公十年》記載著名的〈曹劌論戰〉，雖然齊軍背盟侵略是非正義的，但曹劌仍問魯莊公，「你憑什麼打這場戰爭？」意思是，你能打贏這場戰爭的基礎是什麼？莊公說：「生活上的必需品，我從來不敢專享，必分給人民。」「我很誠實。」「國中大大小小的訴訟案件，我都明察，不使有冤案。」曹劌說，「這是你忠實於人民，爲人民辦好事的表現。有這個基礎，可以作戰。」結果曹劌幫助他打贏了戰爭。

《孫子兵法》第一篇〈計篇〉中認爲計量能否戰爭的「五事」，第一是「道」，而不是武器。

《左傳》中還記載一則宋楚交戰的著名戰例。強楚攻打弱宋，宋襄公列陣以待，部下告訴他，「楚軍正渡水，我們一打，他們就敗了。」宋襄公說，「人家正在渡水，我們這樣打不仁義。」楚軍渡水上岸，部下又說，「楚軍剛上岸，還沒來得及排成陣勢，我們趁機一衝，他們就敗了。」但宋襄公說，「人家沒有排成陣，衝人家，不仁義。」結果楚軍渡完水，也排成陣，兩軍正式開戰，宋兵敗了。近現代有人受了西方人思想的影響，認爲：「這是蠢豬式的打法。」「打仗還講什麼仁義。」可是中國古代，這種打法一直受人稱讚，認爲這是講仁義的打法。戰爭是政治的手段，政治才是目的。宋襄公雖然打了敗仗，因爲講仁義出了名，卻被很多國家尊爲「霸主」（領袖）。春秋五霸（齊桓公、宋襄公、晉文公、秦穆公、楚莊王），齊、楚、晉、秦皆是大國強國稱霸，而只有宋是小國稱霸，就是因爲宋講仁義，最終宋還是勝了。勝不在打仗，而勝在實行仁義。

《孟子‧公孫丑下》論戰爭：「天時不如地利，地利不如人和。」「威天下不以兵革之利，得道者多助，失道者寡助，……故君子有不戰，戰必勝矣。」決定戰爭的勝利是「人和」，是「得道者」，是「君子」，而不是武器。

到了現代，西方的戰爭思想和戰爭都引到了中國，西方人公然聲

稱，戰爭就是殘暴，殺人無限，就是武器決定勝敗，不必講仁義。於是在這種理論指導下，西方拚命發展戰爭的武器。武器的發展也十分快。早在一戰時，在德軍猛烈的火力攻擊下，對方死人無數。當時還是少尉的法國夏爾‧戴高樂說：「勇氣戰勝不了炮火。」英國的邱吉爾說：「人的肉體無法與大炮和機關槍競爭。」

後來西方更發明了細菌戰、化學戰、毒氣戰，殺人更是殘忍，更無仁義、道德而言。再後來，東方的毒氣戰、細菌戰也是學西方的。

在武器不發達時代，戰爭的勝負確實在「人和」，在「得道者」一邊。但武器發展到一定程度，武器確能起到決定戰爭的勝負作用。所以，中國人受西方理論戰爭的影響，也認爲政權是由槍桿子決定的：「槍桿子裡面出政權。」

所以，中國人如果還堅持「仁義」，「得道」而能打勝仗的道理，而無法發展武器和大搞軍備，那麼在西方發達的武器攻擊下，必然失敗。其實宋人主張仁義，「二十年不言兵」，國家富了，也文明了，但卻被北方野蠻民族打敗了。所以，中國人也必須像西方那樣發展武器，擴充軍備，提出「強兵富國」的口號。富國必須強兵，不強兵只富國，就會被強兵者侵略。國愈富，被人搶的愈多，國也就不富了。

但如果全世界都像中國這樣，講仁義，講道德，戰爭便不會如此殘酷，更不會有毒氣戰、細菌戰等。

如果全世界都像中國傳統理論那樣「去兵」，即去除軍備、去除軍隊，把軍備的錢用於建設，那麼全世界必然和平相處，生活富裕。世界將是何等的美好。

若按照馬克思共產主義的理論，到了共產主義時代，世界上沒有軍隊，沒有戰爭。其實，中國早在二千六百年前已有了這樣的思想和理論。當然，孔子時代不可能知道有歐洲、美洲。他周遊列國，那時中國境內有幾百個國家（諸侯國），他以爲這就是天下了。所以，他的理論是對的，如果天下都「去兵」，天下就確實太平了。

　　如果天下人都像孔子說的那樣，行仁義，不打仗，不勾心鬥角，不爾虞我詐，都去水裡游游泳，吹吹風，唱唱歌，其樂融融，那麼天下也太美好了。所以，中國的哲學可以救世界。

第八章

禮義和技藝

 科技和「奇技淫巧」

　　西方人重視技藝，重視科學。所以，其技術和科學發展都較快。中國人重禮義，而輕技藝。中國人的「技藝」不僅指技術，也包涵西方人的科學意思在內。重禮義是對的，輕技藝則影響科技的發展。古代中國上層人物不但輕技藝，甚至對技藝及發明者採取打擊的態度，稱之為「奇技淫巧」。《尚書·泰誓下》有云：

　　（商王）郊社不修，宗廟不享，作奇技淫巧，以悅婦人。[1]

　　唐孔穎達疏曰：「奇技，謂奇異技能；淫巧，為過度工巧。」「奇異技能」，本應該發揚、提倡、鼓勵和支援才對；但後世卻認為這是惑亂民眾的心，應判處死刑，處於「殺」之列。[2] 儒家的經典著作《禮記》中云：

註 Note ————————————————————

1　　《十三經注疏·尚書正義》卷11〈泰誓下〉，中華書局，孔穎達疏，2003年版，第182頁。

2　　《十三經注疏·尚書正義》卷11〈泰誓下〉，中華書局，孔穎達疏，2003年版，第182頁。

作淫聲、異服、奇技、奇器，以疑眾，殺。[3]

　　《禮記‧月令》還記：「命工師效功，陳祭器，案度程。毋或作為淫巧，以蕩上心，必功致為上。物勒工名，以考其誠。功有不當，必行其罪，以窮其情。」不作「淫巧」，即不可過度工巧，（所以，西方的器物都做得愈工巧愈好；而中國的器物，不准許過於工巧。大都大而化之。這在雕塑石刻上，卻形成了一種東方風格）「物勒工名」即作品上必須注上工匠的姓名。「不當」之處（即過於工巧）必治其罪。[4]

　　古文獻中提到「奇技淫巧」地方很多，都是被貶斥的。如《續資治通鑑》第一百一十四：「當時蔡京外引小人，內結閹官，作奇技淫巧，以惑上心，所謂逢君之惡。」《續資治通鑑》卷第一百九十六：「以蹴鞠而受上賞，則奇技淫巧之人日進，而賢者日退矣，將如國家何？」（其實「蹴鞠」是最早的足球，起於戰國，雖然盛於歐洲，但聯合國通過考查，證實了足球起源於中國，即古代的蹴鞠，是中國人發明的。）

　　宋呂公著《進十事‧去奢》：「是以先王制法，作奇技淫巧以蕩上心者，殺無赦。」

　　這就大大影響了中國科技的研究和發展。尤其是漢代「獨尊儒術」之後，藝術被視為「小道」；科技作為「奇技淫巧」，一直被抑制。

　　漢字的「幾」字，是上面兩個「么」，下面一個「戍」，「么」是細小，細微的意思，即對細小細微的東西要保持警惕，要防衛。其實科學研究就是要從細微的地方下功夫。這也是中國科學不發展的原因之一。漢代的石刻藝術，很少有細微的刻畫，人稱「漢八刀」（只刻八刀），而西方的雕刻是細緻入微的，科學研究更需如此。

　　元代是開放的朝代，技術發展，大勝於前。《明太祖實錄》卷三

十四徐達給朱元璋上的平元都捷報中云：「惟彼元民始自窮荒，……逮乎後嗣尤爲不君，耽逸樂而荒亡，昧乎兢業作奇技而淫巧，溺於驕奢……兵連寰宇，禍結中原。」認爲元的滅亡，是「兢業作奇技而淫巧」所致。

《明史‧天文志》記：「明太祖平元，司天監進水晶刻漏，中設二木偶人，能按時自擊鉦鼓。太祖以其無益而碎之。」[5]

明太祖平元，實際上是他派大將徐達北上，打進大都，趕走了元統治者。然後從元宮廷中取來「水晶刻漏」，就是自鳴鐘。這個自鳴鐘是用發條，還是用水漏，不得而知。總之，到了一定時間，二木偶人就會自動擊鉦鼓以報時。這是很好的科技產品，但朱元璋仍以其爲「奇技淫巧」，「無益而碎之」，即砸壞扔掉了。但當明末，西洋人送來自鳴鐘時，朝廷上下皆十分驚奇，其實已晚於明初的「水晶刻漏」二百多年了。

清初的戴梓發明了「連珠銃」，其實就是機關槍，造出了蟠腸槍，這是何等先進的武器。若繼續研究下去，到了鴉片戰爭時，我們的武器就會十分先進，而不致打敗仗。但當時的統治者認爲這是「奇技淫巧」而拋棄了，發明者戴梓也被判刑流放。《清史稿》、清昭槤《嘯亭雜錄》、清阮元的《疇人傳》以及近人寫的《清代人物傳稿》等，還有很多筆記體著作，都記載著位疇人。皇帝召見他也只是「喜其能文」。他的發明，竟「當時未通用，器藏於家」，後遭人迫害，流放到黑龍江，後赦還，以賣畫賣字爲生，「人共惜之」。

還有很多人發明了重要的先進武器，因受傳統文化影響，認爲這

註 Note

3　《十三經注疏‧禮記正父》卷 13，中華書局，第 1344 頁。

4　《十三經注疏》，中華書局，2003 年版下冊，第 1381 頁。

5　《明史》卷 25《天文志》一，中華書局本 1997 年版，第二冊，第 357 頁。

是殺生,是奇技淫巧,便自己銷毀,不再製造。

中國這一哲學——重禮義,輕科技,打擊從事科技研究的人材,導致中國科技的落後。如果繼續下去,落後了就要挨打,中國有滅亡的危險。所以,中國必須用西方的哲學,發展科技。尤其要發展軍事科技,以保衛自己的國家。但如果全世界都像中國這樣重禮義,輕科技,主要是輕軍事科技,都不再花重金用於軍事、戰備,尤其是軍事技術的研究和製造,那麼,世界將更加安寧、美好。

 人心和技藝

中國是講仁義、禮義的國家,從不侵略其他國家,從來沒有把軍隊開到歐洲去。但西方國家科技發達後,便利用船堅炮利打進中國。他們用大炮轟開中國的大門,進來搶掠了。中國打敗仗的原因固然有人的因素、制度的因素,但武器落後也是一個重要因素。

1840 年的鴉片戰爭前後,中國人目睹西方的「船堅利炮」以及其他方面的科技優勢,認識到自己不重視科技的後果。魏源首先提出「師夷長技以制夷」的著名論點。他在 1842 年出版的《海國圖志》的《原敘》中敘說著書目的:「是書何以作?曰:為以夷攻夷而作,為以夷款夷而作,為師夷長技以制夷而作。」魏源指出:「夷之長技三,一戰艦,二火器,三養兵練兵之法。」魏源這一思想是近現代中國向西方學習的思想源頭,是後來的洋務運動,維新變法乃至辛亥革命等一切革新運動的思想基礎。

鴉片戰爭之後,尤其是在清政府鎮壓太平天國運動中,曾國藩、李鴻章等目睹英、法等國的洋槍、洋炮之威力。李鴻章說:「中國但有開花大炮、輪船兩樣,西人即可斂手」,「中國永無購鐵甲之日,即永無自強之日。」[6] 曾國藩說:「目前資夷力以助剿濟運,得紓一時之憂,將來師夷智以造炮製船,尤可期永遠之利。」[7]

　　中國在十九世紀六○到九○年代，興起了「洋務運動」，於是建同文館以學習外文，翻譯外國著作、書報，派留學生出國學習外語和外國的科技知識，購買洋槍洋炮，使用機器，開辦工廠礦，興建鐵路、輪船、雇傭洋人，按「洋法」操練軍隊，建立新式陸海軍等等。在軍事上「求強」，在經濟上「求富」。

　　曾國藩、左宗棠、李鴻章以及後來的張之洞等人皆是「洋務運動」的重要人物。張之洞提出的「中學為體，西學為用」是洋務派的指導思想。

　　洋務運動期間，在清政府洋務派主持下，三十年間，共創辦十九個軍事工業，其中於 1865 至 1867 年間就創辦了滬、寧、閩、津四大兵工廠。

　　1865 年李鴻章在上海創辦江南製造總局，生產槍炮、水雷、小輪船等。

　　1865 年李鴻章創辦金陵機器局，生產槍炮彈藥。（請英國人馬格里幫助製造的）

　　1866 年，左宗棠創辦福州（馬尾）船政局，製造輪船。（由法國人幫建的）

　　1867 年崇厚創辦天津機器局，生產槍炮彈藥，後由李鴻章接辦並擴建。

　　後來張之洞還在漢陽創辦大型的湖北槍炮廠，「漢陽造」槍炮盛行一時。

　　還有更多的規模較小的軍火工廠等，再後來，又創辦了很多民用工業等企業。

註 Note

6　　《李文忠公朋僚函稿》第 3 卷，第 19 頁；《李文忠公奏稿》，第 36 卷，第 4 頁。

7　　《曾文正公全集・奏稿》卷 12，第 58 頁。

這些都是違反中國傳統的「去兵」、「去食」哲學的，而是利用西方「富國強兵」的哲學。曾國藩在指出「輪船之速，洋炮之遠，在英法則誇其獨有，在中華則罕於所見」之後，力主「訪募覃思之士，智巧之匠，始而演之，繼而試造，不過一二年，火輪船必爲中外官民通行之物，可以『剿髮逆』，可以存遠略。」這其實就是主張起用以前被斥爲「奇技淫巧」之人，和傳統哲學背道而馳。但這在當時是必須的，否則，在外強侵略我們時，我們將無以自衛。[8]

但當時守舊派人士，以維護傳統爲名，堅決反對「師夷」，反對製造洋槍洋炮，反對一切西學。

1866 年末，洋務派建議在同文館內增加天文算學館。他們認爲西方科學發達無一不自天文算學中來，所以要從翰林、進士、舉人等中選人入館學習。

1867 御史張盛藻首先上書反對，認爲這些科甲正途人員皆「讀孔孟之書，舉堯舜之道，明體達用」之士，怎麼能「習爲技巧，專明製造輪船、洋槍之理？」這是「重名利而輕氣節」。其中尤以倭仁[9]反對最力。他上書皇帝云：「昨見御史張勝藻奏天文算學，無庸招集正途一折，奉上諭，朝廷設同文館，取用正途學習，原以天文算學，爲儒者所當知，不得目爲機巧。於讀書學道，無所偏廢等因欽此。數爲六藝之一。誠如聖諭，爲儒者所當知。非歧途可比。惟以奴才所見，天文算學，爲益甚微。西人教習正途，所損甚大。」[10]他堅決支援張勝藻的意見，視西學爲「機巧」，「所損甚大」。

他接著更說：

> 竊聞立國之道，尚禮義不尚權謀；根本之圖，在人心不在技藝。今求之一藝之末，而又奉夷人爲師，無論夷人詭譎，未必傳其精巧；即使教者誠教，學者誠學，所成就者不過術數之士，古今來未聞有恃術數而能起衰振弱者也。[11]

　　倭仁當時以「一代儒宗」和理學大師的聲望，又身居工部尚書和皇帝老師的崇高地位，一時控制國家意識形態大權，他的說法很有權威性。他把西學視爲「技藝」、「術數」，即「奇技淫巧」之屬，必須反對。在當時產生很大的影響。他又說：

　　　　天下之大，不患無才，⋯⋯何必師夷人。且夷人吾仇也。鹹豐十年，稱兵犯順，憑陵我畿甸，震驚我宗社，焚毀我園囿，戕害我臣民，我朝二百年來未有之辱。學士大夫，無不痛心疾首，飲恨至今。朝廷亦不得已與之和耳。能一日忘此仇恥哉。[12]

　　倭仁回憶洋人（夷人）侵犯大清直至焚毀京師園囿等事，警告世人，洋人是大清的仇敵，不可輕信，更具煽動性。接著他說：

　　　　和議以來，耶穌之教盛行，無識愚民，半爲煽惑。所恃讀書之士，講明義理，或可維持人心。今復舉聰明雋秀，國家所培養而儲以有用者，變而從夷，正氣爲之不伸，邪氣因而彌熾。數年

註 Note

8　　《曾文正公全集・奏稿》卷 14，第 10-11 頁。

9　　倭仁（1804-1871），字艮峰，又字艮離，鳴齊格里氏，蒙古正紅旗人。道光朝進士。曾任大理寺卿，蒙古都統等。後擢為工部尚書、大學士、兼同治皇帝師傅。

10　《籌辦夷務始末：同治朝卷四十三之四十四》，現藏國家圖書館古籍部，又見中華書局出版同名書《籌辦夷務始末（同治朝）》2008 年版，第 2009 頁。

11　《籌辦夷務始末：同治朝卷四十三之四十四》，現藏國家圖書館古籍部，又見中華書局出版同名書《籌辦夷務始末（同治朝）》2008 年版，第 2009 頁。

12　《籌辦夷務始末：同治朝卷四十三之四十四》，現藏國家圖書館古籍部，又見中華書局出版同名書《籌辦夷務始末（同治朝）》2008 年版，第 2009 頁。

之後，不盡驅中國之眾，咸歸於夷不止……*13*

　　他堅持中國傳統的以「禮義」強國，反對師法洋人的技藝，回應者甚眾。候補知州楊廷熙更把同文館視爲「不祥之物」，把「久旱不雨」、「陰霾蔽天」、「大風晝晦」疫病流行等自然災害，皆歸罪於設立同文館，把設立同文館，堅持師法洋人的親王奕訢稱爲「鬼子六」。而奕訢等洋務派反對倭仁等人的言論也十分激烈。奕訢指出：設立算學館、同文館，目的在「徐圖自強」，而非「侈談術數」。他指摘倭仁因爲地位聲望之高，「此論出而學士大夫從而和之者必眾……不特學者從此裹足不前，尤恐中外實心任事，不尚空談者亦將爲之心灰氣沮。」他並引李鴻章的話，指斥倭仁「無事則嗤外國之利器爲奇技淫巧，以爲不必學；有事則驚外國之利器爲變怪神奇，以爲不能學。」*14*

　　洋務派繼續招收學員學習天文算學，開辦洋務。但「正途」的翰林、進士、舉人等報名學習天文算學的人數大大減少了。學員的素質也受到影響，這使清朝「師夷之技以制夷」的力量大爲削弱。

　　倭仁等的言論又正確又錯誤，正確的是：立國之道，當然應該是「禮義」，而不是「謀權」；是「人心」而不是「技藝」。錯誤的是，當時外國的技藝超過我們，並以其技藝（船堅炮利）打到我們頭上了，並強迫我們訂下喪權辱國的條約。他們不講「禮義」，我們只能利用外國的科技，利用外學以強大自己，以抵制外敵的侵略。這時你對洋人講「禮義」已沒有用處。

　　倭仁等人的「尚禮義不尚權謀」，「在人心不在技藝」的理論一出，影響十分巨大，回應者十分眾多。以至精英才華之士不去報考同文館學習天文算學了。這也說明，中國人重「禮義」，不重「技藝」的傳統是何等的根深柢固。

　　但是，西方的「技藝」，其最高者，多用於軍事，軍事強即去

侵略，掠奪弱者，他們不講「禮義」。所以，如果全世界人都「尚禮義不尚權謀」，「在人心不在技藝」，不去靠技藝之高而侵略別人，不去掠奪別國，而以「禮義」待人，那麼，這個世界將多麼文明、美好。所以，中國的傳統哲學不能救中國，但能救世界，世界也包括中國。

 「德成而上，藝成而下」

《禮記·樂記》篇有云：

> 德成而上，藝成而下；行成而先，事成而後。[15]

鄭玄注「德，三德也。行，三行也。藝，才技也。先，謂位在上也，後，謂位在下也。」[16] 這句話是說：德行而成是上等的，技藝而成是下等的。德行而成，位在上；技藝而成，位在下。可見中國古代是重德而輕藝。緊接這句話後，又說：

> 是故先王有上有下，有先有後，然後可以有制於天下也。[17]

註 Note

13　《籌辦夷務始末：同治朝卷四十三之四十四》，現藏國家圖書館古籍部，又見中華書局出版同名書《籌辦夷務始末（同治朝）》2008 年版，第 2009 頁。

14　《籌辦夷務始末：同治朝卷四十七》，現藏國家圖書館古籍部，又見中華書局出版同名書《籌辦夷務始末》，同治朝卷 47，第 15-16、24-26 頁。

15　《十三經注疏》下冊，中華書局，2003 年版，第 1538 頁。

16　《十三經注疏》下冊，中華書局，2003 年版，第 1538 頁。

17　《十三經注疏》下冊，中華書局，2003 年版，第 1538 頁。

鄭玄注「言尊卑備乃可制作以爲治法。」[18]

孔穎達疏曰：「樂者至下也。正義曰此一節明禮樂各有根本，本貴而末賤。」又云：「以道德成就，故在上也；藝成而下者，言樂師商祝之等藝術成就而在下也。行成而先者，行成則德成矣，言德在內，而行在外也。事成而後者，事成則藝成矣，……」[19]

《禮記》是十三經之一，是古代學者不可不讀之書；其言，也是古人不可不遵守之理。不但影響重大，而且在社會實際中起到決定性作用。《顏氏家訓・勉學》篇有云：「自古明王聖帝……士大夫子弟，數歲已上，莫不被教，多者或至《禮》、《傳》；少者不失《詩》、《論》。」《禮》即《禮記》，也說明《禮記》的重要性。

「德成而上」倒有積極作用；「藝成而下」便有消極作用。因爲從事技藝研究和工作的人，地位低下，這就使中國的科學技術發展緩慢。

中國有句古話：「窮不學禮，富不學藝。」藝成反而居下，只要能生存，誰還去學藝呢？有錢的人，有才氣的人，當然唯讀聖人的書，讀四書五經。當然，聖人的書也是教人以高尚的品德，「殺身以成仁」、「克己復禮」、「己所不欲勿施於人」等等，都是做人的準則。但輕技藝就錯了。

孔子的學生樊遲向孔子請教種莊稼和種菜蔬的技術，孔子說「吾不如老農」、「吾不如老圃」。樊遲出去後，孔子說：「小人哉，樊須也。」學技藝便是小人，孔子認爲有了禮、義、信，就行了，「焉用稼？」[20] 禮、義、信是必須有的，但種莊稼的技術也必須有。中國曾是農業大國，但農業技術一直很低下。先秦兩漢的耕種工具延續二千多年，一直未變，和輕技藝的思想不無關係。

《論語・衛靈公》篇記：「子曰：君子謀道不謀食。耕也，餒在其中矣；學也，祿在其中矣。」[21] 耕田的人即技藝之人，經常餓餒，因爲低賤；學道的人，有錢（俸祿），因其地位高。

　　孔子還說：「吾少也賤，故多能鄙事。」又說：「吾不試，故藝。」[22]「鄙事」即技藝之事。因爲貧賤，國家不重用，所以，學得一些技藝。學些技藝，是好事，但他認爲是「賤」、「鄙」。所以，古代的中國人，只要有法生存，便盡可能不去學技藝。

　　甚至繪畫這門技藝，也被認爲是「猥藝」。西元六世紀時，顏之推寫了一本《家訓》，後人稱爲《顏氏家訓》。他認爲書法繪畫：「若官未通顯，每被公私使令，亦爲猥藝。」[23] 他還記載，兩位官員因善畫，常被元帝叫去作畫；又記彭城劉岱，官爲驃騎府管記，平氏縣令，因善畫，而被上級支使去畫支江寺壁畫，「與諸工巧雜處，向使三賢都不曉畫，直運素業，豈見此恥乎？」[24] 爲皇宮畫畫，被視爲「恥」。可見從事技藝工作的人地位之低下。

　　唐朝宰相閻立本，能文辭，擅丹青。唐太宗與諸大臣遊春苑，見池中有奇鳥，召閻立本畫之。閣內傳呼畫師閻立本，他感到很恥辱。因爲畫師的地位是很低賤的。

　　諸大臣看鳥吟詩，而閻立本俯伏池側，手揮丹青，目瞻坐賓，更感到低下，於是退誡其子曰：「吾少好讀書屬詞，今獨以丹青見知，躬廝役之務，辱莫大焉。汝宜深戒，勿習此藝。」當時還有諺云：「左相宣威沙漠，右相馳譽丹青。」都因爲他善畫而看不起他。他自己也

註 Note

18　《十三經注疏》下冊，中華書局，2003 年版，第 1538 頁。

19　《十三經注疏》下冊，中華書局，2003 年版，第 1538 頁。

20　以上見《論語·子路篇》。

21　《論語·子罕》。

22　《論語·子罕》。

23　《顏氏家訓·雜藝第十九》。

24　《顏氏家訓·雜藝第十九》。

以能畫爲慚愧，且深誡子孫，勿習此藝。[25]

　　所以，西方的文藝復興，從繪畫、雕塑開始，帶動其他，形成一個闊大的文化高潮。但在中國，則不可能以繪畫帶動其他。因爲繪畫屬於技藝，地位很低下。文人作畫多出於「自娛」。有的文人後來實際上成爲專業畫家，乃至賣畫爲生，也標榜「自娛」。因爲專業畫家地位低下。

　　一部二十四史，沒記載一位畫家。唐朝吳道子被畫史家稱爲「畫聖」，「古今獨步」。蘇東坡還說：「詩至於杜子美，文至於韓退之，書至於顏魯公，畫至於吳道子，而古今之變，天下之能事畢矣。」但新舊《唐書》一筆未記。「明四家」沈周、文徵明、唐寅，傳記列於《明史》的《文苑》、《隱逸》，是因爲他們能詩文，有詩文集存世，是因其有文而入史的，非因畫。仇英因不能寫詩文，無文集，《明史》便沒記載他。二十四史中凡記到畫家的，皆不因其畫，而因其文、其品、其官，僅善畫的，即使是「畫聖」、「古今獨步」的畫家，也不入史，蓋畫家地位極低也。[26、27]

　　但是文人們興之所至，還是要畫幾筆，於是他們首先要學詩學文，考進士、做官，這樣證明自己是詩人、是文人、是官員，而非畫家。其次，他們把畫分爲匠體和士體，專業畫家的畫被稱爲「匠體」，文人畫官員畫被稱爲「士體」。這樣，就和專業畫家區別開來了。文人作畫是爲了「自娛」，而且他們不是畫家身分，而是文人、官員，這樣地位就不低賤了。

　　齊白石其實是專業畫家，靠賣畫爲生，但他的詩云：「自娛豈欲世人知」。

　　但是士體和匠體，也必須眞有區別。這標準靠有發言權的文人去制定，文人造形能力肯定趕不上專業畫家，於是便說：「論畫以形似，見與兒童鄰」，形不必似。文人皆善書法，文人畫必以書法筆意入畫，專業畫家書法趕不上文人。此外，還有很多區別。當然，文人

畫家會題詩文在畫上，專業畫家又趕不上文人畫家，於是中國便產生了文人畫。這是西方所沒有的。

文人畫的產生，使中國畫尤其是中國的寫意畫，獨樹於世界藝術之林。在照相術產生之後，畫家若以形似爭勝，便遠不如照相機，於是西方畫家才認識到，形似不是繪畫的本質。但已晚於中國近千年了。

但是，在寫實的技巧方面，中國畫曾經不如西方，這並不是因為中國人的寫實能力不如西方，而是中國傳統文化輕視技藝使然。不但《禮記》中說「德成而上，藝成而下。」孔子也說：「志於道，據於德，依於仁，游於藝」。[28] 道可志，德可據，仁可依，皆很重要，唯藝不可志，不可據、依，只可游之而已。《論語‧子張篇》還說：「雖小道，必有可觀者焉；致遠恐泥，是以君子不為也。」技藝是「小道」，也有可觀而已，但君子不能從事於它。當然只能讓地位低下的人去從事之。

醫學，在現在，乃是一門極高尚的職業。但中國古代，最著名的醫家，也只列入《方伎傳》中。三國時名醫華佗，在當時也是全世界最偉大的醫學家。在一千八百年前，他就發明了麻醉藥，能為人的大腦、內臟動手術。但凡名醫，醫德皆很高，他主要要解決弱者（平民百姓）的痛苦。所以，當時掌握國家權力的曹操，召他為自己看病時，華佗慢怠了他，曹操便把他抓起來，關進監獄，要殺他。曹操的

註 Note

25　《歷代名畫記》卷 9〈唐朝上〉。按《新唐書》、《舊唐書》、《唐朝名畫錄》、《大唐新語》等書都記載此事。

26　《歷代名畫記》卷 2〈論顧陸張吳用筆〉。

27　《東坡集》卷 23〈書吳道子畫後〉。

28　《論語‧述而》。

謀士荀彧爲華佗講情，說他的醫術很高，希望曹操寬宥他。曹操說：「不憂，天下當無此鼠輩耶？」於是殺了華佗。這樣一個偉大的醫學家，被視爲「鼠輩」，隨便就殺了。可見從事技藝的人地位之低。其實華佗本來也是士人，本傳記，「佗之絕技，凡此類也。然本作士人，以醫見業，意常自悔。」華佗爲古今名醫，應自豪，但他卻自悔。技藝使人低下也。[29]

像孫思邈這樣偉大的醫學家也列入《方伎傳》中，《方伎傳》中又把善占相之法者列入最前。《明史·方伎傳》序曰：「夫藝人術士，匪能登乎道德之途。然前民利用……詎曰小道可觀已乎。」[30] 可見對精通技藝人的輕視。當然，也可見中國傳統文化是把「道德」列爲做人的最高標準。

但在西方，發明蒸汽機、電、汽車、飛機等等的人，不但沒有被判刑、殺頭，反而受到社會的敬重。有人還被國家授予爵位，或重要職位。他們的發明不但沒有毀掉，反而爲國家重視，大批量生產。蘇格蘭發明家詹姆斯·瓦特發明改進了蒸汽機。如果在中國，必被視爲「奇技淫巧」而被殺頭，但他在歐洲，其發明卻推動了工業革命，而倍受人們尊重。牛頓研究製造出第一架反射望遠鏡，如果在中國，也會被視爲「奇技淫巧」而遭禁止。但在英國，卻受到皇家學會的重視和重用。牛頓發現了萬有引力定律和運動定律，他被授予爵士，任英國皇家協會會長，成爲世界上最偉大的科學家。牛頓死後被安葬在威斯敏斯特教堂，這在歐洲是最高的待遇。

在歐洲，技藝的發明者，影響最大，也最受人尊重。所以，西方的科技發展也最快。

在中國，也必須放棄「藝成而下」的觀念，必須改變「奇技淫巧」製造者「殺無赦」的政策。變而爲鼓勵學習科學技術，「德成而上」可以保留，「藝成」也應該「而上」才對。

「五四」之後，中國學習西方，已改變了「藝成而下」的意識。

留學外國的學生，大多學習「技藝」（理工科），有云「學好數理化，走遍天下都不怕」，但又忘掉了「德」的培養。正確的做法，應該是重禮義，重人心，也重技藝。中國傳統中好的內容還應該保留。

註 Note ————————————————

29　《三國志》卷 29《方伎傳・華佗》，中華書局，1997 年版，第 802 頁。

30　《明史》卷 299《方伎》，中華書局，1997 年版，第 7633 頁。

第九章

中醫、西醫

 醫德

　　西方醫學傳入中國之前，中國的醫生就叫醫生，無所謂中醫、西醫。西醫傳入後，成為一種強勢。為了和西方醫學區別，傳統的中國醫學和醫生就叫中醫。[1]

　　西醫是技術，中醫是文化。中醫有的本是優秀的文學家、大學者，後來成為醫生。如漢末的皇甫謐是大醫學家，著有《皇帝針灸甲乙經》，乃中國針灸學鼻祖。又有《歷代帝王世紀》、《高士傳》、《逸士傳》、《元晏先生集》等行世，都是學術史上的名著。有的醫生後來也成為優秀的文學家、大學者。如明初的醫生王履，同時是一位著名的畫家和繪畫理論家，又精通詩文。當時創作的《華山圖》40幅，並自作記、詩、序和敍，共65幀，現分藏於北京故宮博物院和上海博物館；又著醫學著作《百病鉤玄》20卷、《醫韻統》一百卷，又編醫書《溯洄集》，皆為醫家所崇。他的傳記列於《明史·方伎傳》中[2]。又如清末丁福保，醫學家，創辦丁氏醫院，先後編輯出版近80種醫學書籍，合稱《丁氏醫學叢書》，又有《漢魏六朝名家集初刻》、《全漢三國晉南北朝詩》、《歷代詩話》、《歷代詩話續編》、《清詩話》、《佛學大辭典》等，皆學術史上名著。明末清初的傅山，既是醫生，又是詩人文學家，又是思想家，又是書法家、畫家，著有醫

學《傅青主女科》及文學哲學著作《霜紅龕集》12 卷、《荀子評注》等。不過他的傳記是以醫生身分列入《方伎傳》中的。《清史稿》又把他列入《遺逸傳》。

中醫皆受傳統文化教育，他們皆重道德。「醫者，仁心也」，「醫者，仁術也」，又稱醫生是「懸壺濟世」。「懸壺」即醫生身上懸掛一個大葫蘆，葫蘆裡盛有藥丸，隨身而帶，隨時準備用藥救治病人，稱爲「濟世」。相傳漢朝有一位壺翁，賣藥於市，治病皆癒，日收錢數萬，皆施於市內貧飢凍者。醫生收了錢，也施捨給貧困挨餓受凍者，足見醫者，仁也。

註 Note

1　西醫成為一種強勢，也是中國人自己作為的。當時要「全盤西化」，上層人物貶低中醫，說中醫不科學，極力提倡西醫，主動誇大西醫的作用。梁啓超 53 歲時，尿中帶血，曾經中醫判斷，只要服湯藥（中草藥）就會完全好的，但梁啓超一直主張廢除中醫而發展西醫，便進入洋人開的醫院。開始德國醫生查不出他的病因，他又進入洋人開的協和醫院，用西醫治療。醫生開刀，切除他的一個腎，但卻把健康無病的腎切除，而留下有黑斑的病腎。不久，梁啓超就病死於醫院中。梁啓超明知醫生的錯誤導致他的死亡，但為了維護西醫的威信，他主張保密，不要追究。他說：「西醫剛開始，如果說它醫不好病，反而致死，這樣會使人不再相信西醫。」他以自己的死來維護西醫，乃是當時提倡「全盤西化」人的一個典型。（按 89 年之後，有人翻案。但當時媒體都有報導，梁家也只是對醫生諒解而已）胡適有嚴重的腎病，經中國和美國很多名醫院治療，毫無效果，他十分痛苦，有人介紹他看中醫，遭到他的拒絕，後來他看到和他差不多的腎病患者經中醫治好了，他不得已才去看中醫。結果中醫用中草藥醫好了他的腎病。但胡適拒絕宣傳，說這會誤導人們相信中醫，妨礙西醫的傳播。民國政府曾準備下令廢除中醫，有 4 位中醫醫生說，選 24 名疑難病患者，長期醫治無效的，由你們西醫選擇最好的醫生，先挑選易治的病人去治療，剩下最難治的病人交給我們。結果 20 名著名西醫為 20 位疑難病人治療很久，毫無效果。而這 4 位中醫只幾副湯藥便把西藥多年治不好的病人完全治好。20 名西醫十分嘆服。國民政府只好終止廢除中醫的命令。魯迅父親的病誤於庸醫之手，所以魯迅一生咒罵中醫。當然這也和當時全盤否認中國文化有關。庸醫誤人，並不代表中醫誤人；不會寫詩、文學差的人寫出低俗的詩，並不代表凡詩皆低俗。

2　參見陳傳席《中國山水畫史》第 7 卷第 2 章。（《中國山水畫史》為王履列專節介紹）。

漢代名醫張仲景著《傷寒論》，其序有云：「上以療君親之疾，下以救貧賤之厄。」張仲景生於一個高官家庭，其父爲朝官，但他研究醫學，仍然想到「救貧賤之厄」。可見中醫一直以仁德放在首位。

福州市三坊七巷南後街有一家傳統的醫學研究兼醫療機構，大門前有一聯：「瑞草靈方，啓百年良藥濟世；丹心仁術，聚四海妙手回春。」上聯提到的是中草藥治病，爲的是「濟世」；下聯提到「丹心」和「仁術」。這就是傳統中醫的精神。西醫門前便不會有對聯了。

學西醫，就是學醫理、學技術。學中醫，首先要樹立高尚的道德觀。中國的醫學著作，首先論「醫者，仁術」的道德，把醫德貫穿全部，行醫之人也把醫德作爲實踐指導。即現在人說的：人道主義。《宋史·龐安時傳》記龐安時「爲人治病……活人無數。病者持金帛來謝，不盡取也。」很多醫生爲貧者治病，不但不收錢，還供給病人食宿。和今天醫院非交錢不看病，大相徑庭。《黃帝內經·素問·疏五過論》中云：

聖人之術，爲萬民式……按循醫事，爲萬民副。

萬全《育嬰家祕·鞠養以愼其疾》中說：

醫者，仁術也，博愛之心也。當以天地之心爲心，視人之子猶己之子，勿以勢力之心易之也。如使救人之疾而有所得，此一時之利也；苟能活人之多，則一世之功也。一時之利小，一世之功大，與其積利，不若積功，故曰：「古來醫道通仙道，半積陰功半養身。」

葉天士《臨證指南醫案·華序》有云：

故良醫處世，不矜名，不計利，此其立德也；挽回造化，立
起沉痾，此其立功也；闡發蘊奧，聿著方書，此其立言也。一藝
而三善咸備，醫道之有關於世，豈不重且大耶。

夏良心《重刻本草綱目序》云：「夫醫之為道，君子用之以衛生，
而推之以濟世，故稱仁術。」

孫思邈《備急千金要方・論大醫精誠》有云：「若有疾厄來求
救者，不得問其貴賤貧富，長幼妍媸，怨親善友，華夷愚智，普同一
等，皆如至親之想……飢渴疲勞，一心赴救，無作工夫行跡之心，如
此可做蒼生大醫，反之則是含靈巨賊。」

李梴《醫學入門・習醫規格》：「治病既癒，亦醫家分內事也。
縱守清素，藉此治生，亦不可過取重索，但當聽其所酬。如病家赤
貧，一毫不取，尤見其仁且廉也。」

肖蕭《軒岐救正論・醫鑑・德醫》云：「凡診疾，無論貴若王侯
卿相，賤如倩傭丐兒，皆一視同仁，亦無計恭慢恩怨，悉心救療。」

陳實功《外科正宗》中有〈醫家五戒〉和〈醫家十要〉，凡為醫
生者，必須遵守，〈五戒〉中有：

> 一戒，凡病家大小貧富人等，請觀者便可往之，勿得遲延厭
> 棄，欲往而不往，不為平易。藥金毋論輕重有無，當盡力一例施
> 與……

這第一戒是說，凡生病之家，無論大小、貧富等，只要來請，就
馬上去病家，勿得遲延和厭棄。而且醫藥費用多少、有無，皆不論，
都要盡力醫治。而現在的醫家、醫院，必得病人自到醫院，先交錢，
然後才看病。有錢則可以看病，無錢只好等死。

四戒，凡爲醫者，不可行樂登山，攜酒遊玩，又不可非時離去家中。凡有抱病至者，必當親視，用意發藥。

因爲凡爲醫生，必有固定地點，人有生病者，可登門求醫。如果你去遊山玩水，隨便離開家中，病人去找，怎麼辦？

五戒，凡娼妓及私夥家請看，亦當正己，視如良家子女，不可他意見戲，以取不正，視畢便回。貧窘者藥可璧（還）。病癒只可與藥，不可再去，以希邪淫之報。

這一戒是說娼妓、女戲子等，請醫生去看病，也要視如良家女子，看完就回來。而且貧困者所付的醫藥費可以還給她們。醫藥費付了，還要璧還。現在的醫院不可能了，而且是非先交錢，不給看病。

《外科正宗‧醫家十要》中的第七要：

貧窮之家及遊食僧道，衙門差役等人，凡來看病，不可要他藥錢，只當奉藥。再遇貧難者，當量力微贈，方爲仁術，不然，有藥而無伙食者，命亦難保也。

貧窮者來看病，不但不要藥醫費，還要贈送一些伙食費。否則，他們沒有飯吃，命仍難保。這是何等高尚的品德呀！這種醫德，絕對立於世界醫德的頂端，可惜現在沒有了。

《十要》中還有，行醫所得費用，一定要用在購買醫療器備、書籍等，這是爲醫之本。爲人醫療、病癒之後，「不得圖求匾禮」。[3]

這些醫家品德，今天正規的醫院已完全沒有了。因爲不讀中國的書，不要中國傳統文化，人們已不瞭解這些了。人的素質也就自然低下了。

　　國外的醫生為什麼都巨富呢？就因為索錢太多。中國的傳統醫生以濟世為己任，而不以賺錢為目的。

　　古代一家中藥店前，掛有一副楹聯：

　　　　但願世上無疾苦
　　　　何妨架上藥生塵

　　有的作：「但願世間人無病，何惜架上藥生塵。」這副楹聯為很多藥店所仿效，成為藥店的經典楹聯。從做生意角度講，開藥店賣藥，為了賺錢，生病人愈多，藥賣得愈多，錢賺得也愈多。但賣中藥的人，卻希望天下人都不生病，無疾病，他的藥架上生了塵，一副賣不出去也無妨，足見中醫藥是「仁心之術」。現在很多醫藥店，採取促銷的辦法，買一贈一。或私下裡和醫生聯合，叫醫生多開藥，藥店所得藥費也就愈多，又拿其中一部分回贈給醫生。如是，則現在的醫生和藥店皆無醫德也。

　　民間的醫生，往往代代相傳一門絕技，能為人治病解除痛苦，他們大多沒有多少文化，但仍以道德為先，傳技第一要務是傳道德。道德不通過，技是不能傳的，這道德是傳統的以「仁」為中心的道德。

　　筆者認識一位能「正骨」的民間醫生，「正骨」就是人體中的骨骼因人太自由，姿勢、動作不正，導致骨骼偏了，邪了，帶動很多疾病及痛苦，「正骨」的醫生不用任何藥物，用手一扭，把骨頭正過來，病就好了，差不多是立竿見影。

　　我開始絕對不相信，因為我的左臂至肩疼痛，十分痛苦，找來很多現代化著名醫院、醫生，服了很多藥，都毫無效果。而且很多有錢

人有這種病者，到歐美等世界上最先進的醫院去醫療，也沒有醫好，一個民間郎中怎麼能醫好呢？後來這位民間醫生來了，說：「不妨試一試」。他雙手在我頭上拍一拍，然後冷不防用力猛地一擰，「咯」的一聲，我嚇了一跳，但病當時就好了，馬上不疼了，舒暢了。後來他又來了幾次，把我腰部的骨骼拍了拍、壓一壓，骨正了，然後就徹底好了，至今未再犯過（再也不疼痛了）。

我把這個資訊告訴一些著名的西醫，他們皆搖頭不信。他們不相信正規的現代化醫院治療不好的病，而一個民間醫生能治好。但這確是事實。我又問了一些被這位民間醫生治好病的人，有的企業家很有錢，腰疼，頭疼，臂疼，不能行走，痛苦萬分，他們到過歐美等世界上很多著名醫院，花了無數錢，都沒有治好，結果被這位民間醫生治好了。

我又問了一位中醫學院畢業的已行醫多年的著名中醫。他說，正骨很有用，能治好現代醫學治不好的很多病。而且他就是學正骨的，但在正規的中醫學院裡學不好，所以他至今不敢為人正骨。這門技術大多出於民間，師徒相傳。

我問了這位民間醫生，從哪裡學來的這門絕技，回答是：師父。他說：「師父是位畸人，為人正骨，不知醫好了多少人的病，解救了多少人的痛苦。師父在民間，為窮人治病，不收錢、如果治病必收錢，他肯定是大富人。但師父很貧困，冬天赤著腳。那時我年輕，天天跟著他，為他服務。」

但當我提出向這位畸人師父學醫時，師父問我：「學醫幹什麼？」他回答是：「學好這門技術，將來為人治病，賺錢，自己生活也不成問題。」師父搖搖頭，沒有答應。

可是這位年輕人仍然跟隨這位畸人，幫他辦事，看著他為人正骨，但看不出名堂。奇人看這位年輕人很真誠，便說：「你要學一門技術，將來好維持生活。」年輕人說：「我就是想學好正骨的手藝，

將來好有碗飯吃。學好後，我將開一個診所，你看外國的醫生不都很有錢嗎？外國的醫生就是有錢的代名詞啊。」畸人說：「不可以。外國的醫生，我不知道，但我們不可以。我可以教你打兔子。」這位奇人到田間一轉，便知道兔子在哪裡，然後把兔子趕出來，他手中幾塊小石子打出去，百發百中。然後警告他，哪些兔子可打，哪些兔子不可打，好偷吃農作物的兔子可打，懷孕的兔子不可打，等等。又教他捉黃鼠狼的技術，那時期，農村黃鼠狼很多，專偷農民家養的雞，捉黃鼠狼也是為民除害。

後來，這位年輕人還要向他學習正骨，畸人看他十分真誠，而且自己年齡大了，也要把自己正骨的醫術傳下去，便告訴他：外國的醫生都很有錢，他們治病為了賺錢，但我們是仁義之邦，禮儀之邦，不可以以救人之醫術作為賺錢的手段。我這門手藝代代相傳，到我手裡已不知多少代。但我們是濟世救人，解人痛苦，尤其是解救對社會有貢獻的人和貧苦人的痛苦。我們學習前，師父都嚴格規定，學好後，要以解救人痛苦為目的，不可作為賺錢手段，你要學習正骨，必須發誓將來以救人痛苦為目的，不可收貧窮人的錢。

年輕人發了誓。拜了師，師父認真傳授，師徒倆到處為人治病，有錢人就給點錢，貧苦人就不要錢。後來師父死了，他傾全力為師父安葬，以後繼續行醫，遇窮人則不收錢。二十世紀九〇年代，中國富裕了，他開了一家診所，定好治病的價格，但聲明：貧窮人不收錢，為國家做出大貢獻的人不收錢，75歲以上老人不收錢，等等。當然，又為「貧窮人」和「為國家做過貢獻的人」定立標準。比如為保衛祖國、上過戰場的人、孤寡老人、學者、家在農村的獨生子女等。而且病人來了先看病，病治好後再議費用。

診所後來被上級撤銷了，因為他沒有正規的畢業證書和政府批件。但很多人找他看病，他又改名為保健養生所，繼續為人看病，仍按原來規定貧窮人等不收錢。

　　還有一位民間醫生，也是身懷絕技，在農村爲人解除痛苦。大城市中很多人下農村找他看病，勸他把醫院搬到城市去，可以賺很多錢，他拒絕了。有些高官的病，在大醫院治不好，便叫祕書去請他來城市爲自己看病，他也拒絕。高官也只好去他的住地診所找他看。

　　本來這些高官所到之處，都有人很遠去迎接，可是到了他的診所，不但不去迎接，還叫高官排隊等候，並說：「人有貴賤，病無貴賤。」有一次惹惱了一位高官，把他的診所撤了。撤了之後，他就務農。但另一位官兒，因爲生病，被他醫治好了，而且農村病人也需要他，又幫他恢復了，改名爲保健中心。繼續爲人治病，仍然堅持：人有貴賤，病無貴賤，高官與平民乞丐，一律平等。唯一不平等地方是，高官看病、取藥，必須付錢，窮人、乞丐則可以不付錢。他說這是他師父的遺訓，而且是世代相傳，並且規定：必須在農村以爲貧苦人治病爲主，不可久居城市，更不可專爲達官貴人服務。當然，他的醫德更是有口皆碑的。他的診所裡貼有一幅字：「醫者，仁術也。」

　　古代的名醫多數拒絕專門爲帝王服務，有的對帝王和貧苦人一視同仁，明智的帝王也欣賞這種有骨氣，有醫德的醫生。但現在俗醫，往往以自己當了什麼高官的保健醫生而光榮，動輒便說，我爲某首長看過病，我當過某首長的保健醫生，有人還以此打出招牌，不以爲恥反以爲榮。古代的良醫，是以爲帝王卿相服務爲恥辱的，爲世間貧苦人解除病痛，才是醫家的高貴品德，這是傳統中醫的第一傳統。

　　我的家鄉有一位老太太，不識字，終生務農，她並不太懂醫，只會一點針灸，而且只能治牙病、肚疼等幾種病。有人疼得受不了，找她針灸，居然一針見效，大部分能治好。有的可以減輕疼狀，但從不收人錢。她的家很貧困，她自己經常從自己的菜園裡拔些青菜或拿幾個自己捨不得吃的雞蛋去賣，換些零花錢，買點鹽醋。但卻從不收病人的錢。有的病人送給她一些禮物，她也堅決不

收。她的兒孫都十分有意見，說：人家心意，那麼遠帶來禮物，又叫人拿回去。你給人治好疼痛，收點禮物是應該的。她回答：自己小時候，經常牙疼、肚疼，後來有一位老太太幫她治好了，又傳授給她這門技術，傳授之前，也規定她，只能解救人的痛苦，不准收錢。

但這種以道德爲醫之先，以解救貧苦人的痛苦爲主要目的的醫生，現在愈來愈少了。因爲二十世紀初「五四」前後的所謂新文化運動，傳來西方文化，中國人開始打到自己的傳統，學習西方的文化，後來又破「四舊」，把舊傳統全部反掉。有知識的人或者說在城市中早已接受西方的文化，「打孔家店」、「廢除讀經」、「全盤西化」；但在農村中，西方文化還來得及改變他們，至少說，西方人的道德觀還沒有完全浸蝕到農村的全部，這眞是「禮失而求諸野」了。

我上面舉的例子，都是身處農村而不太有西方文化思想的人，他們接受西方文化很遲鈍，或者尚未接受西方文化。所以還保留傳統醫德文化。現在，大部分人都有文化，至少說傳統的中國文化，他們接受的少之又少。「破四舊」又把傳統文化美德作爲「腐朽」、「反動」教育給他們，所以，流傳幾千年的中國傳統道德，已經很少有人再繼續了。

在現代化的醫學院、學生一進校，便學習病理、藥理、解剖、細菌、病毒的產生等等。中醫學院，一進校，也學習望、聞、問、切、診等，醫德已經完全不學了。即使以後再加了醫德課，學生也會以舊道德應該廢除加以摒棄。

而且一些無良醫院也爲賺錢而設，愈是窮人愈要先交錢（押金），怕他們治好病後交不起錢。再小的病，也要你透視、B超、抽血等等，然後開了一大堆無用的藥，都爲了賺病人的錢，醫生也從賺來的錢中分取部分。很多病人都是被醫院治死的，或逼死了。據報導墨西哥全國醫生罷工，但罷工期間，全國病人死亡率反而減少了。

　　有一部分堅持醫德的醫生，反遭排斥。有一位女醫生，先是家傳，後考入醫學院，醫術很高，因爲家傳，也首先是傳醫德。她開的中草藥都很便宜，又能醫好病，後來醫院院長找她談話：「你的醫術高，病人也多，但你開的藥都很便宜，這樣下去，我們醫院怎麼賺錢。」逼著她開貴重而無益於治病的藥。這位女醫生因爲從小受到傳統醫德的教育，不願害人，只好離開醫院。醫院應該是最講人道，最講道德的地方，現在一些無良醫院卻變成最不講人道，最不道德的地方。

　　西方尚有基督教教義的約束，而且還有法律的約束，雖然行醫是爲了賺錢，但大多數醫生還能講醫德。中國傳統醫德被拋棄了，則無所約束。再強調一次，西方的醫學以學習病理、藥理和醫療技術爲主；中國的傳統醫學以傳承道德，學習文化爲主，病理、藥理及醫療方法都包含在道德文化之中，或者在道德之後再學習。

　　再補充談一個問題，凡是醫術十分高明的中醫，傳統道德也都非常高尚，中庸而不偏激，視名利如糞土，對平民、乞丐、高官一視同仁。筆者曾在皖北的一個煤礦區工作，這是一個新建的礦區，環境條件不如一個老的縣城。礦區醫院主要是西醫，面向煤礦工人，高水準的醫生都不會分到這裡來。但有一位中醫，四十多歲，既是祖傳，又上過有名的中醫大學，因爲妻子在礦區，便來到這裡。他從不計較條件簡陋，每天爲病人看病，十分和善而認真。因爲醫術高明，名氣大振，有人勸他調到條件好的醫院，他搖搖頭。我也拿一封介紹信去找他，我出示介紹信時，他擺擺手，意思是不必要，沒有介紹信也一樣的看病。然後我想介紹自己的病狀，他又擺擺手，他不要聽，只是爲我切脈。

　　他試了我左手的脈搏，又試了我右手的脈搏，然後說出我的病狀，十分準確。

　　他因爲醫術高明，醫德又好，名氣很大，但什麼榮譽都沒有。有

人勸他到領導那裡走動一下，可以當個政協委員、人大代表之類。他不屑一顧地笑了，說：「政協委員、人大代表，能使醫術提高嗎？」後來因為醫院裡同行醫生嫉妒他，領導人得到這批人的禮物和諛詞，於是從上到下排擠他。他被迫調到南京一家很高的中醫研究機構，仍然為人看病。南京在 1949 年前是中華民國的首都，老醫院中高手如雲，但他在那裡仍然是高手。後來真的要請他當政協委員，這是莫大的榮譽，但他拒絕了。一般人求之不得的名和利，他視如糞土。他如果肯收病人禮物，他會十分富裕，但他從不收人禮物，他一生過著清貧的生活，但認真為人看病，在人群中享有崇高的聲譽。

在皖北還有一位老中醫，在一個落後的縣城醫院，他的醫術之高，遠近聞名。很多好的醫院來調他，他都拒絕了。他說：「我在這裡為人看病，很好。」他倒沒有遭到人排擠，還被任命為副院長，但他仍然天天在門診為人看病。他退休後仍然每天為人看病，不分貴賤，後來年紀大了，改為週三、五為人看病。我因路過其地，便找他為我看病，他不收禮物。他為我切脈後說：「病之根在脾。」

我說：「我也認為在脾，憂思傷脾，我長年憂思不止。」他說「不僅如此」，並為我開了五副中藥。我因太忙，也未去取藥。15 年後，我又去找他，我想他絕對不會記得我。誰知他為我切了脈後說：「15 年前，我為你開的藥方，你服後效果如何？」我大為吃驚，他每天為很多人看病，15 年總有幾千人，居然都記得。他又為我開了處方，我回去一對，居然和 15 年前開的差不多一樣，只是多加了幾味而已。他的一生也視名利地位如糞土，而且不以醫術為發財手段。他的醫術和醫德在當地都是有口皆碑的。

不過，像這樣醫德很高的中醫，現在已很少見了。經過「文化大革命」的「洗禮」，「文化大革命」是要改變人的靈魂，人的靈魂中傳統的高尚的品德都被革除了。現在部分缺乏傳統教育的醫生也跟西醫院一樣，就只有賺錢一個目的了。

中醫是一門學問

「五行」相剋相生的道理是中醫必知的，否則既不能治病，也不能知病。「五行」是中國哲學上的一門重要學說，也是中國文化的基礎之一。朝代變更，軍事上排兵布陣，重大工程，都必須知五行，根據五行變化去處理。

「五行」是木、火、土、金、水五種變化的物質。「行」是運動的意思，五行在哲學中、醫學中都是肉眼看不到的，實際上是一種功能，以木、火、土、金、水代表之。早在《尚書》中即有論述，《尚書》是中國最早一本歷史文獻書，成書於 2500 年前的春秋時期。《尚書‧甘誓》有：「有扈氏威侮五行，怠棄三正。」孔穎達疏：「五行，水、火、金、木、土也。」

《孔子家語‧五帝》：「天有五行，水、火、金、木、土，分時化育，以成萬物。」

五行相生：木生火，火生土，土生金，金生水，水生木。

五行相剋：木剋土，土剋水，水剋火，火剋金，金剋木。

五行和人體主要相應部分：肺屬金，肝屬木，腎屬水，心屬火，脾屬土。因此，金盛則剋木，即肺氣盛則傷肝；木盛則剋土，即肝氣盛則剋脾；土盛則掩水，即脾氣盛則剋腎，水盛則剋火，即腎氣盛則剋心；火盛則剋金，即心氣盛則剋肺。

反之，火弱則金盛，金弱則木盛，木弱則土盛，土弱則水盛，水弱則火盛，各種病則相應而起。因此，身體各個部分必須平衡、統一於整體。尤如戰國紛起，一國強必然侵並弱國，天下大亂，民不聊生。到秦漢統一了，以強凌弱現象便不存在了，國家也就強大了。漢唐之所以強大，就根於其統一。

統一觀即整體觀，中醫的治病，可以同病異治，也可以異病同治。比如從整體觀念和五行相剋相生道理來說，肺（金）有病，可以醫肺，也可以醫脾（土），土生金，脾弱生不了金，加強脾臟的健康，則培土生金，土強生金多，肺弱就好了。也可以醫心，心屬火，火強則剋金，減少心火，肺病自然就好了。再比如肝有病，可能醫肺，肅降肺氣，金剋木，肺肅降了，金不再剋木，肝病也就好了。也可能醫腎，腎屬水，腎強，滋水涵木，水生木，肝也就強了。同病異治，比如腎有病，可以醫脾，土掩水，平衡了脾臟，水自然生長，腎病就好了。也可以醫肺，金生水，肺強則生水，腎病也就好了。這要根據病情加以處理，比如同是頭痛，病機不同，治法也不同。因風寒引起頭痛，要祛風散寒，可癒。因風熱引起頭痛，要祛風清熱，可癒。異病同治，如鼻炎和咳嗽，雖是不同病狀，但都是風寒引起，故可以都用祛風散寒的方法。同時也有醫生的擅長因素使然。庸醫很難瞭解病源，頭疼醫頭，腳疼醫腳。其實，庸醫很難眞正醫好病。

西醫則肺有病，必醫肺，他不知肺的病是心火旺引起的，或脾弱引起的。所以，即使肺病醫好了，可能會影響肝（金剋木），也可能影響心，也可能影響脾。所以，幾乎所有的西藥都有副作用。西藥可能見效快，但副作用已暗藏其中。看似醫好了，其實病轉移了，或暗藏了。中醫則一般沒有副作用。而且，治好身上一處病，其他病也會隨之而癒。因爲中醫是整體觀點，辨證治療，治本不治標，本治末自然好了。

有一個病人，因膽囊切除後引起很多病，他想先把嘔吐和失眠醫好，經西醫院先查心臟彩超，心臟 24 小時心電圖等；又經神經科一系列的檢查，又做了胃鏡等，都沒有發現什麼問題。後去中醫處，經切脈發現是肝膽氣滯血瘀所致，便以柴胡疏肝散爲基礎方去加減治療，不但嘔吐、失眠好了。其他的病狀如口乾、口苦、後背疼痛、腹瀉、心悸、怔忡、胃脹胃痛等都好了。因爲肝屬木，心屬火，肝因無膽相照，肝氣肝陰耗損，肝的藏血不足，不能上濟於心，肝虛而疏泄

功能減弱，不能更好的爲心主血，母病及子，心失濡養和調暢，而出現功能上的心悸、怔忡。心得不到肝之所養，心神不寧，故失眠。肝主疏泄心機，而脾胃主運化的功能主要靠肝疏導，肝氣過急，橫犯胃府，故出現腹瀉；肝氣上逆，導致胃氣上逆而嘔吐；肝虛疏泄弱，胃氣下降，故胃脹胃疼。中醫通過辨證和整體觀念，全部治好。而西醫只能看到一點，不僅治不好，而且會帶來副作用，愈治病愈嚴重。

西醫治病，只看病，不論人。中醫治病，首先要知人，瞭解一個人，可以通過觀察、交談。高明醫生，通過切脈，三個指頭朝病人手腕上一按，指下寸、關、尺、脈搏的跳動，緩、急、沉、浮、滑、澀等，便可知其人性緩、性急、穩、躁、冷、熱等，對症論人，下藥或採取其他辦法（針灸、推拿等）。

有一個有名的醫案記：一個病人眼睛出了問題，眼赤紅，眼中分泌物多，視物愈來愈模糊。他找了很多醫生醫治，皆無效果，最後找到這位老中醫。老中醫一切脈，再一交談，對他的病十分瞭解，而且知道他是一個性情十分急躁、且容易走極端的人。便告訴他：你的眼病不是大問題，你已得了絕症，你還不知道，你的生命還有一個月，一個月後必死。眼病只是死前的一個徵兆。

病人大驚，哭求老中醫救他的命。老中醫說，沒辦法醫治，你回去準備後事吧。病人反覆哭求，你是名醫，怎能見死不救啊。只要能保住性命，我花再多錢也不惜啊。老中醫說：唯一的辦法是，每天把襪子脫下來，用手搓腳心，早晚各搓 200 次，搓的遍數次數愈多愈好。一定要搓得發熱，甚至發燙，才有效果。只要你堅持每日不斷地搓，一個月必不會死。但如果不搓，必死。這個病人把眼病置之一旁，不再過問，只治「絕症」。回去就搓腳心，拚命地搓，搓累了休息一下再搓。搓了半個月，未見有大病將死的徵兆，而且眼病也基本好了。他去找這位老中醫。

老中醫說：我說眼病只是你絕症的徵兆，你的絕症已有好轉，

眼也就好轉。繼續搓，否則病情一惡化就沒救了。他回去繼續搓，眼睛完全好了，視線也清楚了，渾身感到輕鬆了。其實，這位老中醫叫他搓腳心就是為了治眼疾，他的身體內濁氣上升，心情煩躁，心火也上升，致使眼睛發赤，分泌物增多，視物也模糊。中醫治病有個緩慢的過程，他的性急又躁，幾副藥服下去，尚未見到效果，他就著急發躁，病情反而加重。老中醫知道他的性情，假說他得了絕症，一個月必死。他一嚇，眼疾便不是問題，要保命，便忘記眼疾，而每日搓腳心，腳心有一根經絡通往眼部，腳心搓得發熱發燙，濁氣下降，眼病就好了。但必須搓一個月，他性急，如果不是「死期將臨」，他很難有耐心每日搓腳心幾百次。

這個醫案說明，高明中醫治病，不但知病，還要知人的性情，論人用醫。更說明，眼病可以醫腳，醫腳可以治好眼病。這在西醫是想都想不到的。西醫見到眼疾，必點眼藥，菌滅了，炎消了，眼病似乎好了。其實，病的根未消，下次還會再發病。所以，害眼病的人，經常會害，要經常準備眼藥。諺傳西醫云：「眼不治不瞎，耳不治不聾。」就是這個原因。

中醫的「五行」學說，對於醫病還有更多更高深的道理，乃是每一個中醫必知的，是學問，也是醫術。醫術包括在學問之中。

君臣佐使。君，國家的最高首腦。臣，輔佐君治理國家的重要人物。佐、使，幫助臣打通道路，掃平障礙等。顯然這是治理國家的一套組織結構。但開中醫處方時，是必知的。中藥的方劑中有一味治療主病的主要藥物，劑量相應也大一些，謂之君藥。臣藥是輔助君治療主病或治療主病的引發病，或起到加強治療的作用。佐藥是配合君臣藥起作用的藥，又可為反佐藥，有時君藥和臣藥藥性相反，佐藥則可使之在治療中起到相成的作用，又可抑制消除君臣藥在治病時產生不良的影響，這尤如消除西藥中的副作用。但中醫在考慮會產生副作用時，首先就抑制了，也能消除君、臣藥的烈性。使藥是引導諸藥直

達病的部位，或調合諸藥，使之平衡。比如柴胡，藥性剛，對人體有刺激作用。白芍柔，用柴胡加白芍，則剛柔平衡。這個問題，古人常有論述，謂柴胡疏肝作用強，但藥性剛，有劫胡之弊，而白芍卻有柔肝緩急的作用。所以，柴胡配白芍，一散一斂，補肝體爲肝用，達到更好的疏肝用肝的作用，所以配方中用柴胡大多配白芍。還有君藥、臣藥雖能治療某病，但其力達不到某病之位，使藥則可打通道路，使之達到病位，以起作治療某病的作用。

反佐的例子，如白通加豬膽汁湯，此方治陰寒太盛而格陽於外之病。但因方中附子、乾薑等爲大辛大熱之品，而因體內陰寒太盛會格拒陽藥，所以佐以苦寒豬膽汁爲引，使熱藥能入裡發揮作用，這就是反佐之用。使藥的引藥作用，如血府逐瘀方中，桔梗引活血化瘀於胸中，散瘀血。方中又加川牛膝，使之引瘀之血下行，使胸中瘀血除而無留瘀之弊。

中藥中有的藥也有小毒，但加上佐使之藥，不但可以去除毒性，反而使藥效更好。牛膝、甘草就是常用的使藥，能調和百藥。有一句詩：「羞爲甘草劑，敢做南包公。」「甘草劑」是一味中藥，「南包公」是忠臣，即敢於直言的海瑞。這句詩是說他在對敵鬥爭中，不願像甘草一樣去做調和派，而敢像海瑞一樣，旗幟鮮明，直言敢諫。這說明甘草作爲調和的使藥是很有名的。

如果以戰爭爲例，君藥相當於主攻部隊，負責打擊和消滅敵方的主力部隊，這是最重要的。臣藥相當於輔攻部隊，負責打擊敵方主力部隊的兩翼部隊或增援部隊，直接協助主攻部隊。佐藥相當於後勤部隊加友軍。戰爭必須有後勤部隊供給糧草彈藥，有時也參加消滅敵方的散兵游勇，有時也需要友軍協助。使藥相當於工兵和慰問團，主攻部隊需要過河，就必須有工兵搭橋，否則過不了河，就無法與河對岸的敵方作戰。或通過地雷區，必須工兵排除地雷。作戰緊張時也需要慰問團，使之精神愉快。當然，這是大概比喻，具體情況並不完全如此。

戰爭中，君、臣、佐、使四方一方不可少；開中藥處方時，君、臣、佐、使也是一方不可少，少了效果就不好，甚至會產生不良作用。從上可以看出，中醫開處方，既是一門技術，更是一門學問，尤其是哲學。古人說：「不爲名相，便爲名醫。」名相善治國，名醫善治身，二者道理是相同的。

陰陽虛實。治療疾病，「五行」與「君、臣、佐、使」的文化，十分重要。但判斷疾病，陰、陽、虛、實的文化知識更重要。如果一個人體內，陰陽平衡，虛、實適中，就不會生病。凡生病，必是陰陽失調之故。一般說來，陰陽失調產生了虛實變化，邪氣盛則實，正氣奪則虛，虛則補之，實則瀉之。虛還有陰虛和陽虛之別，也要區別對待等等，這裡不再多說。

再補充說一個人體整體關係和五行相生相剋的問題，五行相生說明五臟間的資生關係：肝濟心，即木生火，如肝藏之血以濟心，肝的疏泄功能助心行血；心益脾即火生土，如心陽可溫煦脾土，助脾運化；土生金即脾益肺，脾氣運化，化氣以充肺；金生水即肺助腎，如肺之肅降精津下行以滋腎精且助腎納氣；水生木即腎滋肝，腎藏精以滋肝血，腎陰資助肝陰以防肝陽上亢。

五行間太過，又有他行的制約，如脾（土）之氣，若虛則有心（火）生之；若亢則有肝（木）剋之；肺（金）不足，脾土可生之；腎（水）過亢則脾（土）可剋之。這種五行間的生剋制化，類比到人體，五臟間的生剋制化，把五臟緊緊聯繫成一個整體。總之，中醫是整體看問題。中醫的判斷疾病和治療疾病，都是一門文化。凡大中醫，必是大文人，古代的大文人一般也都懂醫。[4]

註 Note

4　中國有諺云：「秀才學先生，一夜成。」（有文化的人學做醫生，一夜就成了。）這是說醫生的文化基礎很重要。其實並不那麼簡單。筆者少時讀了很多傳統書，也基本上讀得懂。後來學醫，二十八種脈相、《湯口歌訣》等都會背誦。但為人切脈，僅能知大概，細微處仍不辨。請教老中醫，回答是「胸中了了，指下難明。」實踐太少，必須長期臨床，才有經驗。所以，中醫愈有文化愈老愈高明。

中醫的科學性

一般的論說，西醫是科學的，中醫是不科學的。我的認為正相反，所謂中醫是不科學的，是科學無法論證中醫的科學性。這只說明科學還不夠發達，等到科學發達了，自可證實中醫的科學性大大超過西醫的。[5]

所謂西醫是科學的，即西醫所說的神經、血管（動脈、靜脈、毛細血管）等都能通過透視或解剖給你看到實際。病灶的發炎，血管壁的加厚，斑塊的形成也都能給人看到。細菌消滅了，也可得到證實，皆是實實在在存在的。而中醫的氣、經絡、穴位、風、火、寒、濕、虛、實、五行，都是看不到的，透視、解剖，用顯微鏡也看不到的，「氣」在哪裡？「火」在哪裡？「寒」在哪裡？這些都不是物質的存在，西醫是檢查不出來的。「穴位」，我們知道在什麼地方，但打開檢查，也是什麼都沒有，並非真的有一個穴位存在。西醫說的神經在何處，打開或透視，確能看到；西醫說的血管，更是實際存在，而中醫的「虛」「實」都是通過表像而判斷到的。「五行」中的木、金、水、火、土連感覺到也沒有，只是理論上存在。但中醫治好病，卻是實實在在的。比如牙疼，在大拇指和食指中間的虎口處，找準穴位，手法正確，可以針到疼止。但為什麼針手可以止牙疼呢？不可知。針灸也可以治療蛔蟲，針扎在某一穴位上，人肚子裡的蛔蟲就排泄出來了。後來有的外國醫療機構，用科學方法觀察，當針扎在穴位上時，人的腸部蠕動，吸附在大腸上的蛔蟲就掉下來了。但為什麼會如此呢？也不知。

有一位西醫院長說：「中醫是迷信，上火了，火在哪裡？拿出來給我看看。我們西醫，說有細菌，可以用顯微鏡給你看。火能看到嗎？」上火是人的常見病，有時眼視物模糊，有時牙疼，有時鼻流血等等，但用中藥把火消了，病就好了。有時煮一碗綠豆湯喝下去，火

就消了，病就好了。火在哪裡，怎麼上的火，怎麼消的火，都看不到。用西醫的方法也測量不到。但確實存在。

《莊子·秋水》說：「所以言論者，物之粗也；所以意致者，物之精也。」猶如一個人，我們能看出或者能測量出他多高、多胖、鼻眼的大小，臉型的方圓等，都是實實在在的，但這是「粗」者，他肚子裡的學問，他頭腦中的思想，才是他的價值，才是「精」，你能用儀器測量嗎？你測量不出。中醫的測量不出，卻正是其「精」處。比如人體的經絡，西醫的科學怎麼也測量不出，也透視不出。中國人怎麼在這測量不出看不見的情況下，確定了這經絡，並能畫出圖來，而且根據這個經絡就能治好病，也太神奇了。

我們把西醫能實實在在看到的具體存在的物，稱爲「有」，而中醫的火、寒、虛、實、五行，看不到的，不具體存在的稱爲「無」。《老子》四十章說：「天下萬物生於『有』，『有』生於『無』」，「故常『無』，欲以觀其妙；常『有』，欲以觀其徼（邊際）」中國的道家學說都是稱讚看不見的「無」，而認爲「有」生於「無」。凡是能看到的能講出來的，都是「粗」。「精」是靠「意」而感知的。妙處在「精」，而不在「粗」。

所以，中醫云「上醫不醫己病，醫未病」。「未病」是未出現的病，把它醫好不讓其出現。這也是中國的一貫哲學。《孫子兵法·謀攻》篇上說：「是故百戰百勝，非善之善之也，……故上兵伐謀，其次伐交，其次伐兵，其下攻城。」攻城等於疾病已經出現，這種醫療是最下。「上兵伐謀」是在戰爭還未出現時，便被抑制了。「上醫」是在疾病未出現時抑制了，這叫「醫未病」。西醫則不行，所以我說

註 Note

5　其實，西醫從來不以虛實、陰陽五行來論證其合理性，也不尋找經絡和穴位的客觀存在。中醫也不必用科學來論證其正確性。中醫是文化，是哲學，李白的詩「白髮三千丈」科學嗎？文學、哲學，能用科學去論證嗎？

中醫是最科學的。

西醫查細菌，必須有細菌才能查出。十日後將會出現細菌，西醫則無法查出。然而，二千年前的中醫可以知道。古者：「扁鵲見蔡桓公」，說他有疾不治療會加深。蔡桓公說我好好的，無病。又見，扁鵲說他的病加重了，蔡桓公仍然說我好好的，無病。又十日後又十日，扁鵲再見到蔡桓公，馬上走了。蔡桓公派人找扁鵲問，扁鵲說：開始我看他有病，他自己覺得無病，其實他的病即將出現。那時醫療很容易。後來病加重又加重，都能治。現在已經不能治了，所以我只好走了。

果然，再過幾天，蔡桓公體痛，不久便死了。扁鵲第一次、第二次見到蔡桓公時，蔡是「未病」，即沒有病，但扁鵲已看出他即將生病。那時候要醫療，是很容易的，人也不受苦，身體也不受損失。西醫的檢查，必須真的有病，才能檢查出，「未病」是無法檢查的。沒有細菌病毒，未有癌細胞，當然查不出來細菌病毒和癌細胞，也無法查出何時會有病。但二千年前的中醫可以在未病之前，知道你不久將生病。從而採取措施，制止將來生病。

中醫是辨證施治，整體觀念，任何一處小病都和全部身體有關。所以，眼有疾而可以治腳，牙有病而可以治手。而西醫是局部觀念，眼有病，只能治眼，腿有病只能治腿，甚至把腿截掉。中醫從來不截肢，因爲肢有病，是整體問題之一部分。

五十多年前，我的一位親戚和他的同伴三人去北方謀生，都得了一種病，只好回來。到縣醫院檢查，結論是必須截肢，即把兩條腿鋸掉。否則，不久便會死亡。又到省醫院檢查，結論是相同的。又到大城市上海的大醫院檢查，結論還是截肢。三個人本來家庭就貧困，所有的錢都用盡，又在親戚同村人贊助下，再到北京大醫院檢查，仍然是必須把雙腿鋸掉，否則，不久便死亡。其中兩人又借了錢，動了手術，把雙腿截去。從此，人只能坐在一個帶有四個小鐵輪的木板上，

雙手撐地行動，十分淒慘。而且二人都活到四十多歲便死了，沒有子嗣。另一人，因為太窮，也借不到錢，也就沒有去截肢。他等著死亡的降臨，但他的妻子不忍，偶爾賣幾個雞蛋，平時少吃一點，省點糧食去賣。西醫太貴，看不起，也無法看，一看便要他截肢。她只能找中醫，買五分錢最多一角錢的中草藥，其中部分草藥是自己到田地裡挖割，熬了給丈夫喝下去。錢沒有了，便不服藥。鄉村的中醫知道她家太窮，便盡量叫她去田野裡挖一些中草藥，用水煮著服下去。有一點錢又去買幾副中草藥，後來生了兒子，更困難，治療斷斷續續，而且只是幾分錢的藥，貴了便買不起，居然被這幾分錢的中草藥醫好了。現在他已年近80，身體很健康，而且兩個兒子都上了大學，一家四口其樂融融。他經常說：「當時如果能借到錢，也去截肢，也一定會在四十多歲死去。何況那半癱式用手撐地行動，也太悲慘。」

遲浩田是一位軍人，據他的自述，在一次戰役中，腿受了重傷，醫生決定截肢。幸虧他醒來，大聲反對，說寧死不截肢。後來，他不但腿好了，又上了戰場，當上了將軍，最後當上了國防部長。我們從電視上看到這位國防部長，身體健康，雙腿靈活有力。如果當年截了肢，真是不堪想像。

這就是西醫。西醫會科學地回答你，如果不截肢，細菌感染到心臟，人便會死去。或者，血管堵塞擴大，人也便死去，這有科學的證據和論證。中醫則無可解說，或者只能調解人體的陰陽、虛實的平衡。但陰陽在哪裡，虛實有什麼證據，都無法回答你，但卻醫好你的病。所以，諺云：西醫讓你明明白白的死去，中醫讓你糊裡糊塗的活著。

西醫是頭痛醫頭，腳痛醫腳，局部觀念。中醫認為人體的局部屬於整體的一部分。所以，在西醫眼中，腿有了問題，把腿截去就好了，但身體沒有腿，怎麼運動呢？ 一個人變成殘廢，這不是更大的病嗎？

　　我手中現有兩種西藥，一是辛伐他汀，可以穩定動脈硬化斑塊，但傷害肝。我的頸動脈中有一小小斑塊，醫生開了辛伐他汀，但服了幾天，斑塊依舊，肝的什麼指標卻迅速下降了，即使穩定了斑塊（並不能根除，也不能縮小），卻生了肝病。另一種是治療尿頻的西藥，副作用是：服後導致眩暈，陽痿。因爲此藥原理是抑止男性荷爾蒙的分泌，使前列腺萎縮。我的朋友服了，果然眩暈，不能讀書，且眞的陽痿了。一個美國的報導：一個病人去醫院檢查，結論是：骨質疏鬆。遵醫囑服藥，結果骨質疏鬆尚未醫好，而產生胃病。胃病對他的身體影響更大。醫生說：我爲你治胃病。病人問，服治胃病的藥，有什麼副作用。回答是：骨質更疏鬆。中醫絕不會如此。治療胃酸太多的西藥，是鹼性的。酸鹼化合生成鹽和水，這是有科學根據的，一時胃酸減少了，但胃酸產生卻更多了，因爲治標不治本。凡是治標不治本，或局部治療的，大抵皆有副作用。

　　中醫治本，本治好了，病源沒了，病就眞的好了。主要的病治好了，其他的病，也隨之好了。整體治療，不會產生副作用。人體有一千種病，一萬種病，其實只有一種病，即免疫力下降。免疫力下降就是人體內陰陽不平衡造成的。陰陽平衡了，什麼病都不會生。

　　免疫力，中醫叫正氣。免疫力下降即正氣不足。正氣足，黃帝內經謂之正氣存內，邪不可干，自然無病。漢代名醫張仲景《金匱要略》云：「夫人稟五常，因風氣而生長，風氣雖能生萬物，亦能害萬物。如水能浮舟，亦能覆舟。」這裡講的也是平衡。邪氣侵入人體，就會造成陰陽不平衡，去除邪氣，陰陽平衡，病就沒了。無須截肢，使人變爲殘疾，也無須開刀割去器官的一部分。而且西醫的換頭術、換腎、換肺等，傷害了另一個生命，被醫治者生命也並不長久。很多換腎換心臟的病人，不久也便死了。中醫是絕對不會做這種「損人利己」且並無多少益處的事。

　　按照中醫的理論，人體什麼病都可醫好，就看醫生的水準如何。

2003年產生的非典型肺炎（SARS，又叫重症急性呼吸綜合症），在西醫尚未弄清病源，束手無策時，上級主管部門下令，不准中醫介入，要加緊西醫研究。但中醫強行介入，結果凡用西醫治療者，基本上都死亡了。而用中醫治療者，全部康復，無一死亡。

中醫並不需要知道是什麼菌或什麼病毒感染，只調整人體陰陽等機能，病自然就消失了。當然，如前所述，中醫是個案治療，不能以一種藥治療所有病人。很多癌症病人，已被西醫宣布無救，結果中醫卻能醫好。據報導，個別愛滋病也能用中醫治好。當然，還要說的中醫是個案治療，一個人的病能治好，另一個同樣的病，用同一個方子（配好的藥）卻未必能醫好。這就看你身體被邪氣侵入的程度。大部分愛滋病是治不好的，因為邪氣侵入太多太深故地。

中醫是文化，是哲學，其實也是科學，這表現在個案醫療上。西醫是統一的病，統一的治療，感冒了服什麼藥，肺炎服什麼藥，高血壓、高血脂、高血糖等等，服什麼藥，都是統一的。雖然也大體有效，但有人服了有效，有人服了效果不顯，還有人服了無效。最近美國醫學家已研究出來統一醫療的弊病，認為人體的基質不同，用藥不應該相同，主張個案醫療。其實，中醫幾千年來一直是個案醫療。同樣的病，醫療的方法不一定相同。

如前所述，同病異治，異病同治，都要根據病人的具體情況而定，都是個案處理。而且好的中醫，開藥不超過五天，有的二天、三天，病情在變化。人體的陰陽虛實在變化，用藥也隨之而變。個案治療，中醫也早於西藥幾千年。

而且西醫的局部治療，基本上都有副作用。所以，愈治病愈多，很多新的病症，也都是西藥醫療後產生的。中藥醫療，針灸醫療，不會因之而產生新的疾病。

中藥其實就是糧食和蔬菜的同類，比如薏米，就是一種米，本來就是糧食，但又是祛濕的中藥。薑、蔥都是調味的食品，也是中藥。

所以，幾乎所有的中藥都是無害的，都是大自然的一部分，對環境絕無汙染。按摩、正骨、針灸更是無害。

瘧疾，對人的傷害很大，西方很晚才用化學藥物去治療，副作用很大。中國早在 1700 年前的晉朝，葛洪（284-364）的醫學著作《肘後備急方》中就有：「水漬青蒿，絞汁盡服。」以之治療瘧疾，挽救了無數人的性命。這種藥就是一種草。1700 年後，屠呦呦在此基礎上，再加研究，獲諾貝爾獎。而西藥，大多是化學品，對人體有害，對環境更有汙染。X 光透視，核磁共振，檢查身體時，喝下去的那些藥物等等，對人體都是有害的。而中醫切脈對人體完全無害，只要醫生高明，西醫用儀器能檢查到的，中醫也都能從脈搏中知道。只是西醫盛行，在一定程度上截斷了中醫的發展。

中醫中的高明醫生愈來愈少了，所以，判斷水準有時趕不上西醫的儀器。人體中所有的病兆，甚至即將出現的病兆，在人體的色、相、味，尤其是脈搏中必有反映。只要醫者高明，都可預測到，用不著那些儀器。可惜的是，因為全盤西化，現在高明的中醫太少了。

 ## 四　中醫存在的問題

「五四」新文化運動，大量引進西方文化，胡適、陳序經等一大批人力主在中國「全盤西化」。當時很多知識分子群起響應，有的雖不完全贊成，但也基本認可，在中國造成巨大影響。於是中醫讓位於西醫，中國上上下下，到處建立西式醫院，直到現在，西醫在中國占絕對優勢。有志於從醫的才華之士，也大多去學西醫，中醫很少有人問津，於是中醫落後了。但中醫也有很多問題，其一是必須有很深厚的傳統文化。而清末以降，「反孔」、「廢除讀經」，全盤西化，具有很深傳統文化的人愈來愈少。其二是不能大規模大數量的學習，基本上是師父帶徒弟式，一對一的傳授，這樣培養的中醫就很少。西醫

卻可以學院式，大量培養人才。中醫院培養的學生總不如老中醫一帶一的傳授好。其三，中醫的臨床是個長期積累的過程。筆者少時也自學過中醫，對 28 種脈相、湯頭歌訣等都能背誦。但為人切脈時，脈跳動的澀、滑、頭滑、尾滑等總是捉摸不定。老中醫說：「這叫心中了了，指下難明。」必須長期臨床，日積月累，才能成為名醫。中國的名醫很少是年輕人。老中醫愈老愈高明。而時代的浮躁，使年輕人不願到老了才成為名醫。而西醫通過科學儀器等判斷，無須到老，尤其是開刀，年輕人更勝過老人。所以，很多人不願學中醫。其四，醫療的速度較慢。其五，西方的化肥、農藥，尤其是化學藥劑等引入，改變了中草藥的成分，中草藥治病的療效大大減低，有的無療效，這一條幾乎斷了中醫的一半命脈。其六，中醫是中國文化的一部分，講究自然，現在因為經濟效用，大多草藥都是大面積種植，其效果大不如野生生長的藥材。其七，政府多以管理西藥的方式管理中草藥。其實有些中藥必須經醫生親手炮製才有效，如黃芩清上焦熱，酒炒後，藥效才可引其上達頭目而清頭目濕熱，集中管理無醫生親手炮製，則無此效果。

　　以上幾點，最重要的是優秀的中醫不多了。不過，各地尚有一些繼承中醫一門絕技的醫生，如青島有一位「一針療法」的退休醫生，很多肩疼、頭疼幾十年，西醫無法醫療的病人，他在病人腳脖子上扎一針便好了。北京有一位民間醫生，祖傳的按摩法，很多病人腰疼，腿疼，手顫抖乃至半癱狀態，他也能幾次按好；還有鼻炎，尤其是慢性鼻炎，西醫很難治療。但山東一民間醫生，用中草藥磨製的粉狀，吸幾次便好了。像這樣的民間醫生還有很多。這些都顯示中醫的高明偉大之處，但這些高明的醫生也愈來愈少了。還有西醫檢查的干擾。甘肅一位世家中醫李東勝先生告訴我，有一位女患者經西醫彩超檢查，患有附件囊腫，於是便用活血化瘀的方法醫治，結果完全不見效。後經他切脈檢查，為氣血不足，脾胃虛寒而夾濕所致，便用《傅

青主女科》中的方子，服了 5 劑，自覺全身輕快，停藥一月後複查，囊腫消失了。西醫看到的是局部，中醫是辨證整體。本來沒有囊腫，後來產生囊腫是有原因的，本治而末消。按西醫的方法，即使把囊腫治下去了，停藥後還會再生，何況氣血不足是更大問題，中醫是治本，是整體把握。其次如前所述，是中草藥的品質下降。本來的中草藥能醫好病，而現在的中草藥因受西方化學藥劑等影響，變質了，醫不好病。所以，在人們印象中，中醫不如西醫。如果不是西方各種因素的侵擾，中醫的發展，實際醫療效果及影響將在世界上放出更強的光輝。

實際上，中醫的整體觀念，辨證治療、個案治療無副作用等等，都是優於西醫的。如果中醫在全世界成為主流醫院，既不會產生新的病症，也不會因副作用而一病治癒另一病又起，更無汙染。對人體的健康只有益而無害。如果中國人排除西方的各種干擾，禁止引用西方的化肥、化學藥劑等，仍用中國的自然的方法，對土地、水質、空氣作長期的恢復，使中草藥恢復原來的成分和療效。再由政府或基金會著意培養大批的中醫人才，中醫的前途仍然是光明的。

西醫是有益有害，能治病是益，對環境汙染是害，對人體有副作用是害，還會產生新的疾病。而中醫有益無害，能治未病，無汙染，不會產生新的疾病。孰優孰劣，是立覽可辨的。

當然，西醫也有西醫的長處，尤其是西醫以科學為基礎，發展較快。至於檢查身體健康的各項指標，精確而有數字作基礎，使人一目了然。近來，西方的保健品、營養品，更借鑑了中醫的原料和方法，大批量的生產，暢銷全世界。

所以，中國人當以中醫為基礎，發展中醫，用中醫藥醫療為主。同時也不排斥西醫，吸收和利用西醫的長處，共同為中國人和世界各國人的健康服務。

中西藝術（上）

 求善、求真──中西戲劇藝術的區別

（一）善惡有報和真實

藝術皆以創作美爲原則。中西理論家、藝術家又都同時提倡「眞、善、美」，其實眞和善也應包括在美之中，除特殊情況外，豈有眞、善而不美的呢？但細細推究，眞和善自有獨立於美之外的價值。中西藝術的區別就在於：西方藝術在美的基礎上以求眞爲主。西方藝術是科學的，科學即以求眞爲目的。而中國藝術在美的基礎上以求善爲主。當然，中西對於美的內涵之認識又不同。此處暫置而不論。

西方藝術的求眞，一是內容，二是形式。先談內容。因爲只求眞實，藝術的社會效果，尤其是教化意義便被忽略。有一個電影描寫一個女人和她的丈夫感情本來很好，可是她在外遇到一個男人，談得很投機，便產生了感情。回到家後，看一切都不順眼，性情變得急躁不安，無故摔、砸，後來還是衝破障礙冒雨去會見情人。一投到情人懷抱，性情又變好了。影片對人物性情刻畫很成功，很眞實，現實中的女人確有這種性情。但給社會帶來什麼樣的效果呢？起到什麼教化作用呢？沒有任何答案。有的影片描寫很多殘忍的現象。角鬥場上，

一個人被殺死，人頭滾出很遠，鮮血直噴，觀者反而高興歡呼，以至跳躍。

西方雕塑作品、繪畫作品中，有很多形像是一個人一隻手拿刀劍，另一隻手提著被他殺死的人頭，或人頭被砍下，滾出很遠，而鮮血滿地。中國傳統雕塑和繪畫絕不准許出現這個現象。孔子不言「亂、力、怪、神」，暴力是儒家所極力反對的。殘忍的殺人、提著人頭的畫面更不准出現。中國很多青少年犯罪分子被逮捕後交代，大多是因爲看了西方暴力、殘殺、色情等戲劇影片後，影響了他們而變壞的。有的是模仿故事中的殺人情節而殺人或變壞。

中國傳統戲劇中也有惡人作惡的情節。但其凶殘的具體情節必須省略，使人意會到即可。而且，凡惡人作惡者，必得到懲罰，藝術的效果是使人不敢作惡。好人也必然得到好報。

像西方著名的戲劇《哈姆雷特》，其中好人、壞人全部死光。丹麥老國王被人害死了，哈姆雷特的戀人奧菲莉亞也死了，奧菲莉亞的父親波羅涅斯也被殺死，奧菲莉亞的兄長雷歐提斯也死了，哈姆雷特的母親喬特魯德也被毒死了，哈姆雷特的叔叔新國王克勞迪斯也死在哈姆雷特的毒劍下，哈姆雷特本人也死了。死光了，這悲劇也悲到底了，給人很眞實的感覺，也反映了當時宮廷鬥爭的殘酷。但好人、壞人全部死光了。如果說有美，這美只和眞結合，就缺少善的內涵。

而中國的藝術，則是美和善的結合。善就是社會價值觀的判斷。中國幾乎所有戲劇小說都是宣傳「善有善報，惡有惡報」，而且還有「不是不報，時候未到；時候一到，一切都報。」

以《姊妹易嫁》爲例。《姊妹易嫁》本於蒲松齡的《聊齋志異》，後有多種戲劇據此改編，劇情多有出入，大抵是：姊素花自幼與牧童毛紀定親，但毛紀家貧，素花嫌其貧，不願嫁與他。當毛家來迎娶之日，素花誓死不去。無奈中，其妹素梅出於大義代替其姊出嫁，並言即使毛紀是乞丐也不敢辭。到了毛家，夫妻和睦。毛紀苦讀，後來中

了舉人，又中進士，最後官至相國（宰相），榮華富貴。而其姊嫁一富家子，不久富家子因不務正業（有劇中說他嗜賭），家道衰敗，「家漸陵夷，空舍無煙火。」連吃飯都困難。不久，這個富家子又死了，素花聞聽其妹夫（本應是她的丈夫）中進士，身爲高官，愈加慚愧。素花後來的生活十分淒慘。這個故事教育人不要嫌貧愛富，要忠於愛情，明顯地宣揚「善有善報，惡有惡報」，對社會有很大的教化作用。

川劇有《結草報》，是根據《左傳・宣公十五年》和《列國演義》第五十五回的內容改編的。故事說晉國的魏顆之父魏犫見杜回打虎，與之較力，把杜回打敗。舒某向佃戶祖老索穀，祖老被逼而死，其女祖姬賣身葬父，魏犫把祖姬納爲愛妾，並厚葬其父。魏犫每次出征，考慮可能死於戰場，必囑兒子魏顆，一旦自己死了，就把年輕的祖姬嫁出去，讓她繼續好好的生活。但魏犫臨死時，又命魏顆將祖姬殉葬。魏顆沒有聽從其父臨死前的亂命，還是把祖姬遣嫁了。後來秦晉交戰，魏顆領兵與秦將杜回交戰，但魏顆打不過杜回，正在危機時，祖老的靈魂出現，用草結環絆倒了杜回，暗助魏顆。魏顆把被草環絆倒的杜回殺死，大獲全勝。因爲魏顆做了善事，救了祖姬的命，所以，他得到善報。

陳世美的故事被很多劇種改編上演，或名《鍘美案》，或名《秦香蓮》等，幾乎家喻戶曉。內容是士人陳世美別妻秦香蓮入京赴考，中狀元，然後隱瞞已婚，被招爲駙馬，在宮中享受榮華富貴。其家中荒歉，父母皆死，妻秦香蓮攜一子一女赴京尋夫，闖宮見夫，陳世美非但不認，又把她們逐出門外，且又遣家將韓琪前往刺殺，欲斷其母子三人性命以絕後患。秦攜子逃跑，至包拯處控告陳世美「殺妻滅嗣」，停妻誆娶公主之罪。包拯不顧皇家壓力，依法鍘死陳世美。這個故事宣揚了「惡有惡報」。同時也讚美了包拯不懼強權者品質。

黃梅戲《天仙配》因著名演員嚴鳳英主演，又製成電影，在中國

影響十分巨大，也幾乎家喻戶曉。講的是董永家貧，賣身葬父，天上仙女感其孝行，下凡與之結爲夫妻，也是宣揚善有善報。[1]

像湘劇、川劇等演的《荊釵記》，一名《王十朋》、《硃砂痣》等，皆是壞人一時得志，後死於非命，而好人一時受挫，最終都得好報。

總之，中國所有的戲劇，都是宣傳善有善報，惡有惡報。有的直接，有的間接而已。

（二）文以載道

眞實有眞實的好處，但文藝作品僅僅給人眞實的感覺，就像西方的繪畫一樣，作用僅限於「目視」，觀者僅有其技巧眞實的驚歎。對社會的淨化、文明、向善並無多少補益和警示作用。有的甚至會產生壞作用。比如很多色情電影或戲劇，都是眞實的，其中人體等也很美，但是他給社會帶來什麼呢？很多青少年犯罪、墮落都是從看這些色情片開始的。

在中國古代，像《金瓶梅》這樣小說絕對被禁止，因爲其中色情描寫太露骨。即使像《牡丹亭》、《西廂記》這樣優秀的戲劇也曾多次被禁止，就是因爲其中部分情節描寫的情愛太直接，怕青年效法而產生不正常的男女關係。

清乾隆十八年（1753）朝廷下旨將《西廂記》、《水滸》列爲「穢惡之書」，以爲「愚民之惑於邪教親近匪人者，蓋由看此惡書所致。」清同治七年（1868）江蘇巡捕丁日昌下令查禁「淫詞」，令曰：「《水滸》、《西廂》等書，幾於家置一編，人懷一篋」，「若不嚴行禁毀，流毒依於胡底。」[2]

在中國，文藝作品的社會效果一直是放在第一位的，一部文藝作品即使十分眞實，十分美（目視），如果不能產生好的社會效果，不能使人讀後產生向善的效果，那也是不能面世的。如果自行面世，

也會遭到官方和社會的譴責。而且，寫作者或整理者一般也不會那樣寫。前面提到的《水滸》，實際上並無「淫詞」和「穢惡」，只是反映了官逼民反，而統治者認為對它的統治不利，才加以「禁毀」。《西廂》中有一點情愛的描寫，也是很含蓄的，和西方的色情片比起來，不值得一提。而且《西廂》也是宣傳善有善報，惡有惡報的，仍然是以「求善」為目的的戲曲。像《金瓶梅》這樣的書，有很多性的描寫，目的是吸引人看，其實主要內容還是暴露當時社會的醜惡，以及影射一些惡人。但因有性的描寫，作者就不敢署自己的姓名，連自己的一些資訊也沒有透露，直到今天，研究家也沒有研究出作者是誰。因為中國傳統文人以宣傳「道」為己任，像這種描畫性的內容，非傳統文人所為，所以他不敢署自己的姓名。但是這本書也是宣揚「惡有惡報」的。

中國古代文人都是認同「文以載道」或「文以明道」的。「道」即社會道義，倫理道德，也是文人社會責任感的對象，文的任務就是載道。唐代的韓愈主張「文以貫道」[3]，柳宗元稱「文藝明道」（柳宗元《答韋中立論師道書》）。到了宋，歐陽修、蘇東坡又主張「文與道俱」，「文者，貫道之器也。」宋周敦頤則正式提出「文以載道」[4]朱熹也贊同「文所以載道」並作解釋。（見《朱子語類》卷九十四《文辭第二十八》）。其後，固然很多人堅持「文以貫道」、「文以

1　我曾寫《觀〈天仙配〉》詩（古風），附記於此：董永孝感天仙驚，黃梅曲演今古情。千回看來千回淚，至今猶憶嚴鳳英。

2　《江蘇省例藩政》，轉引自《元明清三代禁毀小說戲曲史料》，作家出版社，1958 年版。

3　唐‧李漢：《昌黎先生集序》，「文者，貫道之器也。」

4　周敦頤：《周子道書‧文辭第二十九》，「文所以載道也。猶車所以載物……無文則道何以載乎？」

明道」，但更多的人還是說「文以載道」。文史用於載道的，「猶車所以載物」。所以，在中國文人眼中，道是更重要的。當然，無文又無法載道。宋柳冕就說過，「夫君子之儒，必有其道，有其道必有其文，道不及文則德勝，文不及道則氣衰。」（《答荊南裴尚書論文書》）

其實，孔子說的「詩可以興，可以觀，可以群，可以怨，邇之事父，遠之事君。」（《論語·陽貨》），就已經談到文學的社會功能。《毛詩序》則強調詩歌「先王以是經夫婦，成孝敬，厚人倫，美教化，移風俗。」梁·劉勰《文心雕龍·原道》有云：「文之為德也大矣……實天地之心，心生而言立，言立而文明，自然之道也。」又云：「道沿聖以垂文，聖因文而明道。」又云：「《易》曰：『鼓天下之動者存乎辭。』辭之所以能鼓天下者，乃道之文也。」都談到道和文的關係，且道是更重要的。

唐張彥遠《歷代名畫記》卷一開宗明義第一句話便是：「夫畫者，成教化，助人倫，窮神變，測幽微。」

中國的文和畫等都是用於「成教化，助人倫」，用於「載道」、「明道」。這和中國的文官治政有關。中國是世界上最早實行文官治政的國家。這是全世界都公認的。但歐美很多國家把中國開始實行文官治政的時間定在宋，這是十分無知的、十分荒謬的。隋唐開始的科舉取士，能寫詩，詩寫得好的便可以做官，唐詩所謂「朝為田舍郎，暮登天子堂」。再向前，漢朝的鄉舉里選，也是舉選通儒學的文人去做官。再向前，春秋戰國時。士（即文人）到處遊說，一旦被君主認可也便可掌權。蘇秦是個讀書人，不治產業，不事工商，唯得書「優而讀之」，後來佩帶六國相印。

張儀也是讀書人，靠口舌為業，二人皆在列國中起到重要作用。百里奚也是一個貧困的讀書人士，七十歲前，身為奴隸，後來為秦穆公賞識，以五張羊皮買去，做了秦國的宰相。因為他的才幹使秦

國強大起來。商代時，姜子牙（太公呂尚）是個處士（無官位），到八十歲還靠爲人殺牛、賣酒爲生，但後來掌管周朝，相當於宰相，周朝大小事務皆靠他處理。後來姜子牙成爲齊國第一代國君，直接治理齊國了。李斯原是一個倉庫保管員，後「乃從荀卿學帝王之術，學已成」，到秦任宰相。這說明中國在三千年前，文人便開始參與治政了。當然宋朝是徹底的文官治政。文官治政的文官本是文人，科舉取士，所有的文人都有參加科舉考試的資格，他們一面爲文，一面考慮治理天下，治理天下靠的是「道」，所以，他們爲文也必「貫道」、「明道」、「載道」。寫文怎樣才能有補於世道，有益於人心，有助於國家的發展和社會的進步，這是文人對國家、社會的責任心使然。

唐詩人韋應物詩云：「身多疾病思田里，邑有流亡愧俸錢。」他在邑中爲官，邑中有流亡百姓，他感到拿國家的俸錢而慚愧。宋詩人陸游：「身爲野老已無責，路有流民終動心。」身爲野老即是一個普通的老百姓，但看到路旁有無法生活的農民，心仍不安，他更說：「位卑未肯忘國憂。」

而西方一直是貴族和教會把持政權，即貴族治政（教會配合），貴族是世襲的，貴族永久是貴族，平民永遠是貧民，文人知識分子再有知識，也永遠是平民，不可能成爲貴族。他們只能從事文學、藝術、技術、商業等活動，絕不可能從事治理國家的政治活動，也不可能參與治政。他們也就不會也不必「文以載道」，他們的作品一是寫愛情，一是寫社會的黑暗和商業活動的鬥爭等。但皆不會提「文以明道」或「文以載道」。中國的文人描寫文人失意的作品最多最深刻，西方的文人很少有描寫自己政治失意的作品。因爲他們從來沒有「得意」過，所以也談不上「失意」。中國的宰相、太守等從中央到地方的官員都是文人擔任的，沒擔任要職的文人便覺得自己失意了，心情不滿足便痛苦，便失意，所以寫「失意」的詩文最多最深刻。

西方的文人不參與政治，國家大事、社會風俗、人民的素質，皆

與他們無關，所以他們的作品不必「載道」，於是便求美、求眞。至於社會的責任感、作品的社會效果，他們是不太過問的。所以，西方的文藝作品大多以求美、求眞爲目的。

中國的文人參與治理政治，國家的興亡、盛衰，人心的善惡，都是他們的責任。所以，他們的作品必以「求善」爲目的。「求善」才對社會有補益，才能改變人心，才能改變社會，淳化風俗。因而，文學藝術之所以能存在、之所以需要，就因爲它能「明道」、「載道」。宋代的理學家甚至反對作詩作文，以爲「害道」、如果要作詩作文，必用於「載道」，否則，都在反對之列。

中國的古代戲劇總是以大團圓爲結局，總是惡人得到懲罰，善人得到好報，這是社會的需要，也是文藝作品的任務。人們在現實中得不到的，在文藝作品中可以得到。壓抑的心情則可以在書中得到緩解。

西方的「求眞」有好的一面，可以在文藝作品中把人物的性格挖掘得更深刻，把社會中醜的、美的東西顯露得更徹底，不必考慮社會效果。但對社會有什麼益處呢？像《哈姆雷特》中好人、惡人全部死光，給人的壓抑也是難以消除的。看過中國傳統的戲劇，尤其是大團圓的結局，使觀者很高興，輕輕鬆鬆的回家睡覺了，看過外國的令人壓抑的戲劇，使人難以入眠。

其實假的未必不善，像中國傳統戲劇中，李白使權勢人物高力士爲自己脫靴，使楊貴妃爲自己磨墨，這些都是假的。眞實的李白在宮中是「摧眉折腰事權貴」的，雖然他自己並不願意那樣做，但爲了自己能施展自己的抱負，他不得不那樣做。但假的，反而能鼓動人們要傲視權貴，要有骨氣，眞的卻相反。

《虎溪三笑》也是假的，眞實的儒、道、釋三人並不同時，但假的卻能促使儒道釋三教和諧相處。

西方藝術追求美與眞的統一，並不錯，但中國的藝術追求美與善

的統一，更有社會效果。藝術對人們的思想意識影響是巨大的，全世界人們都傾向善，這個世界就會更美好。

（三）中西藝術表現中的真假

其次，舞臺上上演的故事，管它是眞是假，出現在舞臺上都是假的。人死了，不可能叫演員眞的死去。自然是假的，中國的方法就叫你知道這是假的，但反映的情和理一定是眞，而且假的也更藝術。比如人騎馬，不必眞的騎一匹馬上舞臺。人手中拿一根小棒，上面飾一個馬纓，就這表示這個人騎著馬，或牽著馬。或把馬鞭一舉，即表示上馬，把馬鞭交給書童，即表示下馬。胡適看慣了西方的戲劇，騎馬必須是一匹眞馬，他質問戲劇家，爲什麼不讓眞馬上舞臺，不就更眞實嗎？回答是：如果演武松打虎，難道讓眞的虎上舞臺。胡適無言可對。西方傳統戲劇講究眞實，一個有鬍鬚的老人，演員必須用黏合劑把眞鬍鬚黏在嘴邊，演員肯定不舒服，其實你黏得再眞，臺下觀者仍然知是假。中國傳統戲曲的辦法，是把長鬍鬚掛在嘴邊，一看就知是假的，但卻在藝術上是眞的，看上去是假的同時，也知道這是鬍鬚，這樣更有藝術含量。外國舞臺上的黑夜，眞的一片黑，使觀者看起來很吃力，甚至看不清楚，而中國傳統舞臺上的黑夜都是滿臺燈火，十分明亮，靠的是演員在黑暗中摸索的動作表示是黑夜，或放一盤燈、一支燭，表示是黑夜，觀者看起來就不吃力。西方的戲劇講究眞實，就有侷限性，不但武松打虎不能上演，航海、登高山等演起來都很麻煩。中國的戲劇以表演動作及道具等以顯示眞實，則無所不能。事理眞，情理眞就可以了，不必要在明知是假中又顯示十分眞。

就藝術效果而言，過於求眞，有時可能會減弱藝術的魅力，誇張一些反而更能突出藝術的特點。比如西方人畫鳥，多數是畫死鳥，因爲死鳥作模特兒，不動，易於描繪，畫得十分眞實。但人們看畫，反不如看一隻眞的鳥。即使畫活鳥，也畫的眞實，比如活的雞，活的鸚

鵡，也不如在家中養一隻活雞，活的鸚鵡，比畫中的鳥更真實，而且還可以聽到叫聲。

而中國清代畫家八大山人畫鳥，從不畫死鳥，他筆下的鳥或魚，怪眼突出，大肚凸起，都作了誇張，一看就知不是真實的魚鳥，但比真實的魚鳥更有魅力。藝術的價值就在於此。

西方戲劇中的人和生活中的人完全一樣，衣服、鬚髮皆和現實中的人相同，明明是在表演，卻又扮得和真的相同，這些形象在生活中到處可見。那如何看真實的生活呢？而中國傳統戲曲中的人，鬍鬚是藝術的鬍鬚，長長的，具有藝術的魅力；主帥出場時，身著帥服，背插帥旗，帽子後有兩根長翅，這些在實際中都是沒有的，但藝術中有，更有藝術魅力，也更易於藝術處理。

藝術中的真假都應該服從於藝術的效果，而不應該以藝術服從於真實。當然，藝術所反映的情和理必須真實合理。

 中國藝術與天人合一

中國傳統藝術講究自然，西方傳統藝術追求真實。中國一位畫家說：「畫畫如果和真實一樣，又何必畫呢？」中國藝術講究自然，是「天人合一」理念的結果。

討論這一問題，首先要明瞭自然和真實的關係。因為所謂「天」就是大自然，又叫造化。大自然中的一切都是真實的。山、水、樹、石、花木、動植物即是真實的，又是自然的。凡自然生成的，皆不是刻畫、雕鑿、精心製造出來的。凡是精心製造出來的，都不是自然的。

王充《論衡》中有云：

> 天道自然，非人事也。（〈亂龍篇〉）

藝術作品，就是製造出來的。由此，藝術作品不屬於自然，但是真實的。藝術作品中的內容又可以是不真實的。不真實內容的藝術作品卻是真實的藝術作品。

現在要討論藝術作品的「自然」問題。西方傳統的藝術作品，從學習古希臘到文藝復興之後很長一段時間，都是不自然的。雖然他們畫出來的內容（即畫中對象，或人、或物、或風景）是自然的，到了畫面上就是假的自然，因為是製造出來的自然。但是，如前所述，凡是自然的，都絕對不是刻畫、雕鑿、精心製造出來的。而西方的傳統油畫正是精心描繪出來的，它完全是模仿人體、風景、物像等，一筆一劃的精心製作出來的。一幅作品甚至製作幾年、幾十年。這不是「自然」，而是「複製」自然，描繪風景。不但風景本身不能改變，連光線都不能變。陰天了，夕陽西下光線變了，只好收工，待次日同樣光線才能繼續畫（描繪）。畫人像也如此。幾個月甚至幾年畫一個人，這個人衣服是相同的，人的姿勢是相同的，光線也不能變，才能對著對象描繪。畫到胳膊、手、腿、衣服部分，模特兒可以易人代替，但這個人也必須和原對象差不多胖瘦高矮，衣服也必須是同一件。這就是雕鑿、刻畫、精心描繪。天道是自然的，這樣製作繪畫就不自然了。製作繪畫是「人道」，也就是說人道不合於天道，天人也就不合一了。

中國藝術，尤其是中國書畫，最強調「自然」。最反對雕鑿、刻畫和精心描繪。評價一幅作品，如果說「這幅畫（或書法）雕琢氣太重了」，那麼這幅作品便不可取了。如果說其「刻畫」、「太精心了」，也是不可取的，至少說「刻畫」得「太精心了」，「雕鑿」了，便不是好作品。好作品第一因素便是自然的，《莊子·刻意》有云：「澹然無極而眾美從之，此天地之道，聖人之德也。」「澹然無極」即自然到極點了。而「眾美從之」，可見自然之美是最高的美。刻意

爲之，歷來是遭到中國畫家的反對的。《莊子‧田子方》中還說：「若天之自高，地之自厚，日月之自明，夫何修焉。」天之高，地之厚，日月之自明，都是自然的，都不要人爲修飾，但也都達到「最高」。《漁父》中說：「自然不可易也。」

古人說的「淡」，便是自然。董其昌在《容臺別集》中說：

　　大抵傳與不傳，在淡與不淡。

淡即自然，自然的作品便能傳下去，不自然的作品便傳不下去。又說：

　　蘇子瞻曰：「筆勢崢嶸，辭采絢爛，漸老漸熟，乃造平淡。」

這句話見於蘇東坡的著作中是：

　　大凡爲文，當使氣象崢嶸，五色絢爛，漸老漸熟，乃造平淡。（《歷代詩話‧東坡詩話》）

由絢爛到平淡，才達到最高境界，平淡即是自然。

米芾更是以「平淡天眞」爲標準論畫。「平淡」即是最自然的意思。「天眞」是天然之眞，更是自然的意思。他把董源、巨然的畫評得最高，原因就是：

　　董源平淡天眞多，唐無此品，在畢宏上，近世神品，格高無與比也。（米芾《畫史》）
　　巨然師董源……布景得天眞多……老年平淡趣高。（米芾《畫史》）

　　米芾評畫評書法，處處以「平淡天眞」爲最高明的第一標準。反之，不自然的作品爲「凡俗」。他說：

　　　　今世貴侯所收大圖，猶如顏柳書藥鋪牌，形貌似爾，無甚自然，皆凡俗。（米芾《畫史》）

　　另外，黃庭堅評畫，也以符合「自然」爲最佳。他在《題李漢舉墨竹》中說：

　　　　如蟲蝕木，偶爾成文。……幾到古人不用心處。

　　「如蟲蝕木」就是非常自然的，而且黃庭堅說的好的作品，「幾到古人不用心處」也是古代評論家評論一幅好作品的重要標準。「不用心」即是「精心描繪」的反義。西方人傳統繪畫必是十分用心的。

　　徐渭說的「不教工處是眞工」（《調鷓鴣天·蔣三松風雨歸漁圖》），也是反對「精心描繪」的。他說的「信手拈來自有神」（《花卉圖卷》）即是自然而成的意思。徐渭反覆地說：「不涉安排」、「天然眞規矩」、「天機無安排」、「應機而動」、「能知造化絕安排」[5]、「老夫遊戲墨淋漓」[6]徐渭的老師王畿說：「應機而動，故曰『乃見天則』」、「天機無安排」、「從眞性流行，不涉安排……方是天然眞規矩。」[7]等都是主張「自然」而反對「安排」（描繪、雕琢）。

註 Note

　5　日本泉屋博古館藏徐渭〈花卉雜畫卷〉上題詩。

　6　故宮博物院（北京）藏徐渭〈四時花卉圖〉上題詩。

　7　見中華書局《明儒學案》上第 240 頁、第 242 頁、第 253 頁。

到了董其昌論畫更是「以淡爲宗」，即以自然爲宗。除上述之外，他反覆講：

> 詩文書畫，少而工，老而淡，淡勝工……東坡云：筆勢崢嶸，文采絢爛，漸老漸熟，乃造平淡，實非平淡，絢爛之極也。[8]

董其昌類似的論述非常多，不一一列舉了。

董其昌把「元四家」捧得最高，又把倪雲林捧爲「元四家」中最高，原因就是倪畫更淡、更天眞。他說：

> 元之能者雖多，然皆稟承宋法稍加蕭散耳；吳仲圭大有神氣，黃子久特妙風格，王叔明奄有前規，而三家皆有縱橫習氣，獨雲林古淡天眞，米顚後一人而已。（《畫旨》）

「古淡天眞」即自然到最高程度。

董其昌又在《畫禪室隨筆》中說倪雲林：

> 及乎晚年，畫益精詣……一變古法，以天眞幽淡爲宗，要亦所謂漸老漸熟者。

「天眞幽淡」和「古淡天眞」同義，也是非常自然的意思。

董其昌更明確的反對「刻畫、細謹」。他說：

> 畫之道，所謂宇宙在乎手者。眼前無非生機，故其人往往多壽。至如刻畫細謹，爲造物役者，乃能損壽……（《容臺別集》）

西方畫細微地描繪對象，「如鏡取影」，絲毫不差，即是「爲造化役者」，董認爲這種「刻畫細謹」，即是「爲造化役者，乃能損壽」，是不可取的，就是因爲不自然。

董其昌在《畫旨》中說的：「北苑（董源）畫……即米畫之祖，最爲高雅，不在斤斤細巧。」這「斤斤細巧」即「刻畫細謹」，即不自然。

傳統繪畫處處反對「刻畫細謹」，反對不自然，處處提倡自然。例子太多，不可勝舉。

而且，世界上只有中國畫，把「自然」列爲評畫的最高標準。唐張彥遠云：

> 夫失於自然而後神，失於神而後妙，失於妙而後精。精之爲病而成謹細。自然者爲上品之上，神者爲上品之中，妙者爲上品之下，精者爲中品之上，謹而細者爲中品之中，余今立此五等，以包六法，以貫眾妙。（《歷代名畫記》卷二）

一般說來，神品令人驚歎，「神乎其技哉」，但神品仍在「自然品」之下，不能「自然」才「神」。他明確樹立了「自然者，爲上品之上」，即最高品第。

「謹而細」的畫，即「刻畫細謹」的畫，被列爲五等中最低一等，就是因爲畫得雖工，但不自然。而西方傳統畫卻正以「謹細」、「精」爲最高原則的。

中國畫中也有工細的工筆畫，但中國的工筆畫中也講究自然，也以「自然」爲本質，不像西方畫那樣，過分講究光線、環境的影響。

註 Note

8　董其昌：《容臺別集》或《畫禪室隨筆》。

工筆畫的著色時也是很自然的，不過著色的遍數多一些而已。但是工筆畫最高只能達到「神品」。中國畫後來的發展，主流和最受人注目的畫仍是寫意畫，蓋寫意畫隨意而自然，「不爲造物役」。中國畫叫「寫」，而不叫「畫」。蓋寫者，隨意而自然也；畫者，有描繪之意也。西方畫一直是刻意描繪，十分用心，不是寫。直到塞尙、梵·高出現，因爲受了中國畫的影響，才改「描繪」爲「寫」，已晚於中國畫千年也。

《莊子·山木》中還有一段話是討論人爲和自然的關係。「人與天一也。……何謂人與天一邪？仲尼曰有人，天也；有天，亦天也。人之不能有天，性也……」這段話是說，人爲的，也是出於自然的；自然的事，也出於自然，人爲的以不能保全自然，是由於性分的限制。這段話應該另行研究，但也說明莊子認爲一切皆出於自然。

天道是自然的，不是雕鑿刻畫的。作畫是人道，人道要和天道一致，也應該是自然的，不應是雕鑿刻畫的。中國畫「以淡爲宗」，即「以自然爲宗」，反對雕鑿刻畫。所以，中國畫也是「天人合一」的產物，它體現了中國哲學的「天人合一」原則。

 ## 自然美　人工美——中西園林

中國的園林是自然的，在人工中仍然要見自然；而學習中國文化的日本園林則是在自然中見人工。西方的園林則是人工始，人工終，始終見不到自然。一開始便呈現出人工設計的匠心，把幾何學、物理學、機械學、建築工程學等綜合在一起；建好之後，一切景觀建構無不體現出中矩、中規，以及精確的人工安排關係。樹石整整齊齊的，一樣高的，差不多一樣粗細，而且都是筆直的，不能彎曲。這些樹經自然的生長，有高有低，有伸有縮，又必須人工修剪，使之一樣高，一樣的姿態。有的樹修剪成球形，有的修剪成錐形、圓形、長圓形，

都是以幾何爲準則，而且樹與樹之間的距離也是完全相等，是事先用尺子測量好的。尺子屬於機械，而非自然。樹要成排、成行，排和行也都是直的，或圓形的，或其他幾何形狀。水池是挖出來的，也是方的，或長方的，或圓形的，顯示出人工的美。水池的沿也是整整齊齊經人工打磨修整的。

以法國巴黎著名的楓丹白露宮廷花園爲例，那裡的園林、先規劃成幾個區域。這區域就是正方的、長方的、圓的、三角形的；種的樹也是隨著這些圓的、方的、三角形的形而種的，形成圓形、方形、三角形等綠化帶。當然，樹都是筆直且高矮粗細大小相等的。每年修剪，去掉那些自由生長出的樹枝，使之歸於相等整齊。大道兩旁的樹，距離都相等。[9] 當然也都是筆直、相同的。道路更是筆直的，不能彎曲。水池是方形、圓形等幾何形。修水池上的石頭也都是打磨得一樣的幾何形，都和自然完全不同，都顯示出人工的美、幾何的美。而且是和自然對立的美。比如石頭，或打磨成圓球、方形，或柱形等都是明顯看出是經人工磨製，而且借助機械的功能，使之符合幾何學中的圓、方等規律，又將自然的石頭打磨光滑，顯示人工的技巧。

「天道自然，非人事也。」西方的園林，呈現出的是「人事」，而非「天道自然」。

中國的園林則相反。「曲徑通幽」，道路不但不是筆直的，而且必是彎折曲迴的，尤其是通往最美的景點的道路，更是彎彎曲曲的，有時道路到了一塊大石頭前，好像已到盡頭，但繞過了石頭，又有更美的路，當然這路也是自然曲折的。

樹不但不要全是直的，有時爲了姿態美，一定要選彎曲的，老態龍鍾的，而且差不多每一棵樹都和另一些樹不同。有些樹，比如梅、

註 Note _____

9　我曾親自測量過。

四圖皆是法國巴黎的舊皇宮楓丹白露的花園之景。其中樹、池、路等,皆經人工精心設計。樹是直的,或修成錐形、圓形。路是直的,園地或方,或圓,或三角,或正方。水池或圓,或方,皆幾何形,顯示出人工雕鑿之苦心,和中國園林要見天然、自然完全不同。

松，要人工使其幼樹時就更加彎曲，更多姿態，更自然。清代大文人龔自珍還專門寫了一篇〈病梅館記〉，記其人工把梅造成更彎曲、更多姿。當然，龔文是影射當時政府摧殘人才的政策，但也道出：「梅以曲爲美，直則無姿；以敧爲美，正則無景」的審美觀。

大自然創造曲線，不對稱，不規則；西方的人工創造直線，對稱，規則。而中國的人工也要師法自然，創造出曲線，不對稱，不規則。

樹不僅是彎的、曲的，當然也有直的，但不會修剪得相同，每一棵都有個性，不使之相同。而且樹與樹之間的距離也是散亂的，自然的，不會像西方園林中的樹那樣，整齊而距離相等。雖然是人工栽培的樹，但一定像山野中自然生長的樹。中國園林中的樹，也會加以修剪。修剪去的是妨礙樹生長的密枝，使之生長得更快、更自然，而不是使之整齊。

石頭絕不選圓的、方的，更不能打磨成圓的、方的，選出的是質樸的。所謂質樸，就是原始自然的形態，完全無人爲加工，要「漏、透、瘦、皺」。「漏」就是上面有洞。如果放一個小球，就會從上面的洞漏到下面；「透」是石頭當中前後通透，「瘦」就是有自然的姿態，矗立起來，像美女一樣，婀娜多姿；「皺」就是石的表面（皮）不是光滑，不是平整的，石頭是皺的。西方園林中的石頭要打磨成圓的、方的，一定要光滑的，中國園林中石頭一定是不光滑的，一定要是皺的，凸凸凹凹的，才自然、才美。西方的石頭一定是人工製造的，中國石頭一定是原始自然的，絕不能人工打製。中國的名石，只要有一點人工打製，便價值大減，甚至無價值。

漢班固《東都賦》有云：「因原野以作苑，順流泉而爲沼。」中國的園林首先是選取自然中的一段，最好有山、有水。一般很少改變地形。建造時，其中的水池、水塘也一定是自然的，有坡、有灘，水中有小島，塘邊有樹木，而且是不規則的，一般不會像西方那樣修得

整整齊齊的。池邊的石頭也是自然的，樹、草、荷、浮萍等也是自然的。池中有魚（或金魚），有鵝、鴨、鴛鴦等水鳥。西方園林的水塘中養魚，是在 18 世紀後期才從中國學習去的，以前是不知在池中養魚和鳥的。

中國的園林中不是沒有人工行為，但人工的結果，必須更像自然。所謂「既雕既鑿，復歸於樸。」因為大自然中的原始物雖然是自然的，有的卻不像自然，如中國雲南的大理石，整整齊齊，光光滑滑，卻像人加工過似的，這就不宜用於園林中。要經過加工（雕琢），使之更自然。中國園林中有假山、疊石，雖然是人工疊出，卻像是自然的。很多假山，疊石都出自著名畫家之手。如中國揚州的個園中的假山石、就是清初大畫家石濤設計的。山分四個部分，四種顏色，青石部分象徵著春天的山，赭紅色的石頭部分象徵夏天的山、土黃色的石頭部分象徵秋天的山，白色的石頭部分象徵了多天的山，都很自然、質樸。

中國的園林中很多景致有的就是根據名家詩意而設計的。比如在牆的一側栽上高高的綠柳樹，樹的枝葉伸到牆的另一側。這樹便為兩家共用，這是根據唐朝大詩人白居易的「綠楊宜作兩家春」[10] 詩意而設計的。有時園林中的假山叢樹擋住去路，給人以景已盡的感覺，但繞過假山後，又有更廣闊的景致，這就是根據南宋大詩人陸游的詩句「山重水複疑無路，柳暗花明又一村」而設計的，處處體現中國藝術的文化性。

註 Note

10　白居易〈欲與元八葡先有是贈〉：「平生心跡最相親，欲隱牆東不為身。明月好同三徑夜，綠楊宜作兩家春。每因暫出猶思伴，豈得安居不擇鄰，可獨終身數相見，子孫長作隔牆人。」（《白居易集》冊一，中華書局，1999 年版，第300 頁。）

園林中的亭、屋，都設計在恰到好處的地方，彷彿山中的供人休息遊覽的地方。至於亭、屋、堂前的楹聯，更體現出中國的文化性。中國的一切都是文化的，這些楹聯多出自大文人之手，文詞優美，寓意深刻，和環境緊密結合，且楹聯的書法也十分高雅有學問，這些更是西方園林無法學到的了。

中國園林處處顯示自然，西方園林處處顯示人工，這在噴水上更明顯，西方的噴水是借用外力向上噴。水的自然狀態只有向下流，不可能向上噴，向上噴是人為的。中國的園林中水皆從上向下流。如園林中的瀑布，必是從高向下的，絕無從下向上的，因為那樣不自然。（近來學西方的噴水例外）

日本的園林是學中國的，一般也會在有山（高坡），有水池地方建造，這有自然的基礎，但其設計、建造的內容必顯示出人工。所以，中國的園林是在人工處顯示自然，日本的園林是在自然處顯示人工。

 ## 中西園林藝術差異的根源

蓋西方的園林藝術，原出於工匠之手，後來雖有一些名人參與設計，但繼承和發揚的仍然是工匠精神。在工匠的思想中，一定要顯示工匠的技能。所以，處處以人工顯現。同時工匠的審美，也在其整齊、光亮、筆直、方正，他們不會顯示自然，而且還要改造自然，以顯人工的偉大。所以，西方園林以人工開始，以人工終，基本上沒有什麼文化內涵，只有技術含量。

中國的園林，原出自文人的思想。因為中國一直是文官治政的國家，「士農工商」，士的地位也最高，工商必須聽命於士，他們也發自內心的尊重士（文人）。所以施工造園林的工匠必須按文人的設計和審美情趣進行。中國的文人是世界上最親和自然、最尊重自然的

人，因此，文人的設計，一定是顯示自然，保留自然，加強自然的形態，而不需要顯示工匠的技能及審美情趣，工匠的技能在於怎麼體現文人的崇尚自然的思想。早期的文人隱居必在山林之中，稱隱士，又稱山林之士。後來城市生活更方便，便隱居在城市中，但其隱居的地方仍然要打造成山林的形態，這就有了呈現自然形態的園林。

人們總是熱愛大自然的，進入中國的園林中，猶如進入大自然的精華處，人們享受大自然的美，心境和精神自然進入不同一般的境地；進入西方的園林，主要欣賞的是其工匠的技能，整齊規則的幾何學，其自然的內容是很少的。縱使有自然，也是用以炫耀工匠的技

| 江蘇省南京市瞻園中一角

原爲明代大將徐達（中山王）的府邸大功坊之一部分。圖中是靜妙堂南面的廳南山池。園中的樹、石、水池都是自然的，那個石橋雖然是人工放置的，也是自然的，石頭絕不會打磨平滑，水池也不會呈方、圓等幾何形，樹木高低參差，都是自然的狀態，和西方人工修剪整齊者絕異。

能。技能中的文化內涵就少了。

中國的園林因為出自文人的思想，所以處處顯示自然，處處有文化。中國好的園林中都必有優秀的楹聯、詩文、繪畫、碑刻，情景交融，供人學習欣賞。西方園林中很少有碑刻詩文，更沒有楹聯。文化的內涵總是高於工匠的技能內涵，所以中國的園林高於西方的園林。

 中國園林對西方園林的影響

西方學者對中國園林的欣賞也頗能說明問題。法國傳教士畫家王致誠到了中國，供職在清廷的如意館中，他給法國的朋友寫信談到圓明園時說：

> 人們所要表現的是天然樸野的農村，而不是一所按照對稱和比例的規則嚴謹地安排過的宮殿。
>
> 道路是蜿蜒曲折的，……不同於歐洲那種筆直的美麗的林蔭道。
>
> 美麗的池岸變化無窮，沒有一處地方與別處相同……不同於歐洲的用方整的石塊按墨線砌成的邊岸。
>
> 遊廊不取直線，有無數轉折，忽隱灌木叢後，忽現假山石前，間或繞小池而行，其美無與倫比。
>
> 一切都趣味高雅，並且安排得體，以致不能一眼就看盡它的美，而必須一間又一間地賞鑑。因此可以長時間地遊目騁懷……[11]

黑格爾談到歐洲園林說：「最徹底地運用建築原則於園林藝術的是法國的園子。它們照比例接近高大的宮殿，樹木是栽成有規律的行列，形成林蔭大道，修剪得很整齊，圍牆也是用修剪整齊的籬笆來造成的，這樣就把大自然改造成為一座露天的廣廈。」[12]

但是黑格爾談到中國園林時說：「是一種繪畫，讓自然事物保持自然形狀，力圖模仿自由的大自然。」[13]

黑格爾也看出，歐洲的園林表現的是人工美，它不是自然的，而其是改造大自然的。而中國的園林是自然的，人工是模仿大自然的，也就是我說的中國園林在人工中見自然。

18 世紀英國使團副使喬治·斯當東在《英使謁見乾隆紀實》一書中，說到中國的避暑山莊：「他們盡量使這個花園是有一種天然的風景，除非為了交通和其他的方便，不用人工加以改造。園內的自然物似乎天造地設地使它生長在那裡點綴風趣，而人工加工部分，看上去似乎沒有使用工具而只是人的雙手創造。」[14]

18 世紀以來，歐洲很多國家園林都有模仿中國園林的作品。英國的錢伯斯不但在英國建造了中國式的寶塔和園林，還於 1772 年出版一本《東方園林研究》，論述中國園林風格的獨創性的優越性。他還在《設計圖冊》前言中說：「任何真正中國的東西，至少都有其獨創的優點。中國人極少或從不照搬或模仿別國的發明。」他還認為中國的園林藝術精神就是師法自然，「他們的範本就是自然，他們的目的就是模仿自然的不規則之美。」

法國的王致誠著有《中國皇帝的北京園林》，向法國介紹中國的園林。他介紹中國的圓明園時說：「這是人間的天堂。人工的河流不像我們那樣對稱勻稱地安排，而是布置得如此自然，彷彿流過田野一樣，沿岸兩旁鑲著一些凸凹的石塊，自然而無雕琢。河流的寬窄不

註 Note

11　轉引自竇武：〈中國造園藝術在歐洲的影響〉，刊於《建築史論文集》第 3 輯。

12　黑格爾：《美學》，第 3 卷，上冊。

13　黑格爾：《美學》，第 3 卷，上冊。

14　轉引自金濤《承德史話》，上海人民出版社，1983 年，第 97 頁。

等，迂迴有致，如同縈繞天然的丘石。兩岸種植鮮花，花枝從石縫中掙扎出來，就像天生如此……」他的介紹對法國園林世界有廣大的影響。

德國學者翁策爾在 1773 年著有《中國園藝論》一書，認爲「中國的園林是一切園林藝術的典範」。

中國的園林藝術在歐洲風行一時，英國建築美學家荷拉斯·瓦爾波爾在其《書信集》第 3 卷中談到英國的園林時說：「全國各地面貌一新，人人都在美化自己的庭園，他們不再給庭園圍上牆垣和高高的籬笆，過路的人都能欣賞園中的花木。散落在園中的建築——廟宇、亭臺、橋樑等，一應都是哥特式或中國式的，新穎別致，很是可愛。」[15]

當然，也有批評的意見。法蘭西斯·葛文特里在《世界報》第 12 期上發表文章說：「如今又有一種奇怪的式樣占了上風，弄得樣樣東西都是中國式的，或者是按中國的情趣設計的，……中國熱眞可謂風靡一時。」這也說明中國園林對歐洲影響的程度了。

 ## （六）自然美和藝術美

中國哲學認爲自然爲最高的法則，《老子》云：「人法地，地法天，天法道，道法自然。」自然界也和自然一樣，是最高的。中國學者同樣認爲自然美是最高的美。《莊子·知北遊》：「天地有大美而不言。」「樸」是大自然的最原始狀態，《莊子·天道》有云：「樸素而天下莫能與之爭美。」藝術師法自然，而藝術美和自然美，卻各具其美。

董其昌說「以境之奇怪論，則畫不如山水。以筆墨之精妙論，則山水決不如畫。」（《畫旨》）但自然和自然美仍然是十分崇高的，自然美的精神仍然是藝術美的依據，前面我已作了論述。藝術美只是

依據自然美的精神，以筆墨表現出來，這筆墨是自然界所沒有的。所以，自然和藝術各具其美。

但歐洲學者黑格爾卻說自然不是最美的，「藝術美高於自然美」。他在《美學演講錄》中說：

> 藝術的任務在於用感性的形象來表現理念，以供直接關照，而不是用思想和純粹心靈新的形式來表現。因為藝術表現的價值和意義在於理念和形象兩個方面的協調和統一，所以藝術去符合藝術概念的實際作品中所達到的高度和優點，就要取決於理念與形象能相互融合而成為統一體的程度。
>
> 有生命的自然物之所以美，既不是為了它本身，也不是由於它本身為了要顯現美創造出來的。自然美只是為其他對象而美，就是說為我們，為審美而美。

黑格爾還明確的說「藝術美高於自然美」，而且高出很多。因為黑格爾一直強調「心靈活動」的作用。所以，他必然貶低自然美，而將其看作低層的美，一種附庸美。只有藝術美才是高的美。

中國人認為自然是最高的。所以，藝術創作也依據自然的法則，這是正確的。

西方人從事藝術創作又完全模仿自然，把自然原封不動地複製到作品中去，如果自然美是低層的美，那麼，把這低層的美複製到作品中去，還能高嗎？這真是一個悖論。

而且，西方傳統藝術複製的是自然的形，當然形內也包括神，

但畢竟是以形爲主。而中國藝術只依據自然的法則，用的是自然的精神。所以，物像的固有色、環境色，反光色等和自然的精神無關，也就不必計較。

一是認爲自然美不是最高的美，而又完全模仿自然美；一是認爲自然美，是最高的美，而又只取其精神，二者高下，優劣，便不言而喻了。

西方人對於美的認識，可以黑格爾爲代表。

總的來說，黑格爾通過兩方面來認識自然美。首先是抽象的自然美，其次是感性的自然美。在黑格爾的概念中，美是理念的顯現，是理念的概念與體現概念的實體之間的統一，這種統一被黑格爾看做是美的本質。

> 「一方面靈魂生活的原則是在自身以內，且自爲的具有充實的內容，另一方面外在的現實與這種內在方面是融合在一起的，因此使實在的形象成爲內在方面的明顯表現，但是在自然這個階段，美還不能達到這種具體的統一，這種具體的統一還是有待實現的理想。」[16]

在這段話中，靈魂生活在黑格爾的哲學中既是指無限，神，自由。相當於中國哲學中形而上之道，是宇宙本真的本體。黑格爾認爲藝術作品若不能以靈魂爲內容就不能稱其爲藝術作品。其次，在藝術作品的形式方面，也就是藝術品的感性材料方面，要能夠表現這種靈魂生活，也就是說這種形式不能是隨便的形式，而是要能變現這種真內容的真形式。因而在黑格爾的藝術定義中，所謂藝術就是這真內容與真形式的結合，這種結合帶來的是藝術品的統一，生氣，以及觀念的整體性，這就不同於現實生活中的破碎與斷裂的現實。這就是藝術品所不同於現實世界的根本方面。在黑格爾的認識中，現實世界僅僅

體現為現象而不是整體，充滿矛盾與偶然，這即是現實社會不具備靈魂的統一所造成的。因此在黑格爾看來，自然美之所以並不是一種高級的美，不如人所創造的藝術美，即是因為自然是精神的異化，是對絕度精神的歪曲表現，這使得自然並不能表達美的理想。也就是說，根據黑格爾的藝術定義，自然並不具有真內容，也就是靈魂的灌注，觀念的統一，而表現為虛假的內容，外在的統一，也就是一種外因起統治作用的定性。在黑格爾看來，造成自然虛假統一感的原因在於自然包含一種抽象的統一關係，它可以按照這種關係去調節事物，但是這種統一並不是本身固有的內在統一，而是由外因而來的抽象統一。這些外在的形式就是人們所說的整齊一律，平衡對稱、符合規律與和諧。

首先是整齊一律：「就它本身來說，整齊一律一般是外表的一致性，說得明確一點是同一性狀的一致重複，這種重複對於對象的形式就成為起賦予定性作用的統一。」[17] 黑格爾認為這種表面上的統一是一種抽象的統一，有事物的對稱與重複構成，這些現象在自然中廣泛存在，是一種人直接可以感受到的美。但是在這種抽象的統一賦予的定性中，看不到主體的生氣灌注，沒有心靈的自由。

其次是符合規律：「符合規律和上述兩種比較抽象的形式（重複和對稱）是應該分別開來的，因為它已站到較高的一級，形成轉到生物的過渡，單就它本身來看，符合規律固然還不是主體的完整的統一和自由，但已經是一種本質上的差異面的整體，不是僅僅表現為差異面和對立面，而是在它的整體上顯出統一和相互依存的關係。」[18] 黑

註 Note

16 黑格爾：《美學》，第 1 卷，商務印書館，1997，第 2 版，172 頁。

17 黑格爾：《美學》，第 1 卷，商務印書館，1997，第 2 版，173 頁。

18 黑格爾：《美學》，第 1 卷，商務印書館，1997，第 2 版，178 頁。

格爾認為符合規律就是差異面的相互依存，這不同於在重複與對稱關係中量的關係，而體現出一種質的關係，這種關係就是規律，也就是由異質的差異面所構成的統一整體。

最後是和諧：「和諧是從本質上出現的差異面的一種關係，而且是這些差異面的一種整體，它是在事物的本質中找到它的根據的。」[19] 黑格爾認為和諧關係超出了符合規律的範圍，在和諧關係中，各個差異面不僅僅是呈現為對立的矛盾，而且是呈現為協調一致的統一。「但是和諧還是見不出自由的觀念性的主體性和靈魂，在靈魂裡統一不是單純的互相依存和協調一致，而是差異面作為互相否定的因素對立著，因而使變現出來的只是它們的觀念的統一。和諧還不能達到這種觀念性，單純的和諧一般地既不能顯出主體生氣灌注，也不能顯出心靈性。」[20]

這三段關於自然美的論述是黑格爾對自然的觀察，這種觀察是建立在其對美的定義之上的。前一部分已表明所謂的美的現象實質上是真內容與真形式的統一，這種統一只能在藝術美中形成，但是就自然美來說，雖然它也是內容與形式的統一，但是這種內容與形式都是抽象的，不是具體的，也就是還未達到真內容與真形式的統一。在黑格爾的觀念中，只有人的心靈才能把握住這種真內容與真形式的統一。因此自然美所展現出的這種統一性雖然無限接近於藝術美與人類的心靈，但是自然美畢竟還是抽象的。黑格爾列舉了自然美的幾個方面（整齊一律，符合規律，和諧），這些方面是在層層上升中顯現出的統一性，比如重複，對稱所顯現的低級的統一性，規律性所控制的較高一級的統一性，以及在和諧的相互依存關係中顯現的高級統一。但是黑格爾認為這些都不是心靈的統一，原因就在於這些統一都是外在的統一，還不能達到觀念性的自由，也就是靈魂生氣的灌注。比如人的身體，存在各種差異性的器官以及四肢。身體的器官之間相互依存協調一致，但是人之所以為人並不是建立在器官之間的和諧一致上

的，超出這一和諧，人的最高統一在於心靈生氣對身體的灌注，在於靈魂的自由。因而對於人來說，無論是四肢的差異、器官之間的差異與和諧，都被揚棄在人靈魂統一之下保持了自身又超越了自身。因而只有由人的心靈所灌注的統一才是真正的統一，這就是他認為的為什麼藝術美高於自然美的原因。

總之，西方哲學認為：藝術美才是高級的美，自然美是低層次、低級的美。而中國哲學認為自然是最高的，自然美是最高的美。如前所述，中國人一直是最親和自然，最尊重自然，但在藝術上也只是師法自然的精神，而非實體。而西方人出於種種原因，始終把自然看成人類的僕人，是要被征服改造的對象，自然美，也是低層次的美。然而其傳統藝術又十分忠實的描繪乃至複製自然，而且又是以師法自然的形體為主。那麼，二者所產生的藝術的高下優劣，也就自然可分了。

下節，我將從事實上看，引導世界藝術潮流的，到底是西方，還是中國。

註 Note

19　黑格爾：《美學》，第 1 卷，商務印書館，1997，第 2 版，180 頁。

20　黑格爾：《美學》，第 1 卷，商務印書館，1997，第 2 版，181-182 頁。

|第十一章|

中西藝術（下）

 中國藝術影響西方藝術的發展

　　畢加索、馬蒂斯、梵‧高、莫內、塞尚等人是西方近現代最關鍵、最重要的畫家，若缺了他們，西方美術史，甚至世界美術史將有大片空白。但這幾個人都是直接或間接學習了中國藝術而成功的。且看史實。

　　畢加索（Pablo Picasso, 1881-1973）早期的油畫，基本上和歐洲傳統繪畫一樣。他自己說他在少年時臨摹文藝復興大師的作品，和當時的大師們的作品完全一樣。一樣就沒有發展了。他1901年畫的〈橫躺的裸女〉（Jeanne [Reclining nude]），仍然是歐洲傳統式油畫，用面表現而不用線表現。還有他的〈自畫像〉（Self Portrait, 1901）也是以面表現的。還可以列出很多事實。但他後來臨摹了中國畫，有五大冊，每冊三十多幅到四十多幅不等。當然他用毛筆畫，不可能是地道的中國畫傳統線條，大抵都和他1956年在法國尼斯贈送給張大千的〈西班牙牧神像〉中的線條相類。有些線條也暗合於中國傳統的提按、方圓、輕重之變化，有的線條也有圓潤感，但這都不是自覺的。有的人物畫是用水墨畫的，也頗有點韻味。後來，他又用毛筆學齊白石的畫，畫了二十本。他學齊白石的畫學得並不太像，不過也能一眼看出是學齊白石。但他學了中國畫後，便改面為線，他的畫變為主要用線來造形了。有的是用線勾好後，表現質感的部分也用面，但他的

「面」也是中國化的，似中國畫的寫意筆法，不是傳統歐洲油畫式。

　　他 1907 年創作的〈阿維農少女〉（Les Demoiselles d'Avignon）被公認爲第一幅立體主義繪畫，其畫法主要即是用線，尤其是〈阿維農少女〉的那幅油畫草稿更明顯是用線造形的。愈到後來，他愈重視線的造形，有時用粗線，有時用細線。如他的〈帶齊特琴或吉他的女人〉（Ma Jolie [Women with a Zither or Guitar], 1911）、〈拿曼陀林的少女〉（Girl with Mandolin, 1910）、〈夢〉（Le Rêve, 1932）、〈三個音樂家〉（Three Musicians, 1921）、〈走鋼絲的雜技演員〉（Acrobat, 1930）、〈三個舞者〉（Three Dancers, 1925）、〈鏡前少女〉（Girl before a Mirror, 1932）、〈坐在庭院中的女人〉（Seated Woman in a Garden, 1938）、〈戴藍紅色帽子坐著的女人〉（Seated Woman with Blue and Red Hat, 1939）、〈生之喜悅〉（La Joie de Vivre, 1946）等，後期幾乎所有的畫都是用線造形。他 1923 年畫的〈戀人〉（The

| 畢加索用毛筆作畫

畢加索早期的作品是歐洲傳統式的油畫,基本上沒有什麼特殊的風格。
畢加索如果這樣畫下去,他在美術史上不會有太高的地位。

｜畢加索〈西班牙牧神〉

1956年,畢加索將此畫送張大千。這是用中
國毛筆、用中國畫的方法創作的以線條為造形
基礎的畫。這時畢加索已臨摹過很多中國傳統
畫,他的突出風格基本上來自中國畫。

｜畢加索的水墨畫之一

他似乎畫出了一些水墨的韻味，也說明他學習中國畫下了很大的功夫。張大千說畢加索是學習齊白石的，從這幅畫來看，並不專學齊白石；又說他的畫「墨色濃淡難分」，這幅畫的濃淡是可分的。

畢加索水墨畫，北京中國美術館藏。

| 畢加索〈阿維農少女〉

這幅草圖畫於 1907 年，用線造形更明
顯，和他以前用傳統歐洲油畫的用面造
形有明顯區別。

| 畢加索〈戀人〉

1923 年作。這幅畫更似中國畫，是用油
畫的材料（油畫筆、油畫色、油畫布）
畫中國畫。

| 畢加索〈鏡前少女〉

1932 年作。畢加索畫的白人，眼睛幾乎
全是黑色，顯然是學中國畫，這一幅也
是全用線條造形，而且是黑線條。

Lovers），實際上就是用油畫畫中國畫，線條也好像是用細毛筆勾寫
似的，實際上是用小油畫筆勾的。1937 年他創作的著名的〈格爾尼
卡〉（Guernica）也全用細線造形，這是傳統歐洲畫中所沒有的。畢
加索學中國畫用的是毛筆，他送給張大千的那幅〈西班牙牧神像〉，
也明顯是用軟毛筆畫的，線條圓潤，有粗細的變化。但他用油畫筆畫

油畫時，線條便無變化了。因為油畫筆的鬃毛刷很硬，缺乏彈性，畫不出粗細的變化，只能畫出直線條。所以，他後期形成個人特殊風格的畫幾乎都是用直的、圓的或各種幾何形的線條為主畫出來的。畢加索的畫屬於立體派也好，現代派也好，但畫法明顯受中國畫的影響。形成他繪畫風格的部分來自中國畫，若沒有中國畫的啟發，便沒有畢加索後期的成功。畢加索也十分感謝中國畫對他的啟發，他對中國畫的評價很高，遠遠高於歐洲畫。（詳後）。

據張大千《畢加索晚期創作展序言》中所記，畢加索對張大千「持所習中國畫百數十頁出，皆花卉鳥蟲，一望而知為擬齊白石先生風貌，筆力沉勁有拙趣，而墨色濃淡難分。」又云：「六年後，予於巴黎大觀園餐廳，見其所繪〈草上刀螂〉，畫風雖仍沿白石老人，然寥寥數筆，已盡得中國畫之神韻。」

張大千在 1956 年回贈畢加索一幅畫，上畫兩株竹子，前濃後淡。據張大千的敘說，他見畢加索用毛筆學中國畫，但不知用筆之法，又說他「墨色濃淡難分」，於是便畫竹子告訴畢加索應該怎樣用筆。如果張大千的畫對畢加索有影響，那麼這影響仍然是來自中國的傳統，因為張大千是研究中國傳統的畫家。

畢加索還說過，「我最不懂的，是你們中國人為什麼跑到巴黎來學藝術」，「在這個世界上，談到藝術，第一是你們中國人的藝術；其次是日本，日本的藝術又是源自你們中國；第三是非洲人的藝術。除此之外，白種人根本無藝術，也不懂藝術。」[1]

註 Note

1　〈張大千和畢加索〉，《北京文學》1987 年第 3 期；又見包立民：《張大千藝術圈》，1990 年，遼寧美術出版社，1990 年版。張大千在《畢加索晚期創作展序言》中記：畢加索說：「西方白人實無藝術。縱觀寰宇，第一，惟中國人有藝術；次為日本，而其藝術亦源於中國；再次為非洲黑人。予多年來感而不解者，何竟有偌許多中國人乃至東方人遠來巴黎學習藝術？捨本逐末，而不自知，誠憾事也。」

看來，畢加索對藝術史也頗有見地，他說「日本的藝術又是源自你們中國」是非常正確的，這比很多美術史研究家的看法高明得多。日本藝術對世界產生影響的是「浮世繪」，全用長線條造形。日本人說是學習中國唐代的繪畫，其實主要是學習中國明代的陳洪綬。早期「浮世繪」中的人物造形多來自陳洪綬的人物畫，畫法更是來自陳洪綬。在日本「浮世繪」盛行時期，陳洪綬的木刻畫〈水滸葉子〉被日本人反覆刻版、翻印、臨摹，風靡一時。毛奇齡在《陳洪綬別傳》中記載，有人用竹筒裝了兩幅陳洪綬的畫到日本，「貽日本主，主大喜，重予宴，酬以囊珠，亦傳模筆也」。日本主（當時掌權的天皇）得到陳洪綬的兩幅畫，竟重重地酬謝了一口袋寶珠。實際上，這兩幅畫仍然是別人臨摹的作品，即「傳模筆也」。可見陳洪綬畫在日本的影響。當然，他們同時也學習了中國唐宋傳統和其他一些優秀的中國畫家的作品。總之是「源自中國」。因而，凡學「浮世繪」者實際也是受了中國畫的影響，不過是中國畫的再傳「弟子」而已。西方人早期用面表現物象的油畫乃是來自古希臘，後期用線表現物象的油畫來自「浮世繪」和中國的寫意畫，歸根結底是來自中國。所以，畢加索說「白人根本沒有藝術」，也是十分正確的。「根本」即白人沒有原創的藝術，這也是普通美術史研究家所不知，更不敢道的。

畢加索還說：「中國畫真神奇。……連中國的字，都是藝術。」[2]崇尚西方畫和現代派的人提起畢加索，無不五體投地，他的每一句話都比聖旨還重要。那麼畢加索如此崇尚中國畫，論之為世界上第一等藝術，他們怎麼又聽而不聞，視而不見了呢？難道一些根本不懂藝術的畫商能高於畢加索嗎？

畢加索還說過：「如果在中國，我不當畫家，我一定當書法家。」可見他對中國藝術的理解。畢加索未必能看懂中國的書法，但天才人物的感覺是很準確的。

梵・高（Vincent Willem van Gogh, 1853-1890）也是歐洲最重要、

最有特色的畫家之一。荷蘭有梵‧高美術館，還有很多梵‧高大畫集。從畫集中梵‧高的作品和生平介紹可知，他只活了三十七歲。梵‧高早年學畫是傳統的歐洲式油畫，毫無特色，在三十歲之前一直臨摹荷蘭畫派和法國巴比松畫派的作品，尤其是米勒的作品。他的畫賣不出去，可能也和他的畫既不美又無特色有關。如果美而豔俗，可以投合一般俗人的口味；如果有特色，則收藏家必會光顧。這兩點，早年的梵‧高都不占。梵‧高在學習素描時，成績是全班最末一名。如果這樣學下去，他永遠不能出人頭地，也許最終只能成為一個不入流的普通畫人。

1885 年，梵‧高購買了一些日本「浮世繪」的版畫。他在給他弟弟提奧的信中說：「我的畫室不錯，尤其是由於我在牆上釘上了一批小幅的日本版畫。我非常喜歡這些畫，在花園裡或海灘上畫得很小的仕女、騎馬的人、花朵、多刺的荊棘枝。」[3]從此，他喜愛上日本的「浮世繪」。

在荷蘭梵‧高美術館裡，收藏了（掛在玻璃櫃中）梵‧高曾學習過的三張日本「浮世繪」作品，其中有他 1887 年臨摹的〈開花的梅樹〉（日本歌川廣重原畫），原作和臨作放在一起，基本一樣，只是梵‧高是用油畫筆畫的，而歌川廣重是用中國毛筆畫完線條加重色而成，再刻印而出的。1887 年，梵‧高模仿日本「浮世繪」，用油畫顏料和油畫筆又繪製了另外兩幅油畫作品。從此，他改變了自己的畫法，由用面表達改為用線表現。長線、短線，即使畫上是面，也是用短線畫成的面。他的獨特風格形成了。在以後三年多時間裡，他創作了大量以線為主的作品。在書信中，梵‧高多次談到自己作畫是受

註 Note

2　《北京文學》，1987.3〈張大千和畢加索〉；又見包立民：《張大千藝術圈》，1990 年，遼寧美術出版社。

3　《世界藝術大師凡‧高》，河北美術出版社，2008 年版，第 20 頁。

｜「浮世繪」

日本「浮世繪」是學習中國畫的一種畫風，梵‧高學習「浮世繪」後，開始找到了他自己的特色畫風，改用線，而不再用傳統的面。梵‧高的造形能力似乎不是太過硬，他臨摹這幅「浮世繪」的作品是用半透明的蠟紙拓下原畫的人物外形輪廓，然後又用近似中國九宮格的方格放大成他想要的畫面，再用油畫筆、油畫色，畫成油畫。花魁其實是日本藝妓，梵‧高在藝伎周圍畫著開放睡蓮的池塘和竹叢，左上還畫有鶴，下面畫有蛙，鶴和蛙在法語中是娼妓的雙關同義詞，暗示這位花魁是藝妓。畫中的鶴也是根據日本「浮世繪」畫家佐藤的一幅畫臨摹上去的。

｜梵‧高〈鳶尾花〉

1889 年 5 月作。這幅畫更像中國畫，用線條勾勒，然後著色。只不過他不是用毛筆和國畫顏色，而是用油畫筆、油畫色，但其畫法和精神都來自中國。

日本「浮世繪」的影響。他說：

> 當你處處發現日本的繪畫，不論是風景還是人物，色彩都是那樣鮮豔奪目時，你一定會產生一種繪畫革命的思想。提奧和我已搜集了數百張日本畫的印刷品。[4]
>
> 請注意，我說的是那種日本畫法中的色彩簡化法……
>
> 日本畫家就是採用這種手法的。他們在一張白紙上，三下兩下一畫，就奇跡般地表現出一個少女的表面粗糙而蒼白的皮膚的顏色與黃色頭髮間趣味橫生的對比。更不用說那星羅棋布般蓋滿了無數白花的黑色荊棘林。[5]
>
> 我敢預言，別的畫家們會喜歡一種在強烈陽光下的色彩，喜歡日本繪畫中那種晶瑩澄澈的色彩。[6]
>
> 日本畫家傳授給我們的真正的宗教……我羨慕日本畫家對作品的每個細節處理得極其清晰，從不使人乏味。[7]

他甚至說：

> 我的整個創作均以日本繪畫為基礎。[8]
>
> 日本藝術在他本國已逐漸衰落，卻在法國印象派藝術家中生了根。[9]

註 Note

4　《塞尚、梵古、高更書信選》，四川美術出版社，1986 年版，第 31 頁。

5　《塞尚、梵古、高更書信選》，四川美術出版社，1986 年版，第 33-34 頁。

6　《塞尚、梵古、高更書信選》，四川美術出版社，1986 年版，第 41-42 頁。

7　《塞尚、梵古、高更書信選》，四川美術出版社，1986 年版，第 44-45 頁。

8　《美術譯叢》，1982 年第 3 期，第 411 頁，閔希文、丁拙譯。

9　《美術譯叢》，1982 年第 3 期，第 411 頁，閔希文、丁拙譯。

| 飲酒者

梵‧高〈飲酒者〉（道米爾之後），1890 年 2 月作，全用線條造形。

| 梵‧高〈女人頭像〉

1885 年作。梵‧高到三十二歲，還沒有找
到他個人特色的作畫方法，只是臨摹別人
的作品，寫生也是用他臨摹歐洲油畫的方
法。如果這樣下去，終其一生他只能是一
位不入流的普通畫家。

談到色彩，梵‧高說：

你會察覺到，我是像日本的樣式談色彩的簡化，……
……就像我們在日本的套色木刻裡見解到的那樣。[10]

可見梵‧高受日本「浮世繪」影響之深。但梵‧高因為收藏了日本的「浮世繪」，並學習它，而言必稱日本畫，卻不知道，日本的藝術完全來自中國藝術。我再一次聲明，梵‧高學日本「浮世繪」實際上仍然是學中國的藝術，因為原創來自中國。可惜梵‧高死得太早了。死後一年，他的畫就被世人所知所賞。巴黎為他舉辦遺作展覽，而後就是大量的出版、展覽、回顧展等等。荷蘭首都阿姆斯特丹建造了梵‧高博物館，向全世界開放。梵‧高如果不自殺，他會比畢加索還富有。

如果沒有「浮世繪」，便沒有梵‧高；沒有中國畫，便沒有「浮世繪」。梵‧高的成就來源，便不言而喻了。

馬蒂斯（Henri Matisse, 1869-1954），法國畫家，也是歐洲和世界上最重要的畫家之一。馬蒂斯早期的油畫是歐洲傳統式，用面表現而基本上不用線。如他 1896 年畫的〈女服務生〉（Waitress）、〈工作室〉（Interior With A Top Hat），1899 年畫的〈生病的女人〉（The Convalescent Woman），1904 年畫的〈裸像〉（Carmelina）等等，都是普通的歐洲傳統式風格。1904 年畫的〈靜物〉（Still Life），1905年畫的〈撐傘的女人〉（Young Woman with Paraso）則明顯是學點彩派，基本上沒有個人特色。

從 1905 年開始，他拋棄了點彩派畫法，開始學習「浮世繪」，

註 Note

10　《宗白華美學文學譯文選》，北京大學出版社，1982 年，第 223 頁。

馬蒂斯〈裸像〉

1903年作。這幅畫是馬蒂斯早
期的作品，完全是歐洲傳統油
畫式，畫得也並不出色，沒有特
色。如果這樣畫下去，馬蒂斯只
能是一個油畫愛好者，成不了畫
家，更成不了傑出的畫家。

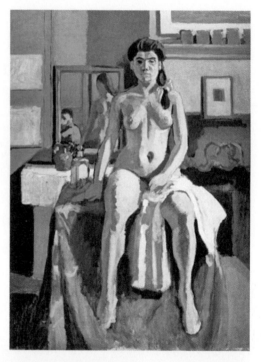

這幅畫，馬蒂斯用線條造形，顏色基本平塗，已經頗類中國畫了。他的個人獨特風格已形
成，這完全是學習「浮世繪」和中國寫意畫的結果。

改用線條造形。1909-1910 年，他創作的名作〈舞蹈〉（Dance，五個裸女拉著手在跳舞）、〈音樂〉（Music，五個裸體男孩），全是用線勾括，再平塗顏色，塗色完全是中國畫的寫意式，線條也是中國畫式的—柔曲而勁細。1916 年和 1917 年畫的兩幅〈雕塑和瓶中常春藤〉（Sculpture and Vase of Ivy）則用粗而實、直多於曲的線條造形。馬蒂斯後期的畫，全是學「浮世繪」的線條，而色彩全是中國畫的寫意式，他的「野獸派」風格凸顯出來了。

西方傳統油畫中的顏色很少用平塗，但他們發現「浮世繪」中大面積的平塗顏色更強烈、更有對比性，而來自中國畫的平塗還有隨意性，於是西方畫也開始用平塗的大面積色塊，馬蒂斯畫中的大塊顏色幾乎都是平塗。

晚年，馬蒂斯學習中國的剪紙，創作出大量的剪紙作品。他的剪紙作品是學中國的，這是事實，也是所有學者公認的。但學中國哪一個地方的剪紙呢？我作了對比，可以判斷出他學的是中國江蘇省徐州市邳縣的剪紙。馬蒂斯自己也反覆講：

> 我的靈感常來自東方藝術。
> 我的風格是受塞尚和東方影響而形成的。[11]

這東方藝術即日本「浮世繪」和中國的寫意畫，再就是中國剪紙。如是看來，馬蒂斯由中國藝術的再傳弟子變為入室弟子。沒有中國藝術也就沒有馬蒂斯。

莫內（Claude Monet, 1840-1926），法國著名畫家，也是世界著名畫家。莫內的名作之一是〈睡蓮〉（Le Bassinaux Nympheas）。莫

註 Note

11　轉自遲軻：《西方美術史話》，中國青年出版社，1983 年，第 390 頁。

| 馬蒂斯〈休息的舞者〉

1940 年作。這幅畫不僅前
面人物用的是中國畫的寫意
法，背景中的樹葉更是從中
國畫的寫意法來的，而且「濃
淡乾濕」都似中國畫。

| 馬蒂斯〈女人體〉（剪紙）

馬蒂斯晚年學習中國的民間剪紙，由中國畫的「再傳弟子」變成「入室弟子」。

內早年繪畫，也是歐洲傳統式，雖然也不錯，但不足以出人頭地。1871年，莫內31歲，他到荷蘭旅遊並滯留到年底，發現了日本「浮世繪」，買下數幅，從此開始了對東方藝術的興趣和研究。1875-1876年，莫內創作的〈穿和服的女人〉（La Japonaise[Camille Monet in Japanese Costume]，現藏美國波士頓美術館），畫的是他的太太身著日本和服，背景全是日本的「浮世繪」。1899-1900年，莫內創作的十八幅「日本橋」系列作品，顯露了他對日本藝術更為強烈的興趣。

在巴黎的莫內花園即莫內故居中，除了他自己的畫之外，在客廳中、臥室內、衛生間內，掛的全是日本「浮世繪」。他死後，人們在他的藏畫中還發現了兩幅中國畫。他自己不知道是中國畫，只知道是東方畫，但他受這兩幅中國畫影響最大。莫內畫〈睡蓮〉，用線勾出形狀，用油畫顏料著色，他用的畫法其實是中國畫的寫意法。他畫的芍藥、睡蓮、水草和很多色彩筆觸，完全來自中國畫的大寫意法，大異於傳統的歐洲油畫。尤其是畫中的垂柳，更是中國畫的傳統畫法。他成功了，而且，他畫的〈睡蓮〉是長卷式，高兩米，

| 莫內〈穿和服的女人〉

1875-1876年作。莫內早期的繪畫完全是歐洲傳統式的。1871年，他31歲時到了荷蘭，發現了「浮世繪」版畫，立即產生了強烈的興趣，便購買了數幅。但他在31歲前後，仍基本上用歐洲傳統方法繪畫，吸收東方畫的形式並不多。這幅〈穿和服的女人〉是他根據「浮世繪」畫中的內容而畫的，人物是穿著和服的女人，背景是「浮世繪」作品的臨摹，但方法還是歐洲油畫式。不過從題材看，他的注意力已經開始轉向東方了。

| 莫內〈睡蓮〉

1914-1917 年作。這幅〈睡蓮〉用線條造形，在施重彩，中國畫的濃墨重彩即此。莫內的畫
以〈睡蓮〉長卷最著名，可以說是學習借鑑中國畫而成功的。

長達數十米。歐洲傳統油畫受定點透視的規定，一般長寬比是 5：4
或 6：5，沒有長卷或長軸。中國畫從不受定點透視的影響，像北宋
名畫〈千里江山圖〉，高僅 51.5 釐米，而長達 1191.5 釐米，長是高
（寬）的二十多倍。莫內的〈睡蓮〉也是仿效中國畫長卷式，打破了
歐洲傳統的定點透視法。沒有中國畫的影響，也就沒有莫內的名作
〈睡蓮〉。莫內有了〈睡蓮〉，才有了他在歐洲乃至世界藝術史上的
地位。

　　塞尚（Paul Cézanne, 1839-1906），法國人。他的畫一直遭到官
方沙龍的拒絕，多次送展均失敗，就是因為他的畫和歐洲傳統繪畫不
同。傳統的歐洲油畫用筆用色，一直是很嚴謹的，不敢隨意。而塞尚

| 莫內〈柳枝睡蓮〉

1914-1917 年作。圖中柳枝（葉）明顯是學中國寫意畫的。而且他對中國畫的「筆墨」的理
解，超過畢加索。

的畫顯然是受了中國寫意畫的影響，用筆用色抒情、放縱，隨意而瀟
灑。至少說它和中國的寫意畫相通。這方面，在英國藝術史家兼藝術
家羅傑‧弗萊所著的《塞尚及其畫風的發展》一書出版後，很多研究
者都已指出塞尚畫風與中國寫意畫的一致性。塞尚畫風的形成，是受
中國寫意畫畫法的影響，這已經形成共識，學術界人士無人不知。他
的畫解放了歐洲畫家謹慎小心的精神狀態，不在於描摹對象，而重在
抒發個人的感情和意趣。在西方，第一個把中國畫寫意精神用之於油
畫上的，便是塞尚。塞尚成為了西方現代藝術之父。其實，塞尚寫意
式的繪畫，中國早在一千年前就十分普遍。五代的石恪宋代的梁楷、
牧溪等，皆是大寫意的高手。塞尚只學了中國畫一點皮毛，便成為西

| 塞尚〈七個男浴者〉

1896-1897 年作。這幅畫也是用線條造形，下筆如中國畫的速寫，十分生動。西方繪畫由嚴格地描繪對象沒到以抒發個人感情感受爲主；筆法由嚴謹的描繪，到隨意瀟灑的抒寫，始自塞尚。塞尚成爲西方現代主義之父，中國畫寫意法給予他以及後來者的影響、啟導，是決定性的。沒有中國寫意畫，便沒有塞尚，便沒有西方的現代藝術。

方現代藝術之父。

　　質言之，從塞尚開始，西方畫家由師法自然，眞實的表現自然（包括人體等）開始了師心爲主，開始轉向表現自我。中國寫意畫的影響啓導，起到決定性的作用。

　　此外，還有奧地利畫家克里姆特（1862-1918）。他的畫是有十分突出而強烈的風格，被美術史家稱爲象徵主義繪畫中的「分離派」的傑出領袖，曾經爲奧地利維也納分離派第一任主席。他的畫開始也是傳統的歐洲油畫，完全不能出人頭地。當中，他也深受荷蘭象徵主義畫家圖羅普、瑞士象徵主義畫家霍德勒和英國拉斐爾前派的畫家比亞茲萊等人的藝術影響，畫風略有變化，但沒有太多特色。他後來廣

泛學習東方藝術的表現手法，最後他找到了中
國畫，中國畫線條明快、風骨突出，又色彩鮮
明，啓導了他的表現手法，從而使他的畫風和
傳統歐洲繪畫拉開了距離，他成爲開宗立派的
畫家，成爲「分離派」的領袖。如果沒有中國
寫意畫的啓導，克里姆特不會成爲藝術史上傑
出的藝術家。

杜尚（Marcel Duchamp, 1887-1968）雖然
是有爭議的人物，但他早期的作品也是西方傳
統式油畫，如〈薄蘭韋勒的風景〉（Landscape
at Blainville）。後來他畫〈春天，抑或在春
天的年輕女子們〉（Le Printemps ou Jeune
Homme et Jeune Fille Dans le Printemps），便
用中國畫式的線條。〈下樓的裸女〉（Nude
Descending a Staircase）等則用直線了，也改面
爲線了。

而且，藝術必須有美的標準，宗教求善，
科學求眞，藝術求美，這是最基本的，藝術絕
不可失去美。而杜尚及支持者認爲藝術應由
「審美判斷」進入「認知判斷」的階段了。藝
術失去了「審美」，進入了「認知」，藝術便
被哲學代替了。倘如此，藝術就眞的死亡了，
終結了。但杜尚後來走向另一極端，他把小便
壺拿去當自己的作品，便產生了爭議。中國人
是主張「中庸」的，凡事不可走極端。

西方繪畫和中國繪畫的最根本區別就是：
西方畫用面去表現物象，而中國畫是用線去表
現物象，「骨法用筆」成爲中國畫的重要法則。
包括空中的雲，一片一片，本無線，而中國畫

| 塞尚〈秋〉

1860-1861 年作。塞尚早期的畫也都是歐洲
傳統式，用面造形，用筆用色都很嚴謹，
都是爲所畫的對象服務，沒有個人創見，
沒有個人特色。如果這樣畫下去，他絕對
不可能成爲現代藝術之父。

| 彈鋼琴的女孩

德國表現主義作品，埃里希·黑克爾〈彈鋼琴的女孩〉。其畫法全似中國的水墨寫意畫。

也用線條表現；水也是無線的，中國畫也用線表現。現在只要到歐美等西方國家各美術館中去看看，西方的近現代畫家的作品，凡有新意的，差不多都是用線去造形，都是受了中國畫的影響而如此。2013年、2015年北京舉辦的國際雙年展中，很多外國畫家的畫都用線去表現，都酷似中國畫。但中國重要的畫又似西方畫，真是錯位了。

朱德群、趙無極在中國學習西畫，他們當時不願意學國畫，跑到法國去，他的油畫無法趕上西方的油畫。走投無路中，他們又轉向中國的傳統，從中國畫傳統中找到了形式和靈感，於是創作出有別於西

| 奧托・牟勒〈伯爾尼舍一家〉

1919 年作。這幅畫用線條造形，然後賦色，和中國傳統寫意畫很接近。

米羅作品顯然受到中國畫的影響，用線條勾括，平塗顏色，風格突出；後來又被一位中國畫家借鑑，形成了「獨特風格」。可見到了近現代，中學西，西學中，中又學西之學中。（參見我的文章〈分久必合，合久必分〉）

方傳統式的新的藝術，成為法蘭西藝術院士。因為他們在學習時學的就是西畫，對中國畫知之太少，僅皮毛而已。但他們的畫也一直為法國很多畫家所學習，成為一時風尚。在北京的雙年展中，我們看到法國參加展覽的畫家作品，差不多都是朱德群式、趙無極式，從中也可見中國藝術的間接影響了。

還有很多的西方藝術家，借用中國書法的形式去創作新形式的繪畫。那些滿紙滿油畫布上重重的黑杠杠，深厚而有重量感，表達什麼，我看不懂，但其形式都來自中國的傳統書法，那是一目了然的。美國是一個強國，不好意思說其藝術是受中國藝術的影響。但美國很多研究家都發現了美國和歐洲的一些現代藝術是受中國藝術的影響。2000 年，在美國紐約大都會藝術博物館的一次展覽中，其展覽前言中終於承認：美國很多現代藝術是受中國書法的影響而成功的。但美國和歐洲很多藝術家雖然借用中國書法的形式，而他們對中國書法的內涵和奧妙根本不知。

類似的例子很有很多，限於篇幅，便不再一一列舉。但西方近現代藝術的成功，至少說西方重要畫家的成功，是受中國藝術的啟發、引導乃至示範作用而使然，已經十分清楚了。沒有中國傳統藝術，便

沒有西方藝術的現代局面。

當然，西方畫家中也有不少不十分重視借鑑中國畫的線條法形式的，但其作品新意皆不大，繪畫成就也非太高，至少說不能和畢加索、梵·高、馬蒂斯等相比。此外還有一些偏激的形式，在世界上爭議一直很大，此暫置而不論。

（二） 中國畫論一直居世界畫論之先

中國傳統藝術一直居世界藝術潮流之先，也一直引領著世界藝術的發展。西元初至五世紀，亦即至今 2000 年至 1500 年間，中國的藝術家就知道：模擬真實（自然）非藝術的本質。漢人就知道，「言，心聲也，書，心畫也，聲畫形，君子小人見矣。聲畫者，君子小人之所以動情乎？」（揚雄《法言·問神》）書畫表現的是自己。更早一點，《莊子》就知道，作畫者必須身心自由，不為權勢所迫，不受各種約束，方為「真畫者」。[12] 西漢劉安的《淮南子》中便認為「畫西施之面，美而不可說（悅），規孟賁之目，大而不可畏，君形者亡焉。」（《修務訓》）。應該以神寫形，神比形更重要。到了漢末魏晉南北朝期間，畫論上對傳神的認識：刻畫人物內心世界，表達人物的身分，對道、理、情、致、法的認識，書畫是傳達自己的感情，寫的是自己等等；畫可見之物簡單，重要的是畫人能想像到的，但看不到的境界等等；都有深刻全面的認識。一直到現在，全世界的繪畫理論都無法超過中國那時候的理論。[13]

<hr />

註 Note

12 參見《莊子·田子方》。

13 詳見陳傳席：《六朝畫論研究》，江蘇美術出版社，1985 年版；臺灣學生書局 1991 年版；天津人民美術出版社 2006 年版、2014 年改版；中國青年出版社 2014 年版。

在西方，繪畫就是寫形，僅供眼睛享受，後來變爲視覺衝擊力。而中國畫重在「寫心」、「寫情」、「寫趣」、「暢神」等。丹納說：「繪畫是供養眼睛的珍饈美味。」[14] 還有：「畫只爲眼睛看，音樂只爲耳朵聽，不這樣做，就等於沒有完成任務。」[15] 而中國畫家認爲「目」是「陋目」。畫的是「道」，是爲了「暢神」，爲了「媚道」，不是只畫見到的東西，還要畫見不到的東西：頭腦中想像的東西。唐代符載云：「張公之藝，非畫也，眞道也，當其有事，已知夫遺去機巧，意冥玄化，而物在靈府（在心中），不在耳目。故得於心，應於手，……與神爲徒。若將短長於隘度，算研蚩於『陋目』，凝觚舐墨，依違良久，乃繪物之贅疣也。」（《觀張員外畫松石序》）「目」是「陋」的，看不到全面，更看不到背後的東西，尤其看不到人頭腦中想像的東西，但中國畫可以，畫家要「與神爲徒」，朱景玄說：「伏聞古人云：『畫者，聖也。』蓋以窮天地之不至，顯日月之不照。揮纖毫之筆，則萬類由心；展方寸之能，而千里在掌。至於移神定質，輕墨落素，有象因之以立，無形因之以生。」（《唐朝名畫錄序》）在西方，畫家必須重目，目無所見，筆無所畫，形便無以立。如是，則沒有立體派和現代派也。宋歐陽修《盤東圖詩》云：「古畫畫意不畫形。」吳昌碩說：「老缶畫氣不畫形。」這都是西方畫家在文藝復興及以前所不知的道理，當然也畫不出來。

早在 1600 年前，宗炳就說：「山水以形媚道」，「夫理絕於中古之上者，可意求於千載之下。旨微於言象之外者，可心取於書策之內。」「萬趣融其神思，余復何爲哉？暢神而已，神之所暢，孰有先焉。」[16]

王微則說：「目有所極，故所見不周。於是乎，以一管之筆擬太虛之體。」[17]「太虛」之體是看不到的，因爲「目有所極」，像立體派，從正面能畫出側面，都是目見不到的。現代派的畫，很多都是現實中目無法見到的，但卻能畫出來，而且繪畫「豈獨運諸指掌，亦以神明

降之。」[18] 王微還大談「畫之致也」，「畫之情也。」[19] 這都是古代西方畫論中所無的。

中國畫不是以畫形為尚，宋人陳與義還說：

> 「意足不求顏色似，前身相馬九方皋。」（《和張矩臣水墨梅五絕》）

九方皋相馬，把馬的毛色、牝牡都看錯了，把黑馬看成黃馬，把公馬看成母馬，其實他不注意這些細節。但卻看到了馬的實際是匹千里馬。畫中國畫也如此。一眼看去，雅？俗？不必細看形色，也不必細看用筆，便見到格調高、雅、低、俗，雅就高，俗就低。當然這要很深的功力，尤其要很深的文化修養。形、色弄錯，不要緊，關鍵在內涵，內涵就是修養，表現出來的就是雅和俗。寫作、作畫，重在人格的修煉，性情的抒發，思想的表達，有時還要「載道」。而西方畫家到了十四世紀，還在討論畫家要做大自然的兒子，還是孫子，而且結論是孫子。最有名的畫家達芬奇說：「繪畫是自然界一切可見事物的唯一的模仿者。……因為它是從自然產生的。為了更確切起見，我們應該稱它（繪畫）為自然的孫子。因為一切可見的事物一概由自然

註 Note

14　丹納：《藝術哲學》，人民文學出版社，1983 年，第 171-172 頁。傅雷譯。

15　《歐美古典作假論現實主義和浪漫主義》（二），中國社會科學出版社，1981 年，第 178-180 頁，李健吾譯。

16　宗炳：《畫山水序》，載陳傳席《六朝畫論研究》，中國青年出版社，2014 年。

17　王微：《敘畫》，載陳傳席《六朝畫論研究》，中國青年出版社，2014 年。

18　王微：《敘畫》，載陳傳席《六朝畫論研究》，中國青年出版社，2014 年。

19　王微：《敘畫》，載陳傳席《六朝畫論研究》，中國青年出版社，2014 年。

生養……所以我們可以公正地稱繪畫爲自然的孫兒……」[20] 西方人最崇尚的蘇格拉底說：「繪畫是對所見之物的描繪，……借助顏色模仿凹陷與凸起，陰影與光亮，堅硬與柔軟，平與不平，準確地把它們再現出來。」[21]

達芬奇闡述：繪畫要像鏡子那樣眞實的反映物像。他說：「畫家……他的作爲應當像鏡子那樣，如實反映安放在鏡前的各種物體的許多色彩。」[22]「鏡子爲畫家之師。」[23]

安格爾（Jean Auguste Dominique Ingres）是法國古典主義畫派的領袖人物。1829 年起任美術學院副院長、院長。他的言論影響頗大，也十分有代表性。在《安格爾論藝術》中，他說：「只有在客觀自然中才能找到作爲最可敬的繪畫對象的美，您必須到那裡去尋找她，此外沒有第二個場所。」他又說：「造形藝術只有當它酷似造化到這種程度，以致把它當成自然本身時，才算達到高度完美的境地。」他更說：「眼前沒有模特兒時永遠不要畫。無論是手，還是手指頭都不該僅憑記憶來畫……」[24] 而中國畫則是主張畫主觀的，不主張對著模特兒作畫，主張「目識心記」。而中國畫家認爲畫由畫家心生，由個人意識重鑄而成。西方畫家還在複製眞實。從希臘到文藝復興到安格爾，那麼多畫家，雖有天才之質，但並無天才之跡，他們的作品只是眞實，充其量是「天能」。後來，他們從中國畫中找到出路。

註 Note

20　《達芬奇論畫》，人民美術出版社，1979 年，第 17-18 頁。

21　《歐美古典作家論現實主義和浪漫主義》（一），朱光潛譯，中國社會科學出版社，1980 年，第 10 頁。

22　《芬奇論繪畫》，人民美術出版社，1979 年。

23　《芬奇論繪畫》，人民美術出版社，1979 年。

24　《安格爾論藝術》，遼寧美術出版社，1970 年版，第 179 頁。

中国国家画院艺术研究院

李白行吟圖

宋梁楷〈李白行吟圖〉，現藏
日本東京國立博物館。用筆
極簡，完全根據畫家的情緒
在揮灑。西方畫家學之，但
僅得其形式，內蘊全無。

地行不識名和姓
大阯
髙陽一酒徒
灑墨仙人
洒洒樓臺
仙宴罷
淋漓襟
袖尚糢糊

|潑墨仙人

宋梁楷〈潑墨仙人〉現藏臺北「故宮博物院」。梁楷大筆潑墨,縱橫塗寫,
全在抒發自己內心的感情。歐洲表現主義繪畫大抵與此精神相通。

| 五代 石恪〈二祖調心圖〉

上題「乾德改元八月八日西蜀石恪寫二祖調心圖」，知是畫作於919年，現藏日本東京國立博物館。也是隨意揮灑，縱橫塗寫，書寫個人內心情緒，西方表現主義繪畫的精神大抵類於此。

| 五代 石恪〈二祖調心圖〉

這是〈二祖調心圖〉的另一部分。畫家用淡墨畫人體及臉部，用濃墨大筆肆意揮灑寫出衣紋，尤其是右邊的衣紋，真是痛快淋漓。因為中國畫的毛筆含水量大，且又有提按轉折頓挫及八面出鋒的效果。臉部上的鬍鬚部分，畫家用淡墨亂戳亂點，十分隨意。但淡墨觸紙向四周洇出，形成濃淡的層次，這也是西方油畫筆所無法企及的。特別是線條的變化及表現畫家的情緒，西方用硬刷的扁筆是無法表現的。所以，西方的表現主義只是學中國大寫意的一點皮毛而已，但精神大抵相通。

　　西方各類現代派所畫的不同於傳統的畫，立體派把「目有所及，故所見不周」的地方也畫出來；老虎、蜘蛛、女人畫在一起。女人的乳房放在抽屜內，頭長在胳膊上，人的面上有一飛鴿等等，這些都不是目所周見的。早在中國魏晉南北朝至唐代就有「無形因之以生」、「萬類由心」、「太虛之體」。到了畢加索才知道「我不畫我看到的東西，我畫我想到的東西。」西方的理論顯然大大落後於中國，落後了一千多年。

（三）西方大畫家和大理論家早已推崇中國畫和理論

　　其實，西方畫家中卓越者，早已認識到中國畫的先進性。法國巴黎曾被人稱為是世界藝術的中心，那裡確有一批真正有卓識的藝術家和藝術評論家。他們的看法頗值得重視。他們是怎樣評價中國畫的呢？林風眠在 1929 年發表〈重新估定中國繪畫的價值〉一文，並不止一次地介紹法國第戎國立美術學院耶希斯對他講過的一段話：「你可不知道，你們中國的藝術有多麼寶貴的、優秀的傳統啊！你怎麼不好好學習呢？」[25] 當時法國真正的藝術家幾乎都持這種看法。常書鴻的老師就告訴常書鴻：「世界藝術的真正中心，不在巴黎，而在你們中國，中國的敦煌才是世界藝術的最大寶庫。」常書鴻就是在法國瞭解到中國藝術的價值和地位，他毅然回國，投身於敦煌石窟藝術的保護和研究工作的。

　　我在少年時代讀過很多蘇聯藝術家對中國藝術的評價，如「那驚人的中國畫」、「那偉大的中國畫」之讚，至今猶記。蘇聯藝術科學院通訊院士 Ｂ·Ｈ·彼得洛夫教授發表過〈中國畫是哲學、是詩，是寓意的頂峰〉一文，他驚歎「喜馬拉雅山般宏偉的中國畫」，並說「中國畫是哲學、詩歌的頂峰。」[26] 推崇之高，已無以復加，凡是有相當造詣的藝術家無不對中國藝術刮目相待，推崇備至。

　　貢布里希（Gombrich）是西方最著名的美術史家和美術評論家，中國畫界現在正掀起一股貢布里希熱。貢氏談到中國書法藝術時說：「有位女士在宴會上問，要學會並能品味中國的草書，要多長時間時，韋利（Arthur Waley）答道：「嗯——，五百年。」注意這並不是相對主義的回答。如果有誰懂行的話，那就是韋利。」[27] 可見其對中國藝術的心儀程度。

　　前面說過，畢加索認為「中國的字都是藝術」，而法國的真正大家認為中國畫理論十分精妙，連六祖的《壇經》都是繪畫理論（按中國最早的繪畫理論實是玄學理論）。1949 年，著名畫家呂無咎女士在高雄舉辦個人畫展，招待會上，她說：當年她在巴黎留學時，因係學習近代印象派的畫，故與法國新派畫家往還，經常互相觀摩，共同討論。因為她是中國人，也時常談些中國畫理，大家都非常尊重她，視之為中國畫理的權威。一次，有位年事甚高、名氣頗大的印象派老畫家前來移樽就教，拿了一部六祖《壇經》請她講解。呂女士翻閱一遍，十分茫然，訥訥不能置一詞，只好推說不曾學過。那位畫家大吃一驚，問道：「你們中國有這麼好的繪畫理論，你都不學，跑到我們法國來，究竟想學甚麼呢？」[28]

　　這個「名氣頗大的印象派老畫家」也確實深懂中國的《壇經》和中國的「藝術」。《壇經》中說的，皆是深懂藝術真諦的藝術家所應

註 Note

25　《美術》1989.6〈五四與新美術運動〉。

26　（俄）В・Н・彼得洛夫：〈中國畫是哲學、是詩，是寓意的頂峰〉，載《美術》1991.5。

27　（英）貢布里希：《藝術發展史》中譯本，第 400 頁，天津人民美術出版社，2001 年版。

28　引自〈禪宗對我國繪畫之影響〉，載《佛教與中國文化》，第 227 頁，上海書店，1987 年版。

該進一步知道的理論。如《壇經》中說的：「不離自性，自是福田。」
（《行由品第一》）「一眞一切眞，萬境自如如。」（《行由品第一》）
「一切萬法不離自性。」（《行由品第一》）「不識本心，學法無益。」
（《行由品第一》）「自悟自解」（《行由品第一》）「自悟自度」
（《行由品第一》）「無一法可得，方能建立萬法。」（《頓漸品第
八》）「道由心悟」（《護法品第九》）「有與無對，有色與無色對，
有相與無相對，……動與靜對，清與濁對，……」（《付囑品第十》）
「安閒恬靜，虛融澹泊。」（《付囑品第十》）呂無咎爲了去法國留
學，精力用在學習法語和西洋畫上，對中國的理論反而不懂。可這位
法國的老畫家看到了中國的理論之高深處。他說：「中國有這麼好的
繪畫理論」，說明他對《壇經》早有研究。一個畫家學習繪畫理論，
連《壇經》都讀了，其他畫論想必也都研究過。

不但《壇經》是「好的繪畫理論」，《金剛經》、《心經》也是
繪畫理論。再早一點春秋戰國時期的《老子》、《莊子》更是「好的
繪畫理論」。《老子》書中講：「五色令人目盲」，「知其白，守其
黑，爲天下式」，「有無相生」，「有之以爲利，無之以爲用」，「復
歸於樸」等等。《莊子》書中說：「五色亂目」（〈天地〉）；「故
素也者，謂其無所與雜也」（〈刻意〉）；「樸素而天下莫能與之爭
美」（〈天道〉）。《莊子》書中處處都是最好的繪畫理論。後代文
人畫畫，其實就是以老、莊思想指導的。

四 「目視」、「神遇」——中西繪畫的區別

傳統的中西繪畫區別很多，但最根本的區別是西畫以「目視」，
中國畫以「神遇」。西方學者說，西方畫是科學的，中國畫是哲學
的，這是很有道理的。

「目視」即用眼睛去看。「神遇」是用心神去領會、思考。當然，

西方畫用「目視」，不是完全沒有「神遇」，只是基本上靠「目視」；中國畫也必須先「目視」，但主要是神遇。

先從美的認識來看。

西方人認為玫瑰花最美，花紅而大，葉綠而肥。所以，送情人的花最多是玫瑰花。因為目視之很美。

中國文人認為石頭最美，梅、蘭、竹、菊最美，人稱「四君子」。宋朝的文人米芾見到石頭就下拜，石頭怎麼美呢？因為石頭獨立自由，不倚不靠，冷熱不改其容。這就是寓意做人，不要依靠什麼官員，不要拉什麼關係。你身居高位，炙手可熱；你門庭冷落，我都無動於衷，所謂寵辱不驚。《周易》反覆說「介於石」，即耿介正直如石之狀。石頭的這種高尚品德正是人所需要的高尚品德。所以中國人愛石頭，古人常說「士無石則不雅」。中國文人畫家差不多都愛畫石頭。梅花雖小，又無綠葉扶持，遠不如玫瑰美，但梅花冬天開放，有冒風雪抗嚴寒的精神。蘭，樸實無華，但香氣溢遠，即使無人觀賞，身處深山偏僻之境，也散發自身的香氣；竹，鋼骨虛心（中國人的虛心和謙虛同意）「未出土時先有節，至凌雲處仍虛心」。竹有節，這個節和人要有氣節的「節」同義。一般的花在春天開放，秋天就衰敗了，但菊花偏在秋天開放，眾花皆不開了，它開放了。這就不同流俗，具有反潮流的精神。所以。這四種植物被人稱為「四君子」。

石頭、梅、蘭、竹、菊，不是靠目視之美，而是靠人的心神領會，靠哲學分析，具有君子人格力量，才感受到它們美。所以美與不美，西方人以「目視」，中國人以「神遇」。中國人稱「目視」的「目」是「陋目」。因為目只能看到物像的表現，至於物像的內涵，物像所聯繫的哲學涵義及人格修養，目視實無能為力的，只有靠心神去「遇」。即神遇。

再從繪畫的因素來看。西方畫因以「目視」，所以，要色彩美，色彩要豐富，本色（固有色）、光色、環境色等等，皆要符合科學，

而且必須在豐富中見統一。中國畫因受道家思想的影響，反對色彩太多，如前所述，道家認為「五色亂目」（《莊子》語），「五色令人目盲」（《老子》語），「樸素而天下莫能與之爭美」（《莊子》語），「玄之又玄，眾妙之門」（《老子》語）。

玄是黑，是母，所以中國畫以水墨為主。墨色黑，又是母色。墨分五色，只有玄、母才可分為五色。中國畫用墨，要在統一中見豐富，雖然是一筆墨色，但卻變化多端，內涵豐富，這變化，目所能視的是乾、濕、濃、淡的變化，但內在的變化只有學養很深的人才能感受到，外行和學養不深的人是無法感受到的。而西洋畫的色彩，凡人皆可目視而見。所以，西方畫講究形式美、色彩美，視覺衝擊力，形式、色彩、視覺都是「目視」之而得。

即使是文藝復興時期，那些大師們的油畫，細膩而真切，也是為了悅目。如前所述，西方畫家反覆強調「繪畫的目的是悅目」。「畫只為眼睛看」[29]，因而必須講究形式美。

中國畫講究「切實之美」，反對表面上的「好看」。許次紓《茶疏》說「不務嫵媚，而樸雅堅致」，即不求形式上的好看，而要樸實高雅堅致。清朝沈宗騫在他的《芥舟學畫編》中說：

> 凡事物之能垂久遠者，必不徒尚華美之觀，而要有切實之體。

「華美之觀」即形式美，是不必過求的，「切實之體」是內在美。中國人傳統的觀念，如《禮記・樂記》中云：「和順積中，而英華發外。」屈原《離騷》中也說「紛吾既有此內美兮，又重之以修能（態）」，即首先要有「內美」。《禮記・樂記》內裡充實，表現於外的「英華」才是真正的美。蘇軾〈和董傳留別〉詩中有云：「腹有詩書氣自華」，讀了很多詩書的人，表現出來的氣度美才是真正的美。而且外表裝飾得十分華麗的人，反而會影響他因內在氣質而表現

出來的美。實際上，真正有學問，有知識的人，外表也不會過分裝飾的，畫亦然。

再從西方人注重的「視覺衝擊力」來看。所謂「視覺衝擊力」，就是畫面上的筆觸出奇，形象險怪突出、燦爛崢嶸，給人十分特殊的印象和力量。而中國畫家認為這是不成熟的表現。猶如一個不成熟的青年，橫衝直撞，而成熟的長者卻沉靜而安詳。在距今 1800 年前的劉劭寫的《人物志》，評論人材，「主德者，聰明平淡，總達眾材」（最高的人物，所具有的材德是聰明平淡），又說：「凡人之品質，中和最貴矣。中和之質必平淡無味，故能調成五材，變化應節（勇、智、仁、信、忠五種才德，都能在他的調和中而順應社會和發展的規律），是故觀人察質，必先察其平淡，而後求其聰明。」古人把「平淡」排在「聰明」之前。中國人評畫和評人是一致的。

「質任自然，是之謂淡」。自然、天然、天真都是淡的主要標誌。自然界也有奇穴險怪的東西，但是很少見的，最常見、最天然的才叫「平淡」。距今 1000 年左右宋朝大文豪蘇軾說：

> 氣象崢嶸，五色絢爛，漸老漸熟，乃造平淡。[30]

「氣象崢嶸、五色絢爛」都具有視覺衝擊力，但還不成熟，要再努力，達到平淡，才是高手。2000 多年前的《莊子》一書說：

> 淡然無極，而眾美從之。（〈刻意〉）

註 Note

29　《歐美古典作家論現實主義和浪漫主義（二）》，中國社會科學出版社，1981年，第 181 頁。

30　《歷代詩話·東坡詩話》。

可見「淡」、「平淡」，乃是中國畫美的最高標準。

但是，表現出來的是平淡，而內在的筆墨必須豐富。清末明初的《畫學講義》中說：「由神奇而入平淡，全在筆墨靜逸，氣味幽雅，脫盡雄勁之習。……亦須平時多讀詩書……」至於完美內在的功力、內涵之豐富，必須有學問、有修養、有研究的人才能看得出來。

運動員、比武的武士，揮動大拳、揮動武器、騰納跳躍、劈擊衝刺，很生動，很有視覺衝擊力，而貴族君主坐在臺上觀看是文雅而寧靜的，也就顯得更高貴，是內在的實際上的高貴。

清朝的學者笪重光寫的《畫筌》說：

> 丹青競勝，反失山水之真容；筆墨貪奇，多造林丘之惡境；怪僻之形易作，作之一覽無餘；尋常之景難工，工者頻觀不厭。

也是反對「競勝」，反對「筆墨貪奇」，主張「尋常」、「平淡」。當然，如前所述，平淡是形式上的，而內蘊卻必須豐富，內藏無窮的學問。

中國畫重線條，西畫重塊面（西畫後來也有重線條的，都是學中國的）。中國畫的線條必須借鑑書法，書法的用筆有無窮的學問。怎樣下筆、怎樣運筆、怎樣收筆，一波三折。如何提、按、轉、折、頓、挫等等，如何將自己的感情融匯進去。而且，畫家還必須有很高的文化修養，很深的中國古典學問知識，畫的格調才能高。如果文化修養差，你再懂用筆用墨的技巧也畫不好。所以，中國畫看上去很容易，但畫得好也最難。不要說外國人，就是中國人，如果沒有很高的文化修養和專門的研究，那也是無法理解，也無法領神會的。西方油畫筆是無法變化的硬刷子，它無法具有中國毛筆這樣的「豐富」。

再說中國畫和西方畫透視的區別。西方畫研究焦點透視，即限定在一個視點、視向和一個視域的一種透視。故傳統西方畫沒有長卷

（橫）和長軸（豎），這是符合目視的。而中國畫因爲是「神遇」，並無焦點透視，因而一幅畫可以很長很長。如前所述的宋代的〈千里江山圖〉長卷，縱 556 釐米，而橫 1192 釐米，橫是縱大約 20 多倍。還有宋代的〈清明上河圖〉長卷，縱 24.8 釐米，而橫 528.7 釐米，橫也是縱的 20 多倍。這在西方畫中是沒有的。人的眼睛不可能一下子看多麼長的景，故中國畫不講究焦點透視，有人稱爲散點透視，即有很多視點的透視，其實是無透視。因爲中國畫不是靠目視，靠神遇。神遇可以自由馳騁。大自然中的山水、或想像中的山水，連綿不斷，都可以靠神遇而畫入畫中。中國畫不滿足於感官（目）去觀察及記錄大自然，而是用神思、理性去理解世界，用筆記錄自己理解的世界。西方畫家到了二十世紀的畢加索、達利、康定斯基等，才知道可以把「象徵」、「夢幻」和「潛意識」等想像的東西畫入其中，已落後於中國一千年了。

從西歐到東歐，到美洲，全世界凡是眞正的大藝術家、大理論家，都如此推崇中國畫。而那些詆毀中國畫的中國人不知還有什麼話可說。他們除了把幾位畫商的話作爲救命符和聖旨之外，還能舉出一個有說服力的例子嗎？

還有西方繪畫講究色彩美，認爲繪畫就是滿足感官美，好看就行了。中國傳統繪畫一直講究內在美，反對過多的色彩。《老子》說：「五色令人目盲。」《莊子》反覆說：「五色亂目。」感官美是一種膚淺的美。

西方現代派、後現代派也開始反對感官美，但又認爲「藝術與美無關」。美國現代派畫家巴尼特・紐曼（Barnett Newman）甚至說：「藝術家看美學就等於鳥看鳥類學一樣莫名其妙。」[31] 被稱爲後現代

註 Note

31　遲軻：《西方美術史話》，中國青年出版社，2010 年版，第 298 頁。

之父的杜尙也認爲藝術不必要感性美，而要有哲學深義。他的名作〈少女到新娘〉等，只用一些直直無變化的線條構成，雖然有一定的哲學內涵（但如果他不解釋，別人也看不懂），但無美感。把美丟掉了，太不應該。

西方現代派、後現代派認爲繪畫中要表現哲學，這是中國畫一貫的主張，他們仍然是步中國畫後塵。但中國畫中有深厚的哲學內涵，不僅在意境，也在筆墨和形式，同時也有美感。這些，西方繪畫仍然做不到。中國的毛筆毫軟，下筆有豐富的變化，西方的硬筆也無法做到，更重要的是他們沒有這個傳統。

藝術的實際地位是由它的實際價值來決定的。我們聽話也只能聽大藝術家和大理論家等內行的話。外行、無知者的話再多，也都毫無價值。何況那些認爲中國畫落後的人並沒有拿出任何證據，更沒有講出任何道理。如前所述，他們唯一的標準就是：中國畫在國際市場上賣價不高。而這個價格卻正是無知的商人們所定。我們只需反問一句：難道藝術的價值是靠金錢來衡量的嗎？商人的眼光能超過大藝術家、大評論家的眼光嗎？

再從藝術實踐來看，中國畫用線表現已有兩千多年的歷史了。西方繪畫近代才知道用線，而且才知道用線作畫是最好的方法，他們的藝術歸到中國畫所開闢的正道上來，但已晚於中國畫兩千多年了。

 ## 中國畫應該怎樣發展

如果說現代中國的藝術有些貧乏的話，那恰恰是因爲丟掉了自己的偉大傳統，生搬硬套外國的形式所致。日本當代美術評論家吉村貞司的一段話最可發人深省了，他說：「我感到遺憾，中國的繪畫已把曾經睥睨世界的偉大的地方丟掉了。每當我回首中國繪畫光輝的過去時，就會爲今日的貧乏而歎息。」[32]

這話講得太確切，也太沉痛。學習外國是正確的，反之，外國也學習我們。譬如日本，學習外國先進的東西，同時也保留自己優秀的傳統（這傳統也包括從中國拿去的傳統）。日本人稱為「和魂漢才」，後來學洋，又稱「和魂洋才」。漢才、洋才，但魂必須是大和族（即日本），未嘗丟棄自己的魂啊。西方人學習中國畫，也保留自己的長處。而我們一學習西方，首先就要打倒自己的傳統。「五四」那一批人要「全盤西化」，要把中國的線裝書全都丟到茅廁坑裡去。中醫也不科學，文言文、格律詩也下流。而且，連漢字也要廢除。錢玄同認為僅廢除漢字還不行，必須把漢語也廢除。陳獨秀主張先廢除漢字，暫保留漢語，胡適也贊成先廢除漢字，然後再廢除漢語。「凡事要有個先後」，差不多所有的新文化運動人物都主張廢除漢字。

漢字廢除，書法自然也就不存在了。中國人很奇怪，認為不破不立，破字當頭，立在其中。先破壞自己的，新的自然就立起來了。果能如此嗎？舊的打倒了，新的未必建立起來。即使建立了新的，損失太大，也未必比舊的好。比如你住的很傳統的宮殿，十分優秀，但你把它炸掉，也許你馬上就無法居住，僥倖未被凍死，再去借債建起新的房屋，也許差之舊房甚遠。五四以後幾十年間，中國人大肆破壞自己的傳統，已達到無以復加的地步。據我所知，世界上只有中國人咒罵自己的祖先精英，破壞自己的傳統文化。從「五四」打倒孔子、打倒孔老二，打倒孔家店，廢除讀經，到八○年代，自己大講中國畫已「窮途末路」了。這在外國都是沒有的。當然，外國某些勢力也會行施一些陰謀，有人甚至提出世界藝術一體化，以達到文化侵略之目的，但關鍵在我們自己。二十世紀三○年代，美術史研究家兼畫家鄭午昌的一段話倒頗有啟發，他說：

註 Note

32　《江蘇畫刊》1985.5〈宇宙的精神，自然的生命〉。

外國藝術自有供吾人研究之價值，但「藝術無國界」一語，實爲彼帝國主義者所以行施文化侵略之口號，凡有陷於文化侵略的重圍中的中國人，決不可信以爲眞言。是猶政治上的世界主義，決非弱小民族所能輕信多談也。蓋實行文化侵略者，嘗利用「藝術是人類的藝術」的原則，衝破國界，而吸集各民族之精神及信仰，使自棄其固有之藝術，被侵略者若不質疑，即與同化。如現在學西洋藝術者，往往未曾研究國畫，而肆口謾罵國畫爲破產者。夫國畫是否到破產地步，前已述之，唯研究藝術者，稍受外國文化侵略一部之藝術教育之薰陶，已不復知其祖國有無相當之藝術；則中國藝術之前途，可歎何如！ [33]

鄭午昌這段話談的是文化侵略問題，但其中有些觀點至今仍值得我們重視和思考。

任何國家的藝術都和這個國家一樣，如果要想在世界上出人頭地，那就必須在牢固地守住自己的傳統的基礎上，再強烈地吸收別國的有益成分。如果丟棄自己的傳統，一味地模仿人家，數典忘祖，那就永遠趕不上人家。何況中國的藝術本就有偉大的傳統和被舉世公認的高峰。

 終結、發展

前面已經說過：西方的畫家反覆強調「繪畫的目的是悅目」、「畫只爲眼睛看」，那就必須注重「形式」和「視覺衝擊」。正如後來高更批評的「他們只注意眼睛，忽視思想的神祕核心」[34]。美國畫家安德列（Carl Andre）更說：「我喜歡這樣一種作品，它像是對你進行伏擊，也就是使你大吃一驚……」[35]而中國畫家強調作品要「耐看」，

初看平易，愈看愈佳，才是好的作品。宋代《宣和畫譜》中記載唐朝大畫家閻立本「嘗到荊州，視（張）僧繇畫，曰：『定虛得名耳。』明日又往，曰：『猶是近代佳手。』明日又往，曰：『名下定無虛士。』坐臥觀之，留宿其下，十日不能去。」（《宣和畫譜·道釋》）閻立本初看張僧繇畫，並不見好；再看，很好；再看，非常好，著了迷，坐臥在畫下看了十日不能去。這就叫耐看，愈看愈好。那種使人看了大吃一驚的作品，都是形式的怪誕或誇張，再看就未必佳了。這正如一個人，一看上去讓人大吃一驚者，必是出奇的怪誕，或者是嚴重的病態。而有內涵的人，比如大學者、大教授，看上去也必然是平淡的，絕不會令人大吃一驚，但這平淡的外相，其中必藏有豐富的內涵，使人愈看愈有味道，愈相處、相談，也就會愈來愈深，愈來愈親敬。中國藝術一直把「平淡天眞」視爲藝術的最高標準。明人董其昌云：

> 作書與詩文，同一關捩，大抵傳與不傳在淡與不淡耳……蘇子瞻曰：筆勢崢嶸，辭采絢爛，漸老漸熟，乃造平淡……（《容臺別集》卷一）

宋代的米芾以「平淡天眞」爲書法繪畫的最高審美標準。歐陽修主張「蕭條淡泊」、「閒和嚴靜」，王安石「欲寄荒寒無善畫」，蘇東坡更強調「蕭散簡遠」，「疏淡含精匀」，「大凡爲文，當使氣

註 Note

33　《文化建設》月刊，1934 年 9 月 10 日。

34　《塞尚、凡高、高更書信選》，四川美術出版社，1984 年，第 72 頁。

35　【美】勞·馬克斯編《世界藝術家 (1950—1980)》，邢自生譯，紐約 H.W 威爾遜公司，1984 年，第 20 頁。

象崢嶸，五色絢爛，漸老漸熟，乃造平淡」[36]（《歷代詩話·東坡詩話》）。一直到明代的「南北宗論」等，都是主張藝術要「平淡」、「平易」，而反對狂肆、險怪和劍拔弩張的，也即反對僅供「悅目」的形式，尤其反對一看上去便令人嚇一跳的作品。

中國畫家也反對表面上「好看」的作品。宋代董逌《廣川畫跋》中說：

> 余曰：世之論畫，謂其形似也，若謂形似長說假畫，非有得於真象者也。若謂得其神明，造其懸解，自當脫去轍跡，豈媲紅配綠，求眾後摹寫卷界而爲之耶？[37]

「媲紅配綠」就是表面上的「好看」，不是中國畫所期，且爲中國畫所鄙。清人沈宗騫更說：

> 今人作事（指繪畫事），動求好看，苟能好看，則人無不愛，而作者亦頗自喜。轉轉相因，其病遂至不可藥。（《芥舟學畫編》卷二）

他說的「好看」，即表面的紅綠顏色，或者令人一看便大吃一驚的作品，這類作品大抵缺乏內涵，不足深賞，也即不耐看。他又說：

> 其實不過去華存質之道而已矣。夫華者，美之外現也。外現者，人知之。若外現而中無有，則人不能知也。質者，美之中藏者也。中藏者惟知畫者知之……則學者萬萬不可務外現而不顧中藏也明矣。（《芥舟學畫編》卷二）

這些都是反對「悅目」和皮相的形式，而主張「美之中藏」，即

內在美，亦即「內涵」。

「美之中藏」即不外露、不外現華美之觀而能如此者，皆根於書畫家本人的修養。書畫家作字畫不是為了「好看」，而是個人人格的修煉，情感的抒發，胸懷的展現。

劉熙載云：

> 書者，如也，如其學，如其才，如其志，總之曰如其人而已。
>
> 書尚清而厚，清厚必本於心行。
>
> 與天為徒，與古為徒，皆學書者所有事也。（以上見《藝概·書概》）

「如其人」就要修煉人格，「本於心行」就要修養心、規於行。字如果怪誕，則人必怪誕；字要清厚，人必清厚。反之，人清厚，字才清厚，所以，關鍵在人的修煉，而不是一味的在形、色上下功夫，更不是在形式上下功夫。

孔子說：「志於道，據於德，依於仁，游於藝。」（《論語·述而》）藝是在道、德、仁的基礎上的。這在西方畫家中是鮮有人能理解的。

傳為漢代蔡邕所作的《筆論》中說：

> 書者，散也，欲書先散懷抱，任情恣性，然後書之……夫書，先默坐靜思，隨意所適，言不出口，氣不盈息，沉密神采，如對至尊，則無不善矣。

註 Note

36　陳傳席：《中國繪畫理論史》，臺灣三民書局，2013 年。

37　《畫品叢書》，上海人民美術出版社，1982 年，第 277-278 頁。

王羲之說：

> 夫欲書之時，當收視反聽，絕慮凝神，心正氣和，則契於玄
> 妙。心神不正，字則欹斜；志氣不和，書必顛覆。其道同魯廟之
> 器，虛則欹，滿則覆，中則正。正者，沖和之謂也。（《筆法訣》）

古人論書法，不在形式，而在性情，懷抱心正、氣和，書畫的不是形式，而是人的心，人的精神，尤其是書畫者的文化內涵。

宋代鄧椿撰《畫繼》云：「畫者，文之極也。」又說：「其為人也多文，雖有不曉畫者寡也；其為人也無文，雖有曉畫者寡也。」（《畫繼·論遠》）

明代李日華說：

> 大都古人不可及處，全在靈明瀟脫，不掛一絲，而義理融
> 通，備有萬妙，斷非塵襟俗韻所能摹肖而得者。以此知吾輩學
> 問，當一意以充拓心胸為主。（《讀畫錄》卷一）

明代大畫家董其昌更說：

> 一一毫端百卷書。（上海博物館藏董其昌《山水》上自題）

畫家筆下一根線條，一個點子，都必須有讀一百卷書的基礎，才能畫好。讀書做學問比學畫的技巧更重要，也必在畫上有所反映，有了文化基礎，畫家作畫是為了「暢神」，為了「以形媚道」，為了「成教化，助人倫」。元代倪雲林說：「餘之竹，聊寫胸中之逸氣耳。」（《清閟閣全集》卷九《題畫竹》）

總之，中國書畫的根本是文化，是人的品格精神、性情。那麼，美感呢？我們看畫要有美的感受才行。

美感有兩種，一種是表相的、淺薄的，只供「目視」的；一種是哲學的，精神的，文化的，靠人的精神去領悟的，這是深層的美，靈魂的美，高尚的美。

以「目視」為目的，只為「悅目」的畫，當然只講究形式、色彩、視覺衝擊力，但形式的變化是有限的，由具象、逼真到變形，到半抽象，到完全抽象，這就結束了，再也沒有其他形式了。由架上藝術到裝置藝術、波普藝術，到觀念藝術、行為藝術，還有人體藝術，也就結束了。

薩普和布爾頓談論用槍把子彈射擊到他的左臂，這就是行為藝術。薩普問：「那有趣嗎？」布爾頓回答：「是的，那是某種值得體驗的事，你不遭到槍擊怎能體會被射擊的感受呢。看來很值得挨他一槍。」而且他還認為「這些作品都是具有可視性的」[38]。

藝術到了這個地步，也就到了盡頭了，何況早已談不上美感。所以，西方很多美術家、美學理論家，認為藝術已死亡了，藝術已終結了。英國的藝術批判家斯坦戈斯（Nikos Stangos）說：

> ……藝術似乎已經走到了盡頭。極少主義之後是觀念藝術，後者尋求的是各式各樣殊途同歸的推託手段，並冠以不同的名稱，如表演藝術、人體藝術、地球和大地藝術……特別是目前，隨著一種「新」藝術，一種後現代主義的廣泛傳播，現代藝術已經被判處「死刑」。[39]

註 Note

38　遲軻主編《西方美術理論文選》，四川美術出版社，1993 年，第 850-851 頁。

39　《現代藝術觀念》，四川美術出版社，1988 年，第 4 頁。

美國哲學家、美學家亞瑟・丹托（Arthur C. Danto）還寫了一本書，就叫《藝術的終結》，他說：

> ⋯⋯那我們也可以斷言，藝術已經快要壽終正寢了⋯⋯藝術家已經築成了通往哲學的大道，他的工作已經交給了哲學家，這樣的交接時刻已經到來。[40]

中國畫家是把哲學內含在筆墨之中、圖畫之內，而西方畫家是把畫變為哲學，交給哲學家了。

當西方藝術形式已到了盡頭，無法出現更新的形式，或把藝術交給哲學家時，藝術就可能要真的終結了。而中國的藝術，只要文化在，它就永遠在；只要人的性情不同，精神不同，所表現出的藝術就不同，雖然是很微妙的。「文以載道」，道在，文（畫）也就永遠在。而且，西方的藝術每出現一種新的形式，總要解構他人，總要顛覆前人；而中國的藝術，凡有新意，凡有很高文化價值者必以繼承前人為基礎，然後再談發展。解構、顛覆是有限的，顛覆完了，便無法再顛覆。而中國的繼承也是無限的。在繼承的基礎上發展，藝術也愈來愈厚，愈有文化內涵。當然，中國畫家也必須瞭解自己的傳統和「曾經睥睨世界的偉大的地方」才行。所以，當西方藝術終結時，中國藝術仍然會自然的發展，永無終結。

註 Note

40　《藝術的終結》，張弛、劉偉東譯。見《西方畫論輯要》，江蘇美術出版社，1990 年，第 75 頁。

中國人素質的變遷——
「五四」以來國情檢討

　　「人心不古」是中國人談論中國人素質（人心）愈來愈低的常用語。反過來說，人心古就高。「高古」也是人心（素質）、文風、藝風等的最高標準。因為秦始皇極端的專制制度，以及後世統治者效法的作用，人心每況愈下。在春秋戰國之前，中國人的素質之高，是後世無法比擬的。那時候，幾乎每一個人都把道德信譽放在第一位。即使是平民、乞丐，也具有後世貴族的人品。像春秋時吳國的被裘公，窮得沒衣服穿，夏天披著獸皮去伐薪為生，但絕不去撿取地上的遺金。

　　人與人相處，平等、自信、守信，為人「一諾千金」，《史記・游俠列傳》有云：「其言必信，其行必果，已諾必誠，不愛其軀，赴士之厄困。」

　　戰場上不打擊已受傷的士兵（不使他受二次傷），不擒拿頭髮花白的年長者。士氣凌於王侯之上。

　　戰國以前，士（知識分子）大抵都能和王侯平起平坐的討論問題，並且對學問很高的聖賢，十分尊重。秦以後，風氣日下。但中國傳統文化一直存在，春秋戰國之前的文化大都還存在。所以，中國人的素質還不至於太差。鴉片戰爭後，中國老是打敗仗，於是中國人懷疑自己的文化有問題，開始大量的引進外國的文化，甚至要「全盤西

化」。同時要滅絕自己的傳統文化，於是中國人由自信走向自卑。傳統文化最重道德修養，傳統文化被批判、被打倒，人的道德修養、人的素質，愈來愈差了。

　　民國時流傳理想人格標準的一句話：「舊道德，新思想。」也說明那時候人們已懷念傳統（舊）道德了。因為那時候，人們還沒有忘記傳統道德，當學習了西方文化後，傳統文化被拋棄、破壞，代之而起的是新道德，大家看到的是：離婚普遍化，性的隨意化，言而無信，爾虞我詐，父不慈子不孝，為朋友謀而不忠；路見不平，無人相助，正義感缺失等等，這些並不是學習西方文化的結果，而是傳統文化缺失的結果，所以，人們懷念「舊道德」；「人心不古」更為人歎息。

 由自信到自卑

　　鴉片戰爭之前，中國人十分自信，而且達到自大的程度，自稱「天朝」。且「天朝」全世界第一，世界上只有一個「天朝」，是世界的中心。其他國家皆是「夷狄」，只能「恭順」天朝，「傾心向化」，「傾心效順」。只能向「天朝」進貢，見到「天朝」皇帝，必須下跪磕頭，接受「敕諭」。

　　清代中葉阮元寫的《天象賦》、《疇人傳》，還有後來魏源所寫的《海國圖志》，徐繼畬寫的《瀛寰志略》，都被當時的官員文人譏笑，他們認為世界上只有一個「天朝」，即中國，是世界的中心。即使西方有國家，也是偏遠落後的小國，也應該向「天朝」進貢，也應該年年來「天朝」朝拜，接受「馴化」才是。

　　外國人開始到了廣州，受到清政府（和地方政府）很多限制，外國人不能自由貿易，而且限時離境。外國人只能住在「夷館」。因為「天朝」高高在上，外國人不配直接和「天朝」官員洽談，且不准坐

轎，不能隨便進城和旅遊。特別是外國的女人不許進入廣州城。道光十年（1830 年），地方官員發現三名「洋婦」潛住在英商館，便立刻勒令她們回到澳門。

十六世紀，荷蘭、葡萄牙、西班牙等歐洲殖民主義者，先後來到中國，清政府認為他們這些小國家是來巴結中國，是來向「天朝」進貢的。康熙二十五年（1686 年）清廷讓他們寫「貢表」。據說荷蘭人不會寫「貢表」，由清朝官員代筆，清朝官員在表中寫道

外邦之丸泥尺土，乃中國之飛埃；異域之勺水蹄涔，原屬天家滴露。[1]

這說明當時中國人自信自大到何等地步。在他們眼裡，中國是世界的中心，外國不過是中國的塵埃或一滴，是微不足道的。當然，外國的文化更是不足道的。

康熙五十九年（1720），清朝在廣州設立公行，後來乾隆皇帝關閉了其中三口，只開廣州一口，英國商人洪任輝於乾隆二十四年（1759）跑到天津告狀，結果被清廷押回廣州，旋被投入澳門附近的監獄，三年之後才被釋放。西方各國來華商人等也都同樣受到清朝的輕視和冷遇。

乾隆五十八年（1793），英王喬治二世派馬戛爾尼出使中國，以給乾隆皇帝祝壽為名，同時商討兩國經商等事。清朝官員把馬戛爾尼乘坐的「獅子號」船，強題為「貢船」，九月八日叫他去熱河行宮祝壽，九月十四日，馬戛爾尼穿了勳爵服裝覲見乾隆皇帝，強行行三跪

註 Note

1　本節內容除注明者外，皆參見夏家駿著《清朝史話》，北京出版社，1985 年版，第 265 頁。

九磕之禮。但十月初四到北京，提出要求，竟完全與一般「貢使」不同，干犯「天朝」威嚴，因而被一一駁回。十月下旬，馬戛爾尼等一行，在半驅送、半歡送的情況下，被勒令離京。有個叫愛尼斯·安德遜的英國隨員，在事後寫道：「我們進入北京時好像是窮極無依的人，居留在北京的時候，好像是囚犯，離開時候是流浪者。」

可見，清朝對待外國使節，像主人對待奴僕一樣，甚至像對待罪犯一樣。爲了顯示「天朝」的「天威」，朝廷在來使臨行前，下了兩道敕令，其一說：

> 咨爾國王，遠在重洋，傾心向化，特遣使恭齎表章，航海來廷，叩祝萬壽，並備進方物，……具見爾國恭順之誠，深爲嘉許。……至爾國王表內，懇請派一爾國之人，住居天朝，照管爾國買賣一節，此與天朝體制不合，斷不可行。……天朝撫有四海，……德威遠被，萬國來朝，種種貴重之物，梯航畢集，無所不有，……並無更需爾國制辦物件。……爾國王惟當善體朕意，益勵款誠，永矢恭順。……特此敕諭。[2]

「撫有四海」，「德威遠被」，「萬國來朝」，「永矢恭順」等，都是居高臨下之口氣。那時候，中國人是看不起外國人的。自信過了頭就是自大，自信失去了便會自卑。

其二，又說：

> 天朝物產豐盈，無所不有，原不藉外夷貨物以通有無。……今爾使所懇各條，不但於天朝法制攸關，即爲爾國王謀亦俱無益難行之事。茲再明白曉諭，……若經此次詳諭後，爾國王……任從夷商將貨船駛至浙江、天津地方，……各處守土文武，……定當立時驅逐出洋，……勿謂言之不豫也。其懍遵勿忽。特

此再諭。[3]

可見「天朝」對外國使節的藐視。

英國派使團來訪，清廷認爲他們是來向「天朝」進貢和朝拜的。於是又有敕諭道：

> 嗣後毋庸遣使遠來，徒煩跋涉，但能傾心效順，不必歲時來朝，始稱向化也。[4]

中國人一直認爲「文化中心」在中國，「內諸夏而外夷狄」，「華夏中心」，「吾聞用夏變夷，未聞變於夷。」[5]的思想，一直延續到清末。乾隆皇帝便認爲「天朝無所不有，原不管外洋貨物之有無。」19 世紀中葉的林則徐也說：

> 況如茶葉大黃，外國所不可一日無也。中國若靳其利而不恤其害，則夷人何以爲生。又外國之呢羽嗶嘰，非得中國絲斤，不能成織。……外國所必須者，曷可勝數，而外來之物，皆不過以供玩好，可有可無，即非中國需要，何難閉關絕市。[6]

這都體現了中國「文化中心主義」的思想。總之，「天朝」一切，物質、文化，皆絕對超過「外夷」，歐、美等國皆不值得一提。他們

註 Note
2　夏家駿：《清朝史話》，北京出版社，1985 年版，第 266-267 頁。
3　夏家駿：《清朝史話》，北京出版社，1985 年版，第 267 頁。
4　夏家駿：《清朝史話》，北京出版社，1985 年版，第 267 頁。
5　《孟子·滕文公上》。
6　林則徐：《擬諭英吉利國王檄》，見《林文忠公政書》卷 4。

只有對中國「傾心效順」、「傾心向化」，「永矢恭順」，下跪叩頭。
文化上，再以藝術爲例：

其實，在「五四」新文化運動之前，中國的畫家對自己的藝術本來也是十分自信的，而且對外國的藝術也很看不起。按道理，中國寫意畫草草而成，兩點便是眼，半似半不似，當看到外國的油畫，精細而逼眞，如鏡取影，應該十分驚訝佩服才對。但是他們卻不屑一顧。清代畫家鄒一桂論「西洋畫」是「雖工亦匠」。他在其所著《小山畫譜》中專列〈西洋畫〉一節，謂之：

> 西洋人善勾股法，故其繪畫於陰陽、遠近不差錙銖，所畫人物、屋樹皆有日影，其所用顏色與筆與中華絕異……但筆法全無，雖工亦匠，故不入畫品。[7]

這就代表當時畫家對待西洋畫的態度。西洋畫不但「雖工亦匠」，而且「不入畫品」，說明當時畫家對自己的傳統還是很自信的。

另一位清代畫家鄭績著《夢幻居畫學簡明》，其中把「西洋畫」視爲「夷畫」，古人以野蠻而無文的鄙人稱爲「夷」，他說：

> 或云：夷畫較勝於儒畫者，蓋未知筆墨之奧耳。寫畫豈無筆墨哉？然夷畫則筆不成筆，墨不見墨，徒取物之形影，像生而已。儒畫考究筆法墨法，或因物寫形，而內藏氣力，分別體格，如作雄厚者，尺幅而有泰山河嶽之勢；作澹遠者，片紙而有秋水長天之思……夷畫何嘗夢見耶。[8]

鄭績稱中國畫爲「儒畫」，認爲「夷畫何嘗夢見耶」，也是對自己的藝術十分自信的。松年是清代蒙古鑲紅旗人，善畫花鳥山水，師法白陽（陳道復）、青藤（徐渭）諸家，其所著《頤園論畫》，其中

論到西洋畫：

> 西洋畫工細求酷肖，賦色眞與天生無異，細細觀之，純以皴染烘托而成，所以分出陰陽，立見凹凸，不知底蘊，則喜其工妙，其實板板無奇，但能明乎陰陽起伏，則洋畫無餘蘊矣。[9]

又云：

> 昨與友人談畫理，人多菲薄西洋畫爲匠藝之作。愚謂洋法不但不必學，亦不能學，只可不學爲愈。
>
> 然而古人工細之作，雖不似洋法，亦係纖細無遺……可謂工細到極處矣，西洋尚不到此境界。[10]

「板板無奇」、「無餘蘊」、「匠藝」、「不必學」、「不能學」、「不學」，這是松年對待西洋畫的態度。

總之，西方油畫自明代傳入中國，雖經西方傳教士的鼓吹，但在國內，還沒有畫家對它推崇。反過來，都是十分鄙夷的，謂之「不入畫品」、「不能學」、「雖工亦匠」，以至於清代前期，西方的畫家來到中國，如郎世寧（義大利米蘭人）、王世誠（法國人）、艾啓蒙

註 Note

7　鄒一桂：〈小山畫譜〉，刊於《畫論叢刊》下卷，人民美術出版社，1989 年，第 806 頁。

8　鄭績：〈夢幻居畫學簡明〉，刊於《畫論叢刊》下卷，人民美術出版社，1989 年，第 555 頁—556 頁。

9　松年：《頤園論畫》，刊於《畫論叢刊》下卷，人民美術出版社，1989 年，第 623 頁。

10　松年：《頤園論畫》，刊於《畫論叢刊》下卷，人民美術出版社，1989 年，第 623 頁。

（波西米亞人）、安德義（義大利人）等等，不得不放棄西洋畫，而改學中國畫了。

到了民國初年，一部分畫家開始鼓吹或學習西洋畫，但立即遭到一些遺老和國粹派的攻擊。後來的金城也說：

> 即以國畫論，在民國初年，一般無知識者，對於外國畫極力崇拜，同時對於中國畫極力摧殘。不數年間，所謂油畫水彩畫，已無人過問，而視為腐化之中國畫，反因時代所趨而光明而進步。由是觀之，國畫之有特殊之精神明矣。[11]

其實「對於外國畫極力崇拜」之現象，並沒有絕跡，而且其勢愈來愈大。康有為、陳獨秀、呂澂等倡於前，徐悲鴻、林風眠以及嶺南派等弘於後。陳獨秀在《美術革命》中說：「改良中國畫，斷不能不採用洋畫寫實的精神。」徐悲鴻要以西方素描為基礎，林風眠要「調合中西」，嶺南派要「折衷中西」等等。正如林紓所云：

> 新學既昌，士多游藝於外洋，而中華舊有之翰墨，棄如芻狗。[12]

一時間，有能力的學人畫家多出國留學，中國傳統藝術漸漸被人冷落。留學回國者即教以外國技法，鼓吹外國畫。不僅繪畫、文學、醫學、社會風氣，都開始西化。中國固有之偉大而崇高的舊詩被西方式的簡單的自由體新詩代替，偉大的傳統中醫被西醫代替，人的服裝、髮式、用具、建築等等都被西式所代替。新文化運動變為西化運動。

中國人的意識由「天朝」是全世界中心，全世界第一，變為西方是中心，一切是西方的好，要全盤西化。中國人本來十分自信，因不

瞭解世界，而由自信膨脹爲自大，遇到挫折，便失去了自信。打了敗仗，便變爲自卑。其實都是沒有靜下心來好好總結的結果。

 ## 先進文化被落後文化打敗是常事——「五四」以來一個錯誤觀點的糾正

1840 年鴉片戰爭之前，中國向以「天朝天下第一」自居。但鴉片戰爭卻打了敗仗，割地賠款，訂立了一系列的不平等條約。此後，英、法、俄、德、日等國多次與清政府交戰，均以清政府失敗而告終，尤其是中日「甲午戰爭」，北洋海軍全軍覆沒。清政府一再向外「求和」，一再割讓領土賠款，喪權辱國到了無以復加的地步。

中國人不得不思考打敗的原因，開始認爲中國的科技落後，外國的船堅炮利爲中國所不及。後來認識到中國的社會制度不行。最後認爲中國的文化不行，必須徹底改變中國的傳統文化，甚至「全盤西化」。「五四」前後直至今日，中國的學者都是這樣認爲的。首先這一推論是錯誤的。打敗仗不是因爲文化落後。相反，先進文化被落後文化打敗，是常事。中外歷史都證明了這一點。

春秋戰國時代，齊魯文化是先進的，產生了孔子、孟子、墨子、孫武子等等大聖人、大名家。荀子成名也在齊魯地，其學說風靡當代直至今日，還有著名的「稷下學宮」等。但齊魯屢打敗仗，最後被落後文化的秦滅掉了。楚文化也很先進，產生了屈原、宋玉等大家。《楚辭》光被古今。楚不但文化先進，地盤也最大，物產也豐富，

註 Note

11　金城：〈畫學講義〉，刊於《畫論叢刊》下卷，人民美術出版社，1989 年，第742 頁。

12　林紓：〈春覺齋論畫〉，刊於《畫論叢刊》下卷，人民美術出版社，1989 年，第 628 頁。

也被落後文化的秦滅掉了。七國當中，秦文化比較落後，但秦屢打勝仗，最後滅掉了六國，天下都變爲秦。

魏晉文化也十分先進，產生了曹操、曹丕、曹植等「三曹」、「七子」等大家，形成了「建安風骨」，還有孔融、陳琳、王粲、蔡文姬名家；西晉則有張華、陸機、潘岳、左思、張協、劉琨、郭璞；東晉的陶淵明、大書法王羲之、王獻之等，大畫家顧愷之、陸探微等，皆是文化史上重要人物，但西晉卻被文化十分落後的北方少數民族政權北漢打得慘敗，直至滅亡。東晉在軍事上也處於弱勢。

南北朝對立，南朝文化大大高於北朝。《文心雕龍》、《世說新語》、《文選》、《詩品》、《畫品》、《書品》等著作以及謝靈運、鮑照、謝朓、蕭統、劉勰、鍾嶸、沈約、江淹、陶弘景、陰鏗等重要人物，皆出於南朝，但南朝還是被北朝打敗了，北朝最終統一全國。

宋文化是全世界最先進的，經濟也十分發達，有學者說宋朝的 GDP 超過了全世界其他國家 GDP 的總和。又據學者們研究，宋的文化和經濟發展都超過了唐。活字印刷術產生於宋、指南針雖產生於戰國，但在宋才用於航海，火藥也在宋得到完善而廣泛應用。在數學、天文、醫學、建築等方面，宋都有很大的發展和很高的成就。沈括還寫出了《夢溪筆談》。宋朝哲學：王安石的新學，周敦頤的濂學、張載的關學、二程的洛學，理學的集大成者朱熹，還有陸九淵的心學，陳亮、葉適的事功學派，等等。

宋的文學藝術繁榮也超過唐，宋詞宋詩在數量上大大超過唐，產生了歐陽修、王安石、曾鞏、蘇洵、蘇軾、蘇轍等大家。還有黃庭堅和江西詩派、柳永、秦觀、賀鑄、晏殊、晏幾道、周邦彥、張孝祥、陳與義、楊萬里、范成大，傑出的女詞人李清照，還有辛棄疾、陸游、姜石白、吳文英等大家。宋畫代表中國古代藝術的一個高峰，產生李成、范寬、燕文貴、郭熙、王詵、王希孟、趙令穰等，還有南宋四大家——李唐、劉松年、馬遠、夏圭等等。宋朝的史學最傑出的有

司馬光的《資治通鑑》、鄭樵的《通志》、馬端臨的《文獻通考》。
宋太祖下令在成都雕刻印刷的《大藏經》等等，都是十分傑出的。

宋朝文化如此傑出，但卻被文化十分落後的金打敗了，最後被文
化更落後的蒙古人滅掉了。金、蒙文化遠遠不及宋文化。

西方也如此。希臘文化十分先進，卻被落後的羅馬文化打敗了，
羅馬以全勝的姿態立於歐洲，但羅馬又被文化更落後的蠻族打敗了，
最後蠻族占領了歐洲。

中國歷史、世界歷史都證明了打敗仗並非文化落後，先進文化者
打敗落後文化者反而很少，落後文化者打敗先進文化者，乃是常事。

古代，文化先進者文明程度亦高，文明高的社會，一般重視文化
建設，反對武力征討，也反對武裝設備。中國尤反對武力征服。孔子
重要思想便是「去兵」，「子不言怪、力、亂、神」，暴力行為一
直為儒家所反對，也為道家所反對。老子說：「兵者，不祥之器，非
君子之器。」[13] 因為文明，重視禮義，輕視武裝。所以，武器落後，
船不堅，炮不利，是在情理之中。戰爭，武器不是唯一的制勝因素，
但也是打敗對手的重要因素。中國武器落後，是打敗仗因素之一。社
會文明，人人重視文化，重文輕武，文明人打仗就不是野蠻人對手，
這是中國打敗仗的另一因素。所以，中國打了敗仗，不但不是文化落
後所致，反而可能是文化先進所致。[14]

註 Note

13　《老子》第 31 章。

14　當然，文化如果十分先進，在世界上十分先進，周到而又能與時俱進，國家也
　　必強，也不會打敗仗。當時的中國文化先進，但沒有考慮到世界發展的進度和
　　西方人「弱肉強食」的本性。因此，不周到，更不能與時俱進。中國文化固然
　　有人與自然和睦相處，如「仁者愛人」、「己所不欲，勿施於人」、「仁、義、
　　禮、智、信」等高度文明性，但缺少西方的民主與科學，所以「五四」運動高
　　舉民主與科學兩面大旗，這是對的。但又批判了中國傳統文化的精華，卻是大
　　錯特錯的。

因此，「五四」以來，中國的學者們認為打敗仗是中國文化落後的原因，這一觀點一直延續至今，其實大錯特錯。我特於此表而出之，以解百年之惑。

 自滅傳統：反對國粹，主張西化

中國人錯誤地認為自己文化落後，同時認為西方文化先進，於是掀起了學習西方文化的熱潮，又叫新文化運動。其實新文化運動就是學習西方文化的運動。學習西方優秀文化是對的，尤其是引進西方的「民主」與「科學」，更是必須的。但放棄了自己的優秀傳統是絕對錯誤的。陳獨秀首先主張「若是決計革新，一切都應該採取西洋的新法子，不必拿什麼國粹、什麼國情的鬼話來搗亂。」[15] 這實際上開了「全盤西化」的論端。中國優秀的文化便是儒家文化，其代表人物便是孔子。於是「五四」喊出了「打孔家店」、「推翻孔學」、「廢孔學」等口號。胡適在為《吳虞文錄》寫的序中稱他是：

「四川省只手打孔家店」的老英雄。[16]

胡適還說：

吳先生……先證明這種禮法制度都是根據於儒家的基本教條的，然後證明這種禮法制度都是一些吃人的禮教和一些坑陷人的法律制度。……[17]

正因為二千年吃人的禮教法制都掛著孔丘的招牌，故這塊孔丘的招牌——無論是老店，是冒牌——不能不拿下來，捶碎，燒去。[18]

反對孔子和孔子思想，成爲一時風氣。絕聖在〈排孔征言〉中說：

> 孔丘砌專制政府之基，以荼毒吾同胞者，二千餘年矣。……
> 欲支那人之進於幸福，必先以孔丘之革命。[19]
>
> 以孔毒之入人深，非用刮骨破疽之術不能慶更生。[20]

陳獨秀還說：

> 孔子遂爲養育各項奴隸之乳嫗，生息而不盡。而獨夫民賊正思
> 利用之以保守其產業，……故孔派推尊一度，而奴隸沉沒一度。[21]

李大釗也說：

> 孔子者，數千年前之殘骸枯骨也。憲法者，現代國民之血氣
> 精神也。以數千年前之殘骸枯骨，入於現代國民之血氣精神所結
> 晶之憲法，則其憲法將爲陳腐死人之憲法……孔子者，歷代帝王

註 Note

15　陳獨秀：〈今日中國之政治問題〉，見《獨秀文存》，安徽教育出版社 1987 年版，第 152 頁。

16　胡適：〈吳虞文錄‧序〉，見《胡適全集》第 1 卷，2003 年版，第 760-762 頁。

17　胡適：〈吳虞文錄‧序〉，見《胡適全集》第 1 卷，2003 年版，第 762 頁。

18　胡適：〈吳虞文錄‧序〉，見《胡適全集》第 1 卷，2003 年版，第 763 頁。

19　《辛亥革命前十年間時論選集》第 3 卷，生活—讀書—新知三聯書店，1977 年版，第 208 頁。

20　《辛亥革命前十年間時論選集》第 3 卷，生活—讀書—新知三聯書店，1977 年版，第 209 頁。

21　《箴奴隸》，《辛亥革命前十年間時論選集》第 1 卷，生活—讀書—新知三聯書店，1977 年版，第 707 頁。

專制之護符也，憲法者，現代國民自由之證券也；專制不能容於自由，即孔子不當存於憲法。[22]

吳虞說：

> 天下有二大患焉，曰君主之專制，曰教主之專制．君主之專制，鈐束人之言論；教主之專制，禁錮人之思想．君主之專制，極於秦始皇之焚書坑儒，漢武帝之罷黜百家；教主之專制，極於孔子之誅少正卯，孟子之拒楊、墨。[23]

吳虞又在〈吃人與禮教〉一文中，引用了魯迅的〈狂人日記〉文曰：「我翻開歷史一查，這歷史……每頁上都寫著：『仁義道德』幾個字。……仔細看了半夜，才從字縫裡看出字來，滿本都寫著兩個字，是『吃人』。」吳虞列舉很多例證，證明古代很多吃人事件，都跟禮教有關。其實，吳虞提到那些吃人事件，都和禮教無關，也和魯迅說的「吃人」不是一個意思，也都和孔子的理論無關。他說項羽要烹劉邦的父親，劉邦說：「吾翁即若翁，必欲烹而翁，則幸分我一杯羹。」這和孔子有什麼關係？和禮教有什麼關係？何況劉、項都是不讀書的，更不讀孔子書的。

吳虞又舉「漢誅梁王彭越，醢之」、「洪楊之亂，江蘇人肉賣九十文錢一斤」以及臧洪殺愛妾、張巡殺愛妾等，其實都和禮教無關，甚至為禮教所不容。

其實，新道德時代中也有很多不道德的事出現。美國是一個發達國家，但美國經常有校園開槍，打死無辜學生事件。據報導，有一個男人把妻子殺了，手、臂、腿、頭，砍成幾十段，凍在冰箱裡，這太殘忍了。但不能以此證明美國的法制、教育、道德殘忍。中國古代有「吃人」事件，但和孔子的理論和禮教都無關。如果沒有禮教，也許

「吃人」更多。《禮記・檀弓下》記：「孔子謂爲芻靈者善，爲俑者不仁，不殆於用人乎哉。」《孟子・梁惠王上》記：「仲尼曰，『始作俑者，其無後乎！』爲其象人而用之也。如之何其使斯民饑而死也。」用木俑殉葬，孔子都反對，因爲本俑之形似人形。至於用人殉葬，那就更在反對之列。怎麼能證明孔子和「吃人」有關呢？孟子認爲君子見到禽獸，都不忍見其死；聞其聲，不思食其肉。[24] 怎麼能得出孔孟之道和「吃人」有關呢？

吳虞還說：「吃人的就是講禮教的，講禮教的就是吃人的呀。」[25] 反孔的目的主要是反對傳統文化。魯迅在《忽然想到・六》中說：

> 無論是古是今，是人是鬼，是《三墳》《五典》，百宋千元，天球河圖，金人玉佛，祖傳丸散，祕制膏丹，全都踏倒他。[26]

又說：

> 我看中國書時，總覺得就沉靜下來，與實人生離開；讀外國書——除了印度——時，往往就與人生接觸，想做點事。中國書雖有勸人入世的話，也多是僵屍的樂觀，外國書即使是頹唐和厭

註 Note

22　李大釗：〈孔子與憲法〉，見《李大釗文集》上冊，人民出版社，1984 年版，第 258 頁。

23　吳虞：〈辯孟子辟楊——墨之非〉，《辛亥革命前十年間時論選集》第 3 卷，生活—讀書—新知三聯書店，1977 年版，第 737 頁。

24　《孟子・梁惠王上》。

25　吳虞：〈吃人與禮教〉，見《新青年選粹》，遼寧大學出版社，2001 年版，第 149 頁。

26　魯迅：《華蓋集》，《魯迅全集》第 3 卷，人民文學出版社，2005 年版，第 47 頁。

世的，但卻是活人的頹唐和厭世。我以為要少——或者竟不——看中國書，多看外國書。[27]

他還明確地說：「中國的書一本也不要讀。」吳稚暉則大呼「把線裝書全部扔到茅廁坑裡」。[28]

居然要「不看中國書」，還要把中國書「全部扔到茅廁坑裡」，那麼傳統文化就不可能延續下去了。但這還不行。他們又提出中國必須全盤西化。胡適明確提出：

我主張全盤西化。[29]

而且胡適還說：

我很不客氣的指摘我們的東方文明，很熱烈的頌揚西洋的近代文明。[30]

我們必須承認我們自己百事不如人，不但物質機械上不如人，不但政治制度不如人，並且道德不如人，知識不如人，文學不如人，音樂不如人，藝術不如人，身體不如人。

肯認錯了，方才肯死心塌地的去學人家。[31]

按胡適的說法，中國人真是無法活下去了，連「身體」都「不如人」。難道要把中國人身體砍掉，或換成外國人身體嗎？要知道早在鴉片戰爭之前，中國人看外國人「身體」是十分醜的：頭髮醜、眼睛醜、面目醜、身體醜。中國人認為「鬼」是最醜的，《舊唐書·盧杞傳》記盧杞「貌陋……人皆鬼視之」，因為相貌醜陋，人皆看他像個鬼。諺云「醜得像鬼一樣」，故叫外國人是「鬼子」，或「某國鬼子」，如「英國鬼子」「美國鬼子」「日本鬼子」，或統稱為「洋鬼

子」。只有中國人是最美的人。但由自信變爲自卑後，胡適們又認爲外國人身體好，我們的「身體不如人了」，直到現在。

北宋末年的王黼（1079-1126）是蔡京的死黨，官至太傅。蔡京的兒子蔡絛經常見到他這位前輩，蔡絛在《鐵圍山叢談》卷三中記「王黼……面如傅粉，然鬚髮與目中精色盡金黃……大抵皆人妖也。」「面如傅粉」即膚白，鬍鬚頭髮與眼球皆金黃色，這正與西方洋人相同，卻被人視爲「人妖」，亦「鬼子」之類也。清義和團時，民衆有揭帖，評洋人曰「爾試攬鏡自照，爾模樣與畜生何異？不過能言之禽獸而已。」其鄙視洋人的程度，可見一斑。中國人還是以自己的黑頭髮、黑眼睛爲美。但人一旦自卑後，總覺得自己一切都不美，而別人一切都美。現在很多年輕人又視黃髮爲美，有人將黑髮染成黃髮，同一黃髮，自信者視爲醜，爲「人妖」，爲「鬼」。自卑者以爲「美」，「西化」連身體都要「西化」了。觀念一變，一切都變了。（補充一段閒話：小時候看過一段外國戲劇，一個少女失戀了，坐地痛哭。一位先生過來安慰她：「不要哭，我幫你介紹一個更好的，找

註 Note

27　魯迅：《華蓋集》，《魯迅全集》第 3 卷，人民文學出版社，2005 年版，第 12 頁。

28　吳稚暉說：「把線裝書全部扔到茅廁坑裡」。這是最常見的一句話，但很多學者引用此話時都沒有標明出處。實際上是胡適在〈追念吳稚暉先生〉一文中道出的：「他……『把線裝書扔入茅廁坑裡去。』又很沉痛的公開警告我們：『這《國故》的臭東西』……非把他（它）丟在茅廁裡三十年不可……」（載《革命人物志》第 2 集，臺灣中央文物供應社，1969 年版，第 256-262 頁）但吳稚暉也在其〈箴洋八股化之理學〉一文中說：「我二十年前同陳頌平先生相約不看中國書……」（秦同培編《吳稚暉言論集》上，上海世界書局 1927 年版，第 107 頁。）

29　胡適：〈充分世界化與全盤西化〉，《胡適全集》卷 4，安徽教育出版社 2003 年版，第 585 頁。

30　胡適：〈介紹我自己的思想〉，《胡適全集》卷 4，安徽教育出版社 2003 年版，第 666 頁。

31　胡適：〈介紹我自己的思想〉，《胡適全集》卷 4，安徽教育出版社 2003 年版，第 667 頁。

一個黑頭髮的。」那少女哭著說：「他就是黑頭髮的……）

　　繼之，陳序經批評了胡適的「全盤西化」不徹底。他說：「胡適之先生整個思想不能列為全盤西化派，而乃折衷派中之一支流。」「假使百分之九十九的西化，能謂為盡量西化或充分西化，那麼『中學為體，西學為用』也可以說是盡量西化或充分西化了。」「我在這裡只想指出在所謂百分之九十九或九十五的情形之下，還可以叫做『全盤』。至於我個人，相信百分之一百的全盤西化，不但有可能性，而且是一個較為完善較少危險的文化出路。」[32] 陳序經在〈全盤西化的辯護〉一文中，批判了胡適以及當時很多主張「全盤西化」而不徹底者，對「盡量西化或充分西化」十分不滿，而力主「百分之一百的全盤西化」，把「全盤西化」推上一個高峰。

　　歷史學家蔣廷黻在 1938 年出版的《中國近代史》中也說：「我國到了近代要圖生存，非全盤接受西洋文化不可。」當時持這類看法的人非常多。「全盤西化」，「百分之一百的全盤西化」，「把線裝書全部扔到茅廁坑裡」，他們還不放心，最後提出廢除漢字，還要廢除漢語。錢玄同提出欲為長久之計，必須先把漢字廢了。

　　　　則欲廢孔學，不可不先廢漢文。欲驅除一般人之幼稚的野蠻的頑固思想，尤不可不先廢漢文。

　　　　二千年來，所謂學問，所謂道德，所謂政治，無非推衍孔二先生一家之學說……二千年來用漢字寫的書籍，無論哪一部，打開一看，不到半頁，必有發昏做夢的話。此等書籍……若令初學之童子讀之，必致終身蒙其大害而不可救藥。

　　　　欲廢孔學，欲剿滅道教，惟有將中國書籍一概束之高閣之一法。

　　　　欲使中國不亡，欲使中國民族為二十世紀文明之民族，必以廢孔學、滅道教為根本之解決；而廢記載孔門學說及道教妖言之漢文，尤為根本解決之根本解決。[33]

陳獨秀則說：

> 惟僅廢中國文字乎？抑並廢中國言語乎？……當此過渡時
> 期，惟有先廢漢文，且存漢語，而改用羅馬字母書之。[34]

胡適說：

> 獨秀先生主張「先廢漢文，且存漢語，而改用羅馬字母書
> 之」的辦法，我極贊成。凡事有個進行次序。[35]

廢除漢字，魯迅、康有為、蔡元培、吳稚暉、郭沫若、茅盾、毛
澤東等當時幾乎所有的社會名流都撰文贊同。

瞿秋白不但贊成廢除漢字，他更身體力行，於 1929 年在蘇聯漢
學家郭質生的幫助下，寫成了《中國拉丁化的字母》。1930 年便由
蘇聯 KYTY 出版社出版了。瞿秋白在《中國拉丁化的字母》中還說：

> 中國的「漢字」，對於群眾實在是太困難，只有紳士階級能
> 夠有這許多時候去學他。所以，他是政治上文化上很大的障礙。[36]

註 Note

32　陳序經：〈全盤西化的辯護〉，刊於《獨立評論》，1935 年第 160 號。

33　以上皆見〈中國今後之文字問題〉，《新青年選粹》，遼寧大學出版社，2001
　　年版，第 299-303 頁。

34　〈中國今後之文字問題〉附，《新青年選粹》，遼寧大學出版社，2001 年版，
　　第 305 頁。

35　〈中國今後之文字問題〉附，《新青年選粹》，遼寧大學出版社，2001 年版，
　　第 305 頁。

36　《回讀百年──20 世紀中國社會人文論爭》，第 2 卷，大象出版社，1999 年版，
　　第 728 頁。

蘇聯 KYTY 出版社為《中國拉丁化的字母》一書，寫了「出版說明」，其中說：

> 中國文字的拉丁化具有非常重大的意義。……陳舊的中國象形文字從各方面說來都是過時的殘渣。拚命倒轉歷史車輪的中國反動派黑暗勢力死死抱住這種殘渣。在中國蓬勃發展的群眾性革命運動的背景前面，象形文字所起的作用尤其令人注意：它是反動派和舊秩序的象徵，而且愈來愈對所有革命者成為障礙。[37]

1930 年 5 月，蘇聯語言學家龍果夫在莫斯科中國問題研究會上，作了關於瞿秋白的《中國拉丁化的字母》方案的報告。1931 年，吳玉章、林伯渠、蕭三、王湘寶、龍果夫等以此方案為基礎，擬制了《中國漢字拉丁化的原則和規則》。1931 年 9 月，中國文字拉丁化第一次代表大會在海參崴召開，大會通過了《中國漢字拉丁化的原則和規矩》，並聲明「要根本廢除象形文字，以純粹的拼音文字來代替它」。會後，遠東地區新字母委員會將拉丁化新文字作為掃盲和普及教育的工具，首先在僑蘇的十萬中國工人中推行，從此，拉丁新文字運動開展起來了。[38]

其後有人又提倡「大眾語」。這種大眾語不同於文言文，也不同於白話文。大約是為廢除漢語而創造的。「大眾語」和「拉丁文」如果真的實行了，中國的文字就徹底斷絕了。

魯迅也十分支持這種「拉丁文」和「大眾語」，他在《門外文談》中又提到：

> 倘要中國的文化一向上，就必須提倡大眾語、大眾文，而且書法更必須拉丁化。[39]

他說的「書法」即是漢字的寫法，「必須拉丁化」，即廢除漢字，改為拉丁字母化書寫。魯迅還說：

> 方塊漢字真是愚民政策的利器……
>
> 漢字也是中國勞苦大眾身上一個結核，病菌都潛伏在裡面，倘不首先除去它，結果只有自己死。[40]
>
> 如果大家還要活下去，我想：是只好請漢字來做我們的犧牲了。[41]

魯迅竟認為，如果不去除漢字，大家都活不下去了。真是太嚴重了。他又說：

> 倘要生存，首先就必須除去阻礙傳布智力的結核：非語文和方塊字。如果不想大家來給舊文字做犧牲，就得犧牲掉舊文字。……乃是關於中國大眾的存亡的。[42]
>
> 漢字和大眾，是勢不兩立的。

註 Note

37　〈漢字不廢，中國必亡——拉丁化新文字運動·前言〉，《回讀百年——20 世紀中國社會人文論爭》，第 2 卷，大象出版社 1999 年版，第 714 頁。

38　以上參閱〈漢字不廢，中國必亡——拉丁化新文字運動·前言〉，《回讀百年——20 世紀中國社會人文論爭》，第 2 卷，大象出版社，1999 年版，第 712-720 頁。

39　《魯迅全集》，第 6 卷，人民文學出版社，2005 年版，第 103 頁。

40　魯迅：〈關於新文字〉，載《魯迅全集》，第 6 卷，人民文學出版社，2005 年版，第 165 頁。

41　魯迅：〈漢字和拉丁化〉，載《魯迅全集》，第 5 卷，人民文學出版社，2005 年版，第 585 頁。

42　魯迅：〈中國語文的新生〉，載《魯迅全集》，第 6 卷，人民文學出版社，2005 年版，第 179 頁。

所以，要推行大眾語文，必須用羅馬字拼音。[43]

茅盾也說：

站在大眾的立場上，只有廢除漢字，才是中國文字改革運動最正確的道路，何況就「學習」上一點而言，拉丁化也比簡筆字、注音字母等等要方便了許多呢。[44]

郭沫若更說：

（新文字）學習起來，大家就好像回復了童年時代的天真，古人說：「大人者，不失其赤子之心。」我現在在新文字上發現了一個意想外的功用，新文字竟是養成我們最高道德的最良手段。[45]

現在已經不是討論新文字要不要的時候，而是我們應該趕快學，趕快採用的時候了。[46]

1934 年 8 月，葉籟士等在上海成立中文拉丁化研究會。1935 年 12 月，該會邀請文化界人士座談推行新文字的問題。會上由陶行知發起成立中國新文字研究會，並草擬了《我們對於推行新文字的意見》，開頭便說：

中國已經過了生死關頭，我們必須教育大眾組織起來解決困難。但是這教育大眾的工作，開始就遇到一個絕大難關。這個難關就是方塊漢字。

中國大眾所需要的新文字，是拼音的新文字，是沒有四聲符號麻煩的新文字。

　　爲了廢除漢字，推行拼音文字，他們還定了六條具體辦法。同意並在上面簽名的重要人物有：蔡元培、孫科、李任仁、朱霽青、陶行知、林庚白、柳亞子、李公樸、陳望道、巴金、魯迅、郭沫若、鄒韜奮、胡愈之、茅盾、曹聚仁、艾思奇、胡繩、胡風、周揚、夏征農等688人，幾乎包括了當時的名流。1940 年 11 月，陝甘寧邊區新文字協會成立，毛澤東、孫科等組成名譽主席團。林伯渠、吳玉章等組成主席團，頒有《關於推行新文字的決定》。

……

　　一直到抗戰勝利後，拉丁化新文字運動仍在進行。[47]

　　這說明「五四」反傳統的思想勢力影響大到何等程度。但開始階段北洋軍閥政府始終不接納這些意見，他們堅持傳統文化和傳統文字，絕不給拉丁文以任何地位。後來掌權者是受五四影響的兩批青年，其中一批在國民黨主政的政府裡，開始討論廢除漢字，改爲拉丁文字，但內部意見並不統一，反對意見也很強烈，後來便因「內亂」、「外亂」（日本侵略中國，列強瓜分中國）帶來的緊迫感更大，廢除漢字的進程便停止了。但在政府之外的民間，主要是知識界，尤其是受蘇俄影響的知識界，一直在進行。

註 Note

43　魯迅：〈答曹聚仁先生信〉，載《魯迅全集》，第 6 卷，人民文學出版社，2005 年版，第 78 頁。

44　茅盾：〈關於新文字〉。轉引自《回讀百年——20 世紀中國社會人文論爭》第 2 卷，大象出版社，1999 年版，第 717 頁。

45　郭沫若：〈請大家學習新文字〉，轉引自《回讀百年——20 世紀中國社會人文論爭》第 2 卷，大象出版社，1999 年版，第 717-718 頁。

46　郭沫若：〈請大家學習新文字〉，轉引自《回讀百年——20 世紀中國社會人文論爭》第 2 卷，大象出版社，1999 年版，第 718 頁。

47　以上內容參閱《回讀百年——20 世紀中國社會人文論爭》第 2 卷，大象出版社，1999 年版，第 713-720 頁。

　　1949 年後，深受「五四」影響的另一批青年掌握政權，他們在「三反五反」，「鎮壓反革命」後，國家政權已得到穩定。大約於 1954 年 3 月，便考慮認眞將漢字廢除，改爲羅馬字，實行拉丁化。當時的國家主席毛澤東找來一直從事文字改革的吳玉章（當時已任中華人民共和國人民代表大會副委員長、中國人民大學校長），組成文字改革委員會，任務便是廢除漢字，改爲拼音化（拉丁化）。

　　當時，決定將廢除漢字的資訊公布後，對中國傳統文化懷有深情的學者們都痛心疾首。留學美國回國後在清華大學任導師的著名教授吳宓在其《吳宓日記》1954 年 3 月 14 日記：「……新華書店觀書，見中國文字改革委員會報告，大旨決定廢漢字，用拼音，但宜穩愼進行云云。索然氣盡，惟乞宓速死，勿及見此事。」[48]《吳宓日記》1955 年 3 月 5 日又記：「晚蕭瑞華來，宓與談中國文字已優卓，勝過西文處。近中國文字改革委員會已宣布通行簡字，並以拉丁化拼音爲最後之目標，則漢字亡，中國文化全亡，已成事實。今後更無挽救之機會。曷勝痛心……」[49]

　　《吳宓日記》1955 年 4 月 11 日又記：「讀《重慶日報》見吳玉章主領之中國文字改革委員會近頃公布之漢字改革方案，略謂中國文字，已由毛主席主張，決改爲拼音文字，以與世界各國一致。但此非一蹴可幾，故須暫用漢字以資過渡。然漢字繁難，故今決逐步增多採用舊有新增之簡體字。茲先公布……宓讀之大憤苦。夫文字改革之謬妄，吾儕言已數十年。……即以採用簡體字而論……完全破壞漢文之系統者……」[50]

　　雖然廢除漢字的政策，遭到很多人的反對，但吳玉章領導下的文字改革委員會，仍然通過多年的努力，拿出文字拼音化的方案。但這時，「五四」青年都已變老了。他們都不認識這些新文字，他們再從頭學，已晚了。他們的思想也開始成熟了，深沉了。也許文字改革，漢字拉丁化後，他們都將成爲文盲了。於是便沒有批准拼音方案的

實行。

　　幸虧他們已老了，漢字倖免一次巨大的災難，中國傳統文化也倖免覆滅的命運。漢字如果廢除了，中國這個世界上唯一的延續五千年傳統的國家也就不復存在了。國家不存在的重要標誌就是這個國家的文化不存在了。文化不存在，附屬於文化的道德更是不存在了。

　　自1905年，清朝廷在輿論壓力下，廢止了科舉制度，這對儒家文化的建制破壞最大。嚴復《遺囑》中云：「中國必不亡，舊法可損益，必不可叛。」科舉的內容可稍加損益，（但傳統道德的內容不可損）其形式理應保留。在西方以貴族和教會把持政權時代，中國一直用科舉方法從民間選拔無數忠於國家，一心為民的傑出的治國人材，這是中國封建社會超穩定的重要因素。社會發展了，這種方法理應稍加「損益」繼續保存，和新的方法並行，共同選拔人材，更利於國家的建設和發展。[51]

　　民國建立後，蔡元培任教育總長，即停止祭孔，廢止讀經，廢除經科。新文化運動，又興起「打孔家店」、「廢孔學」、「全盤西化」、「不讀中國書」、「把線裝書全部扔到茅廁坑裡」，最後要「廢除漢文」。下一步還要廢除漢語，這對中國傳統文化打擊太大。傳統文化中，傳統道德最重要。傳統文化中斷，傳統道德也隨之中斷。這是中國人道德水準下降的重要原因。再看西方。西方人也學中國文化，正

註 Note

48　《吳宓日記》(1954-1956)，生活·讀書·新知三聯書店，2006年版，第26頁。

49　《吳宓日記》(1954-1956)，生活·讀書·新知三聯書店，2006年版，第137頁。

50　《吳宓日記》(1954-1956)，生活·讀書·新知三聯書店，2006年版，第146頁。

51　實際上，民國初政府之所以得到後人高度稱讚，正是由四類人才組成。一是科舉制度培養出來的如蔡元培（進士）、徐世昌（進士）、傅增湘（進士）、吳佩孚（秀才）等；二是出國留學人才；三是中國大學培養的人才；四是從基層發展中發現的人才。比較而言，仍以科舉培養的人才為最優秀。

是中國文化吸引了他們，西方人才源源不斷地來到中國。後來他們把軍艦開到中國，也濫觴於此。17 世紀至 18 世紀，歐洲哲學思想界、文化界掀起了一個「中國熱」的高潮。18 世紀的啓蒙運動，很多思想及歐洲近代哲學的形成都來自中國的哲學文化，而經歐化改造而成熟。英國劍橋大學 1998 年出版的《劍橋十七世紀哲學史》一書中作了充分的論述。法國學者莫里斯‧羅班說：「在古代歐洲和啓蒙時代的西方，中國簡直是無所不在。」美國學者斯塔夫里阿諾斯也說：「當時，歐洲知識分子正被有關傳說中的遙遠的中國文明的許多詳細的報導所強烈地吸引住⋯⋯」實際上，17 世紀和 18 世紀初葉，中國對歐洲的影響比歐洲對中國的影響大得多。西方人得知中國的歷史、藝術、哲學和政治後，完全入迷了。還說：「實際上，當時，中國的考試制度和儒家倫理觀給歐洲留下的印象，較之歐洲的科學和教學給中國留下的印象，要深刻得多。」

西方人吸收中國哲學文化，經過歐化之後才實行。但西方人卻從沒有打倒和廢除自己的文化。而中國人「不破不立」，學習外國的文化，先打倒自己的文化，甚至外國文化還沒學到手，就先把自己的傳統文化打倒。這是中國變弱的重要原因之一。

◇四 對傳統文化的誤解

談中國傳統文化，最怕那些根本不懂中國文化的外國人（包括外國籍的華人）信口雌黃，望文生義，顛倒黑白的言論。有的十分淺薄，有的完全是胡扯。而五四以後的中國人，多數崇洋媚外，加上中國翻譯界和出版界的無知和低素質，一見到外國人談中國文化，不論多麼淺薄和無知，也馬上翻譯，馬上出版，而庸眾一見外國人寫的書，馬上買，馬上讀，馬上不加思考的相信。所以，其危害十分大。

有一個美籍華人歷史學家，寫了一本《中國文化的深層結構》，

他將中國文化在深層結構的層面上與世界其他文化作了比較，用於解釋中國文化現象，據介紹者說：絕對深度。

他在書中說：

中國人的「身」：與西方人或是拉丁人不同，中國人把個人看作是一個「身」，也就是一個身體，對於中國人來說，身體比心靈或是靈魂都更加重要，所以中國人特別注重養身。中國人的語言當中對個人的描述也充滿了這樣的概念，例如，描述自我，便可稱爲「自身」、「本身」，講一個人的所有，叫「身家」，講一個人的來歷，叫做「出身」，講一個人改變了命運，是「翻身」，講一個人的感覺，叫「體會」，「身體力行」，對一個人的攻擊，叫做「人身攻擊」，等等。古代中國士人也講「修身、齊家、治國、平天下」。可見，對於中國人來說，對一個人的描述，完全是身體性的，一個中國人，就是一個「body」，而他的心靈與靈魂，就不那麼重要了。而對中國人來說生活最大的主題，就是保存這個身，就是「明哲保身」。

中國人的心：中國人也有心理活動，但是中國人的心不是用在自己身上的，而是用於關照他人。上一輩的中國人總會教導年輕人「先人後己」，「毫不利己，專門利人」，中國人講與「心」有關的詞，總與他人有關，如「關心」、「傷心」、「寒心」、「操心」等。中國人講究人與人之間的「合和」性，認爲只有自己先關心了他人，他人才會關心自己，於是在不太熟悉的人相見的時候，先要將自己的「心」作用於他人身體之上，然後別人才會將他的「心」交給你，作用於你的「身」之上，雙方「交心」之後，於是都「安心」，這樣就變成了自己人。

中國人的人性設定：對中國人的人性的設定，爲作對比，特引入西方人與拉丁人的人性。

　　西方人的人性是以獲得圓滿的「靈魂」為中心的，「靈魂」
這個東西是超自然的，是超越物質與精神，乃至是超越今生今世
的。

　　總之西方人對待肉體是最粗略的，對待精神要好一些，而最
重要的，個人都是統一於「靈魂」的。社交中不太在意他人的看
法。（以上皆見《中國文化的深層結構》）

　　這位歷史學家對中國的哲學，中國的文化，完全無知，根本不
懂。他不知道中國人說的「身」就是靈魂和肉體的統一體，而且是以
靈魂為更重要，他也看不懂中國的書，便胡說八道。見到中國人說的
「身」，便以為中國人的心靈和靈魂不重要。他連中國的名言：「志
士仁人，無求生以害仁，有殺身以成仁。」[52] 都看不懂。這句話出自
孔子之口，但已成為中國人的立身處世的基本原則。「仁」不是心靈
和靈魂嗎？為了「仁」可以「殺身」，是「身」重要呢？還是「仁」
重要呢？

　　孟子說：

　　　　生亦我所欲也，義亦我所欲也；二者不可得兼，舍生而取義
也。[53]

　　「生」就是生命，就是「身」，「義」就是屬於靈魂的內容了。
「捨生取義」是「身」重要呢？還是「義」重要呢？「身」可以殺，
可以捨。但靈魂必須保持高尚。中國人對靈魂的要求是何其高也。

　　中國人認為有「身」必修，「修身」的先決條件是「正心」。即
這個外國人說的「心靈」。中國人從一懂事就應該明白的道理，就應
遵循的法規是：「修身、齊家、治國、平天下。」出自儒家的著作。
《大學・章句》開始便講：

古之欲明明德於天下者，先治其國；欲治其國者，先齊其家；欲齊其家者，先修其身；欲修其身者，先正其心；欲正其心者，先誠其意。……[54]

朱熹注「心者，身之所主也。」「意者，心之所發也。」又云：

意誠而後心正，心正而後身修。

可見，身之主者是心，意之發者是心。身修不是修正衣服，也不是理髮整容，而是正心。心是更重要的。心是心靈，是靈魂，而不是身體髮膚。這個外籍華人歷史家根本不懂中國人說的「身」是何意。這個「身」的主要部分是心靈，否則便是行屍走肉。《大學章句》是四書五經之首篇，傳統讀書人必讀此文。它的影響也是巨大的。《四書·中庸章句》又云：

取人以身，修身以道，修道以仁。[55]

這個身必須有道，道以仁爲基礎。可見仁和道更重要。

中國人說的「身」，除了「身高八尺」之類外，大多是以「心靈」、「靈魂」爲主的。就這位外國歷史學家說的「身體力行」，這

個「身」也並不是今天說的「身體」之身，是以身體之（體會之），以力行之，以身體之實際上是心靈體會之。孟子說的「堯舜，性之也；湯武，身之也」[56]，即堯舜實行仁義，是習於本性；湯武（商湯和周武王）親身體驗，努力推行，這個「身」指的還是心靈，只有心靈才能體驗，肉體是沒有體驗能力的。但心靈、靈魂寓於身中，這個「身」更多的指心靈。晉宋時宗炳說：「棲形感類。」[57]

人的心靈、靈魂寄寓於身體（形）內，而感通於藝術作品中。「人身攻擊」也多指損害人的品質、道德情操，也是心靈的內容，而非單純的身體。

《孟子‧離婁》中說：「天下國家，天下之本在國，國之本在家，家之本在身。」這個「身」也是指具有靈魂，具有正義的個人。只是這位歷史學家讀不懂而已。

孔子還說：「君子謀道不謀食」，「君子憂道不憂貧」。[58] 孟子說的：「無惻隱之心，非人也；無羞惡之心，非人也；無辭讓之心，非人也；無是非之心，非人也……人之有是四端也」[59]；等等，都說明中國人對道義等屬於心靈的內容超過對身體的重視的。

這位歷史學家在他的《中國文化的深層結構》一書中又說：「中國人也有心理活動，但是中國人的心不是用在自己身上的，而是用於關照他人。」這句話又錯了。中國人在心靈上，靈魂上，道德修養方面，主要還是關照自己。孔子、荀子等人都說過：

古之學者為己，今之學者為人。[60]

《顏氏家訓‧勉學》也云：

古之學者為己，以補不足也；今之學者為人，但能說之也。

《太平御覽》卷六百七引《新序》云：

　　齊王問墨子曰：「古之學者爲己，今之學者爲人，何如？」
對曰：「古之學者，得一善言，以附其身；今之學者，得一善
言，務以悅人。」

　　「爲己」就是充實自己，涵養自己，改變自己，完善自己，當
然是心靈和靈魂方面的完善，然後履而能行之，身正言正，爲人、爲
德、爲政、爲文，爲藝皆正而善。

　　所謂「先人後己」、「毫不利己，專門利人」也是心靈美的表現，
不是身體問題。至於「關心」、「傷心」、「寒心」、「操心」等，
更是心的作用，而不是「身」的作用。至於「西方人對待肉體是最粗
略的，對待精神要好一些，而最重要的，個人都是統一於『靈魂』
的」。那麼，中國人「殺身以成仁」，「舍生而取義」，肉身可殺，
可捨，而「仁」、「義」必須堅持，不更是「對待肉體是最粗略的」
嗎？「心者，身之所至」，「修身以道」，不更是統一於「靈魂」的
嗎？

　　總之，這位被稱爲最懂得「中國文化的深層結構」的外國歷史
學家，其實根本不懂中國文化，一竅不通，基本上是信口胡說，顛倒
黑白。這對中國的年輕人危害最大，因爲自五四以來，中國一大批人

註 Note

56　《孟子・盡心上》。

57　宗炳：〈畫山水敘〉，見《陳傳席文集》，第 1 卷，中國青年出版社，2017 年版。

58　《論語・衛靈公》。

59　《孟子・公孫醜上》。

60　語見《論語・憲問》，又見《荀子・勸學篇》，又見《北堂書鈔》引《新序》，
　　又見《後漢書・桓榮傳論》。

崇洋媚外，一聽說外國人（其實是外籍中國人）著書論中國文化，即使全是胡說八道，全是「垃圾」。他們也趕緊找人翻譯，趕緊出版發行。年輕人趕緊買來閱讀，而且馬上頂禮膜拜，馬上信以為真。[61]

他們把中國優秀的文化，說成是落後的野蠻的。外國人又以這錯誤的說法來判斷中國，豈不錯上加錯。所以，五四那一批人勸青年不讀中國書，多讀外國書；我則勸青年多讀中國傳統書（五四以前的書）。也讀外國人研究外國的書，少讀或不讀外國人研究中國的書，以免上當，更免得出錯誤的結論。

這裡再補充說明一個問題，以證明中國人的認識，高於並早於西方人。19 世紀歐洲的拉比斯蘭特在威斯敏斯特教堂裡留下一段話，現在被全世界人佩服並認為是放之四海而皆準的真理，這段話被刻在教堂的石碑上，文曰：

當我年輕的時候，我想改變世界，但是世界並沒有因我而改變。因此，我試著去改變我的國家，當我發現國家也沒有因為我而改變的時候，我開始想著要改變我居住的小鎮，但我也沒有改變小鎮。年紀大了，我嘗試改變我的家人。現在我已然是一位老人，我突然意識到我所能改變的應該是我自己，如果很久之前就改變自己，我就可以影響到我的家人，我的家人和我就可以影響我的鎮子，進而影響到國家，那樣的話，我就真正改變了世界。

這段話，被舉世傳誦，被認為是做人做事的絕對真理。但中國人早在 2500 年前就提出「修身、齊家、治國、平天下」。而且講得更精確，更具體。是先修身，即改變自己，再影響到家人，即「齊家」，再影響到國家，再改變世界。

《大學章句》中說的：

物有本末，事有始終，知所先後，則近道也……欲誠其意，先致其知，致知在格物。物格而後知至，知至而後意誠，意誠而後心正，心正而後身修，身修而後齊家，家齊而後國治，國治而後天下平。自天子以至於庶人，壹是皆以修身為本。[62]

「修身」就是改變自己，「齊家」就是影響到我的家人，「治國」、「平天下」就是影響和改變鎮子、國家、世界。而且，治國的說法開始還談到如何改變自己，最後又強調上至天子，下至庶人，一切都要以「修身」為根本。西方人晚於中國人二千五百年才認識到的道理，還不如二千五百年前的中國人說得透徹、明瞭。國家弱了，只是武力弱了，並不代表文化弱了。古希臘被人打敗了，滅亡了，並不代表古希臘的文化弱。古希臘文化恰恰是歐洲先進文化的源頭和基礎。

 中國傳統文化在道德、道義上的要求

（一）仁義之道

《易經》是中國的群經之首，儒家學說的基礎。《易經·說卦》有云：

> 立天之道曰陰與陽，立地之道曰柔與剛，立人之道曰仁與義。

所以，仁與義是中國人做人之道的基礎，是做人十分重要的原

註 Note

61　這一本被人稱為「絕對深度」的《中國文化的深層結構》，從頭到尾，無一處不錯，如果要批駁，又要寫一本大書。以上僅舉數例而已。

62　《四書章句集注·大學章句》。

則，孔孟皆以仁義為最高的道德標準。而且自天子以至庶民都把仁義之道作為自己的最高信仰。天子對老百姓要施仁政，醫生對病人要施仁術，長輩對後輩要仁慈，朋友之間要講仁義。道德高尚的人被稱為仁者、仁人義士、仁人君子，好皇帝稱為仁君，好兄弟稱仁兄、仁弟；即使人類對動物，也要講仁德。動物中，如麒麟，因不食生物，被稱為仁獸。好鳥如鸞鳳，被稱為仁鳥。大凡好事好人前都會加一「仁」字。

《論語》一書，提到「仁」109 次，提出「義」24 次。但孟子說過「舍生而取義」，似乎對「義」更重視。《孟子》一書提出「仁」共 157 次，提到「義」共 108 次。

孔子提出君子之道的內容是仁、智、勇、而以「仁」居其首。司馬光在《資治通鑑》中提出人君修心治國的三大要素，「一曰仁，二曰明，三曰武」。「仁」也居其首。孔子又說：

> 克己復禮為仁。一日克己復禮，天下歸仁焉。為仁由己，而由人乎哉？[63]

又曰：

> 非禮勿視，非禮勿聽，非禮勿言，非禮勿動。[64]

「禮」是非常重要了，但復禮是為仁。又曰：

> 人而不仁，如禮何？人而不仁，如樂何？[65]

禮、樂都是十分重要的，但人如果不仁，那又如何對待禮、樂呢？可見仁是基礎、核心。

　　《孟子》第一篇《梁惠王》，開頭便說：「王，何必曰利，亦有仁義而已矣……」。

　　　什麼是仁呢？《論語・顏淵》：「樊遲問仁。子曰：『愛人』」。《論語・學而》：「君子務本，本立而道生。孝弟也者，其爲仁之本與。」《孟子・離婁下》云：「仁者愛人」。《孟子・盡心上》又云：「君子之於物也，愛之而弗仁；於民也，仁之而弗親。親親而仁民，仁民而愛物。」又云：「仁者無不愛也。」《孟子・告子上》：「惻隱之心，仁也。」《孟子・梁惠王上》：「王如施仁政於民，……可使制梃以撻秦楚之堅甲利民矣。」「三代之得天下也以仁，其失天下也以不仁。國之所以廢興存亡者亦然。天子不仁，不保四海；諸侯不仁，不保社稷；卿大夫不仁，不保宗廟；士庶人不仁，不保四體。」《禮記・中庸》：「仁者人也，親親爲人。」《莊子・天地》：「愛人利物之謂仁」。《國語・周語中》：「仁，所以保民也。」《禮記・郊特牲》：「蠟之祭也……仁之至，義之盡也。」孔穎達疏：「不忘恩而報之，是仁。」司馬光在《資治通鑑》解釋「仁者，非嫗煦姑息之謂也。」「修政治，興教化，育萬物，養百姓，此人君之仁也。」

　　中國傳統文化中提到仁義的地方，十分多，中國人是離不開仁義的。對人、對己，爲國，爲君，爲民，對長輩，對晚輩，對內，對外，處處都是講仁義。

　　義和仁的關係，《禮記・禮運》：「仁者，義之本也。」文天祥有一段名言：「孔曰成仁，孟曰取義，惟其義盡，所以仁至。」[66]《孟

註 Note

　63　《論語・顏淵》。

　64　《論語・顏淵》。

　65　《論語・八佾》。

　66　《宋史・文天祥傳》。

子‧離婁上》：「仁，人之安宅也；義，人之正路也。」《荀子‧儒效》云：「先王之道，仁之隆也；必中而行之。曷謂中？曰，禮義是也。」

　　《禮記‧中庸》：「義者，宜也。」東漢劉熙《釋名》：「義，宜也。裁制事物，使合宜也。」[67]韓愈《原道》說：「博愛之謂仁，行而宜之之謂義，……」朱熹：「仁者，心之德，愛之理。義者，心之制，事之宜者也。」[68]漢董仲舒的名言：「夫仁人者，正其誼不謀其利，明其道不計其功。」這「正其誼」即「正其義」。朱熹引用時即改爲「正其義不謀其利」。朱熹又說：「義者，心之制，事之宜也。」凡是符合正義或道德規範者皆稱「義」。

　　孔子云：「君子喻於義，小人喻於利」。

　　《論語‧陽貨》：「君子義以爲上。」

　　《論語‧衛靈公》：「君子義以爲質。」

　　《論語‧述而》：「不義而富且貴，於我如浮雲。」

　　《論語‧雍也》：「夫仁者，己欲立而立人；己欲達而達人」。

　　孟子又云：「親親，仁也；敬長，義也。」所以，有仁有義者，「老吾老以及人之老，幼吾幼以及人之幼」，「己所不欲，勿施於人。」

　　凡是具有仁義之道者，都有高貴的品質，爲人，捨己爲人，爲國，爲天下，絕對不做損害他人的事，也不和別人競爭。《論語‧八佾》：「子曰：『君子無所爭，必也射乎。揖讓而升，下而飲。其爭也君子。』」君子不和人競爭，唯一的爭，便是比賽射箭，先是和對手作揖施禮，然後登臺射箭，射完後再施禮，射中箭靶多者，爲優；射中箭靶者少的，次之，要喝罰酒，有時還要得勝者陪喝。西方的比賽，總是處於「敵對」形勢，得勝者趾高氣揚，喝勝利之酒；失敗一方灰溜溜地站在一旁，很難堪，甚至會懷恨。中國的比賽者，雙方總是處於和諧狀態，失敗者反而喝酒，勝者如果也喝酒，叫陪喝。這樣，關係就融洽了。這都體現了中國的仁義之道，更體現了中國古代

的文明。

　　《論語・衛靈公》：「子曰：民之於仁者也，甚於水火。」《孟子・盡心上》：「民非水火不生活」。老百姓需要仁，更急於需要水火。君主需要仁政，《孟子・離婁上》：「堯舜之道，不以仁政不能平治天下。」又云：「惟仁者宜在高位，不仁者在高位，是播其惡於眾也。」孟子論到君臣關係時，認爲君是主要方面，「君仁，莫不仁；君義，莫不義；君正，莫不正。一正君而國定矣。」

　　君作爲國之主，君強則國強，君仁義則代表一國之仁義。春秋時，宋弱小而楚強大，宋襄公和楚人戰於泓，宋兵已排好陣列，但楚人還在渡泓水，大司馬告宋襄公說：「彼眾我寡，現在他們還沒有全部渡河，我們出擊，必勝。」但宋襄公出於仁義之心，說：「不可，吾聞之也，君子不厄人。吾雖喪國之餘，寡人不忍行也。」宋襄公認爲楚人還在渡河，怎麼忍心攻擊人呢？楚人全部渡過河，但還未列成軍陣，大司馬又說：「請趁他們還未完全列成軍陣，我們進攻，必勝。」宋襄公說：「不可，吾聞之也，君子不鼓不成列。」即君子不進攻人家還沒排列好軍陣。等到對方一切都準備好了，宋襄公才下令進攻，但因對方軍多又強，又列好了陣勢，所以宋打了敗仗。而且宋襄公的腿還被打傷了。[69] 後來，有人說這是「蠢豬式的仁義道德」，但宋襄公因爲嚴格遵守當時的仁義道德標準，以仁義聞名，被很多國家尊爲霸主，成爲五伯（伯讀霸）之一。《呂氏春秋・當務》：「備

註 Note

67　東漢・劉熙《釋名》卷四《釋言語》，《四部叢刊初編》，中華書局，1985 年 1 版，第 1151 冊，第 52 頁。

68　朱熹《四書章句集注・孟子集注卷一・梁惠王章句上》注：「王何必曰利，亦有仁義而已矣。」

69　《春秋左傳注》，中華書局，1990 年版，僖公二十二年，第 396 頁，及《公羊傳》等。

說非六王五伯。」高誘注：「五伯，齊桓、晉文、宋襄、楚莊、秦繆也。」五伯即被當時諸國尊爲霸主的五個諸侯王，此「五伯」中只有宋是小國，其餘四國皆大國，宋以小國被人尊爲霸主，就是因爲宋襄公講仁義。[70]

當時的仁義作爲最高的道德規範，普遍被世人尊崇，乃至對敵人也要講仁義，不但不進攻不成陣勢的軍隊，而且「君子不重傷，不禽二毛。」[71] 即敵人被打傷了，不能再次傷害他；不擒拿頭髮花白的（年齡大的）敵人，等等。這是中國人 2500 年前就具有的道德準則。不僅對人，對動物也如此。

《論語・述而》：「子釣而不綱，弋不射宿。」可以釣魚，但不用大繩橫斷流水來取魚，這對魚會有毀滅性的打擊；不射歸巢的鳥，因爲它要哺育幼鳥。

還有諺云：「勸君莫食三月鯽，萬千魚仔在腹中。勸君莫打三春鳥，子在巢中待母歸。」

一般人捕魚的網，國家也有規定，網眼必須大於四寸，這就保住了小魚不被捕捉。而且規定三、四月份，不得捕魚、食魚，因爲那時候魚還在產魚子。《孟子・梁惠王上》還說：「君子之於禽獸也，見其生，不忍見其死；聞其聲，不忍食其肉。」這也是仁者之心。

當然，還有一種大仁義。《論語・子路》：「子曰：如有王者，必世而後仁。」《禮記・禮運》：「故國有患，君死社稷，謂之大義；大夫死宗廟，謂之變。」君主爲保衛社稷而死，大夫爲保衛國家宗廟而死，都是大義。另外，還有一種大仁大義，體現在國家制度的運行上，《禮運》有云：

> 大道之行也，天下爲公，選賢與能，講信修睦。故人不獨親其親，不獨子其子。使老有所終，壯有所用，幼有所長，矜寡孤獨廢疾者，皆有所養；男有分，女有歸；貨惡其棄於地也，不必

藏於己；力惡其不出於身也，不必爲己。是故謀閉而不興，盜竊亂賊而不作，故外戶而不閉，是謂大同。

　　這種大同社會，也須是君臣民眾共同努力的結果，然非有大仁大義者不可爲。

　　臣死社稷尤是一種大義，文天祥在南宋危難之時，組織抵抗元軍的侵略，被俘後，元人對他十分敬重，力勸他和元合作；不和元合作必死，和元合作，仍可做宰相，高官厚祿，榮華富貴，但唯有對宋不義。他說：「惟其義盡，所以仁至」，他捨棄了生，而選取了死，「舍生而取義」。他如果選擇了投降，他可榮華富貴一時，但他選擇了死，即「取義」，取對自己的大宋王朝的義。他千古流芳，爲後人所敬重。這就是中國人的仁義觀、道德標準。

　　兩宋之際，金兵南侵，破壞了宋人的美好生活，岳飛決計投軍抗金，岳母是一個傳統式的普通婦女，但並沒有囑咐兒子去做大官，也沒有鼓勵兒子發大財，而是在他背上刺字：盡忠報國。一個農村婦女，有此大義，完全是傳統文化教育的結果。

　　清道光年間定海鎮總兵葛雲飛，道光十九年，其母去世，葛丁憂回籍，按當時規定，他要在原籍爲母守孝三年。守孝以外的事，包括國家大事，他可以一概不問。但不久，英軍進犯，定海失守。按規定，定海失守應由其他軍官負責，他身爲孝子必須在家丁憂。但出於民族大義，葛雲飛身著孝服，抱著必死的決心，奔赴戰場，多次擊敗

註 Note

70　孔子的學說中以「仁義」為中心，實際上即來源於宋。孔子祖先本是宋國人，後因被人逼迫出奔到魯國。其學說是儒學的中心，即根源於宋。宋國一直以仁義為道德規範。

71　《春秋左傳注》，中華書局，1990 年版，僖公二十二年，第 396 頁，及《公羊傳》等。

英軍，其中一次就殲滅英船中五六百人。但最後一次英軍人多，連攻下我二城，復聚兵於土城，此時土城兵已調守各地，所剩不多，葛雲飛知道以死報國的時候到了，他把後事交代好，持刀闖進敵陣，「格殺無算」，身受重傷，仍「戴血擊敵」，最後以身殉國。葛雲飛在中進士時即寫〈登第〉一詩，有「事業人皆爭一第，功名我自勵千秋。」在衝入敵陣、決計以身殉國之前，他自書「寸心自誓，期盡瘁以事君；一息尚存，敢偷生而負國。」此民族大義也。

南宋亡，陸秀夫驅妻子投海自盡，然後背著小皇帝趙昺，說「國事至此，陛下當為國死。」然後跳海而死。另一個忠臣張世傑，在敵軍追趕到崖山時，他的外甥代表元軍三次去招降，張世傑說：「吾知降，生且富貴，但義不可移。」最後跳海自殺。跟隨他們的十萬南宋軍民全部投海而死，無一投降，這都是「義」在他們身上起到的作用。即使在朋友交往中，「義」也比生命重要。

《晏子春秋》中記載的「二桃殺三士」故事同樣反映古人的「義」。晏子也正利用這三位勇士的「義」而達到自己的目的。三個勇士要分二桃，晏子要他們各述自己的功勞，功勞大者可食桃。公孫接和田開疆各報自己的功勞，分別取得一桃。古冶子認為自己功勞更大，拔劍指摘二人應把桃放回原處。二人自覺功不及古，便讓出桃子，並說「吾勇不子若，功不子逮，取桃不讓，是貪也；然而不死，無勇也。」便羞愧而自殺。古冶子見狀，也覺得自己不該為一桃而自吹自己功勞，致使兩位朋友自殺，他嘆曰：「二子死之，冶獨生之，不仁；恥人以言，而誇其聲，不義；恨乎所行，不死，無勇。」結果也拔劍自殺了。他們都覺得「仁」、「義」比生命更重要。

《史記·趙世家》記屠岸賈殺趙朔一家，滅其門。聞趙朔有遺腹子，便去搜尋，要斬草除根。公孫杵臼和程嬰為了保護趙氏孤兒，商量好由公孫杵臼帶假的趙氏孤兒去死，以迷惑屠岸賈。結果屠殺了公孫杵臼及假的趙氏孤兒，以為已斬草除根。程嬰便撫養了真的趙氏

孤兒。15 年後，趙氏孤兒當政，殺了屠岸賈一族。程嬰是大功臣，又受到國人的稱許，按道理，他應該享受高官厚祿，榮華富貴，但他自殺了。他完成了老朋友公孫杵臼的心願，便要去地下以報老友，他說：「昔下宮之難，皆能死。我非不能死，我思立趙氏之後。今趙武（趙氏孤兒）既立，為成人，復故位，我將下報趙宣孟與公孫杵臼。」為了「義」，他忍辱而撫養趙氏孤兒；為了「義」，他捨棄榮華富貴而選擇死。「義」是何等的重要啊！

其實，後人直至筆者都認為程嬰不必死，他應該留下來，繼續輔助趙武，繼續宣揚老朋友公孫杵臼的大義。但他認為不死不足以見義，「捨生而取義」。中國文化中的「仁義之道」，「捨生而取義」，在任何時候（尤其是危難之際），任何情況下，都能把道德的價值原則與行為實踐結合起來。這造就一批又一批的志士仁人；憂國憂民的忠臣，以身殉國的英雄，敬長愛幼的孝子，人品高尚的君子，愛國愛民鞠躬盡瘁的精英。

（二）「恕」

「恕」的意思是：推己及人；仁愛待物。容忍、寬宥、原諒、諒解，不計較別人的過失。《論語》一書中兩次記到孔子之道的最重要的一點便是「恕」。其一〈里仁篇〉：

> 子曰：「參乎！吾道一以貫之。」曾子曰：「唯。」子出，門人問曰：「何謂也？」曾子曰：「夫子之道，忠恕而已矣。」

〈衛靈公篇〉：

> 子貢問曰：「有一言而可以終身行者乎？」子曰：「其恕乎！己所不欲，勿施於人。」

據楊伯峻在《論語譯注》中對「忠恕」的解釋：「恕，孔子自己下了定義：『己所不欲，勿施於人』。」「忠則是『恕』的積極一面，用孔子自己的話，便應該是：『己欲立而立人，己欲達而達人』。」如是看來「忠恕」的重點就是「恕」，《衛靈公》篇中，就沒有「忠」，而只有「恕」了。「恕」就是：凡自己不想要的任何事情，就不要加給別人。自己痛苦，就不要讓別人痛苦；自己覺得麻煩的事，就不要讓別人麻煩，也就是要設身處地地為他人著想。漢賈誼《新書·道術》：「以己度人謂之恕，反恕為荒。」朱熹《忠恕說》：「自其及物而言，則謂之恕。」這和「愛人」、「仁者愛人」的道理是一致的。

如是，知道鴉片對人有毒害，就不可叫別人吸食，更不可為了自己賺錢，而去危害別人。英國人不懂這個道理，沒有「恕」這個道德準則，所以，明知鴉片毒害人且非常嚴重，卻強行叫印度種植大片罌粟，用其果實製成鴉片，賣給中國人，為了賺取中國人的錢，不惜毒害中國人，損人利己，這是走到「恕」的反面了。中國凡是遵循孔孟之道的人，都不會幹這種事。至於「忠恕」的積極的一面，「己欲立而立人，己欲達而達人。」自己想要得到的，先要別人得到；自己想要達到的，先使別人達到。這種人格、品質，已高尚到無以復加的地步了。即使是人類理想的最高境界——共產主義精神，或者今人說的「普世價值」中的道德標準，都不可能達到這種程度。即使美國，號稱領導世界，也首先想到的是本國利益和發展，然後才能考慮援助其他國家。絕不可能先讓別國發達，然後才讓自己發達。

《禮記·大學篇》中所說的「絜矩之道」也是「恕」的另一說法，「所謂平天下在治其國者，上老老而民興孝，上長長而民興弟，上恤孤而民不倍，是以君子有絜矩之道也。」朱熹注：「絜，度也。矩，所以為方也。」「是以君子必當因其所同，推以度物，使彼我之間各得分願，則上下四旁均各方正，而天下平矣。」什麼叫「絜矩之道」呢？「所惡於上，毋以使下；所惡於下，毋以奉上；所惡於前，毋以

先後；所惡於後，毋以從前；所惡於右，毋以交於左；所惡於左，毋以交於右；此之謂絜矩之道。」這就是「己所不欲，勿施於人」。就是「忠恕」之道。

中國文化中這種「忠恕」、「己欲立而立人，己欲達而達人」的思想，恐怕也只能是一種道德價值原則，真正實現者鮮。但若全世界皆有這種道德規範，並與行為實踐統一起來，則全世界必進入人類最美好的狀態。

「恕」的另外意思是容忍、寬容。這是十分重要的。如果沒有容忍、寬容，一個家庭，一個機構，一個國家，朋友之間，同學、同志之間，同事之間，人與人之間，就會天天處於鬥爭、爭吵、戰爭的狀態。因為每一個人都有思想，不可能完全相同。有了容忍、寬容，家庭就和睦了，機構便平靜了，國家便和平了，朋友、同學同志、同事、人與人之間便和諧了。

如果沒有容忍、寬容，就會出現獨裁。一個國家如果上層人物缺少容忍，便會想方設法，打擊不同意見者，像秦始皇那樣「一人之心，千萬人之心也」。即用一人之思想統一千萬人之思想，億萬人一個腦袋，一人之下的千萬人都成為奴隸了，即獨裁。但億萬人不可能真正沒有思想，那就必然使國家不得安寧、天天處於鬥爭狀態，也就會毀滅無數人才和家庭。國家不安寧，也就無法發展建設，必導致落後。

如果世界上某些強大的國家上層人物缺少容忍，就會導致戰爭，乃至世界大戰，那麼死傷的人民就更多了，對世界破壞就更大了。如果強大的國家，尤其是那些希望領導世界的大國人物，多一些容忍，這個世界就會和平、安寧，就會有利於發展進步。家庭、朋友、同事之間的容忍，更是必須的，否則，人與人之間便無法和諧相處。

胡適跑到美國去，他的康奈爾大學的史學老師伯爾教授（Prof. George Lincoln Burr），給他講：「我年紀愈大，愈覺得容忍比自由

還要重要（Tolerance is more important than freedom）。其實容忍就是自由，沒有容忍，就沒有自由。」胡適晚年也到處講（或書寫）「容忍比自由還更重要。」這在中國產生很大的影響。年輕人和一些對中國傳統文化不熟悉的留學生們都認爲外國人的思想了不起，或認爲胡適的思想了不起，有的還說：「太了不起，太偉大。」其實，在中國2500年前即有「恕」的思想（恕道），比「容忍」的涵量更大、更豐富，而且本來就是中國傳統文化中的最重要最普遍的道德價值原則，是孔孟之道的最核心思想。

「仁義之道」其實也是「恕道」的一個分支而已，不過，這個「分支」後來被突出、強調了，因爲它更具體。

（三）「四維」、「五常」

「四維」即維繫國家的四條綱，也可以說是支撐國家成立的四個支柱，壞掉一維，則傾斜了；壞掉兩維，就危險了；壞掉三維，則塌覆了；壞掉四維，就徹底滅亡了。「四維」即「禮、義、廉、恥」。語出《管子·牧民》（《管子》第一篇），其曰：

四維不張，國乃滅亡。

國有四維，一維絕則傾；二維絕則危；三維絕則覆；四維絕則滅。傾可正也，危可安也，覆可起也，滅不可復錯也。何謂四維？一曰禮，二曰義，三曰廉，四曰恥。禮不逾節，義不自進，廉不蔽惡，恥不從枉。故不逾節，則上位安；不自進，則民無巧詐；不蔽惡，則行自全；不從枉，則邪事不生。

禮、義前面已談過。這裡談廉和恥。

廉，注：「隱藏其惡，非貞廉也。」凡貪者，必隱藏其惡。凡廉者必不苟取，必不貪。《孟子·離婁下》：「孟子曰：可以取，可

以無取，取傷廉。」多取則貪，貪則濁；廉必不妄取，廉必清，故又曰清廉。清必潔，廉必潔，故又曰廉潔。這對於政府官員尤為重要。古代受過傳統文化教育的官員大多能潔身自好，後漢時有一位官員楊震，在上任途中經昌邑，昌邑縣令王密是楊震推舉的，王密感激楊震，半夜懷金十斤送給楊震，楊震說：「故人知君，君不知故人，何也。」王密說：「暮夜無知者。」楊震說：「天知，神知，我知，子知，何謂無知。」拒絕了王密的饋送，這就叫「君子必慎其獨也」。雖然半夜，無人知，也不能妄取別人的禮物，又叫「暗室不欺」。《後漢書·楊震傳》記他「性公廉，不受私謁。子孫常蔬食步行，故舊長者或欲令為開產業，震不肯，曰：『使後世稱為清白吏子孫，以此遺之，不亦厚乎。』」他的後世子孫以他說的「天知，神知，我知，子知」而建「四知堂」；直到清末，楊震的後裔大書法家、地理學家楊守敬仍住在「四知堂」中。二千年來，楊氏子孫皆以此為榮。

「鎮船石」也是一個有名的故事。東漢末年，吳人陸績「博學多識」，「注《易》釋《玄》，皆傳於世。」他在外地做官多年，卸任後回吳地，所有的家當就是幾箱書和一些衣服。沒有珠寶銀元，真是兩袖清風。送他回家的船到了，船夫以為一位地方長官卸任，肯定金銀財寶會裝滿一船，當看到只有幾箱書物後，說太輕，鎮不住船，船在水上會漂浮不穩。於是，陸績叫送行的人搬來一塊大石頭，放在船中。這樣船便穩了。船走了，送行的鄉紳等人皆流淚下拜，讚嘆這樣一位廉政的好官。船到岸，石頭便扔了。但吳人找到這塊石頭，建祠收藏並展示，以紀念這位廉潔的好官，並以激勵後人。

凡是受過傳統文化教育很深的人，不但忠於國家，且皆清廉。據《宋史·岳飛傳》記載，民族英雄岳飛「家無姬侍」，並說，「主上宵旰，豈大將安樂時？」每收到軍糧時，「必蹙額曰：『東南民力，耗敝極矣。』」岳飛死時，家貧如洗。

另一位民族英雄于謙，死時，家「無餘資，蕭然僅書籍耳。」于

謙身爲兵部尙書，居住房舍僅能遮風蔽雨，皇帝要賜給他府第，他拒絕接受，說「國家多難，臣子何敢自安。」《明史・于謙傳》記于謙家被抄沒時，「家無餘貲」，有的史料上記載，家中的錢僅夠吃幾頓飯。但獨正室大門鎖最固，打開一看，全是皇帝賜給他的蟒衣、劍器等，他都沒有動過。

畫家齊白石畫了很多〈畢卓盜酒〉的作品，上題：「宰相歸田，囊底無錢，寧肯爲盜，不肯傷廉。」畫家的意思是，畢卓當了宰相，身上無錢，寧去偷人酒喝，也不利用自己的職務貪汙受賄而傷廉，這是職業道德。其實偷人酒喝也並不是好事，但卻不利用自己的職務傷廉，又值得稱讚。這是一個另類的例子。

據《晉書》卷四十九〈畢卓傳〉記，畢卓的父親官位相當於宰相或副宰相，畢卓盜酒時官吏部郎，相當於組織部和人事部的副部長，但晉朝，吏部郎掌握人事大權，他當時要貪汙受賄是很容易的。他盜酒喝，還被掌酒人抓到，綁起來，天明發現是畢吏部，才放了他。畢卓過江（東晉）官至溫嶠的平南長史，相當於宰相助理。他在當朝中做大官時，錢也不會太多，但從不傷廉。

古代受過嚴格的傳統教育的官員，大多都很清廉，如果舉例，可專門寫很多書。諸葛亮《自表後主》中有云：「若臣死之日，不使內有餘帛，外有贏財，以負陛下。」如果把「陛下」換爲國家，今日的官員能達到這個境界嗎？

非唯官員要清廉，一般民眾也要清廉，「取傷廉」，指的是不該自己取的，取了便傷廉，或者取之過多。

春秋時吳國有一位被裘公（被讀「披」，即今日披字），因爲貧困，沒有衣服穿，當夏五月，還披著獸皮以遮體。吳國的國王壽夢的第四個兒子延陵季子，是個十分賢能而又有知識的人。有一天，延陵季子出遊，見到被裘公披裘而伐薪，但被裘公旁邊路上有一塊遺金，延陵季子便喊被裘公，「快取你地上的金子來。」被裘公把砍

伐柴薪的鐮刀投於地，生氣拂手而說：「為何你地位那麼高而眼光那麼短淺低下，形貌那麼莊重，而說話卻如此粗野庸俗。我五月天還披著獸皮，背著柴草，難道就是撿人家丟失的金子的人嗎？」季子很慚愧而謝之，請問他的姓名字號，回答是：「子皮相之士也，何足語姓字。」然後頭也不回地走了。因為，他沒有透露自己的姓名，也沒有人知道他的名字。因為他五月天還披著獸皮，所以，後人便叫他「被裘公」，吳地人後來還為他建祠紀念。這位被裘公一貧如洗，但絕不妄取遺金，這就是廉。因廉而立德，所以，後人紀念他。

　　清末，革命軍起事，進攻南京，布政使（相當於省長）逃走，在南京任兩江師範學堂監督（校長）的李瑞清被授寧藩司，即布政使，布政使主管一省行政，但不管軍事。南京城破，主管軍事的長官提督張勛與總督張人駿皆棄城逃遁。這時，美、日等國領事以及一些外國傳教士皆力勸李瑞清暫避於兵艦，並遣使迎迓。李瑞清嚴詞拒絕，說：「托庇外人吾所羞，吾義不欲生，使吾後世子孫出入此城無愧可矣。」又說：「棄城他去，如臣職何？托庇他族，如國體何？吾寧與闔城百姓同盡耳。」當革命軍到達之日，李瑞清身穿清朝官服，執著大印，端坐堂上，等待被誅殺。但革命軍素敬仰李瑞清，進城之日，高呼：「勿殺我李公。」新軍都督程德全數度挽留，希望他在新政府內做官，同樣遭到他嚴詞拒絕。並說「亡國賤俘，難與圖存」，「如必相迫脅，義不苟活，雖沸鼎在前，曲戟加項，所不懼也。」臨去之日，召集在寧父老縉紳，移交藩庫內所存數十萬金，及兩江師範學生清冊，語之曰：「余不死，黃冠為道士矣。為之財，寧之財也，幸尚保之。」觀者皆淚下如雨。這時候，他自己已貧無一文了。

　　李瑞清知道自己離寧之後，一無房產田畝，二無積蓄，等待他的是貧困和飢餓。他當然本可以將他管轄的數十萬金的全部或一部分移為己用，過著終生富裕的生活，而不留給他的敵手。但他的人品和素質、他的高風亮節，決定他不能這樣做。這就是知識分子的人格，乃

不分古今新舊。

李瑞清兩袖清風，城破前後，他連自己的一份薪水也沒取，只好賣掉自己的一輛舊馬車充當路費，易服為道士，號「清道人」，以示不忘「清王朝」。自書「草木有榮枯，臣心終不改。」移居上海，過著貧困潦倒的生活，以致他的侄女年方十八，因無錢就醫而死。他悲痛難忍，不得已賣書畫為生。但開始，他的書畫銷路並不好，乃至他餓得發昏，幾次輟筆。但當袁世凱派人送給他一千二百兩銀子，要他復出時，他又堅決拒絕，並摔銀於地，表示鄙視。

李瑞清具有高深的傳統文化教養，他明知自己可能會餓死，而且他管轄的數十萬金，即將落入敵手，他取走，並不傷害他的人格。但他從不妄取，他清廉，他說這是「寧（南京）之財也」。他寧可餓死，也不取一分。千古清風、千古廉吏，長為後人所仰。

宋代理學家陳襄（1017-1080）在《州縣提綱》中說：「明有三尺，一陷貪墨，終身不可洗濯。故可飢、可寒、可殺、可戮，獨不可一毫妄取。」不妄取，而且「不可一毫妄取」即清廉。

另一位宋代理學家、政治家真德秀（1178-1235）在其《真文忠公集》有一句話：

> 人之一念貪私，便銷剛為柔，塞智為昏，變恩為慘，染潔為汙，壞了一生人品，故古人以不貪為寶……凡名士大夫者，萬分清廉，止是小善，一點貪汙便是大惡不廉之吏。如蒙不潔，雖有他美，莫能自贖。

可見「廉」的重要，而且不可「一念貪私」。

四川眉州三蘇祠中有兩塊石碑，上刻蘇軾的反貪崇廉的兩句話，一曰「功廢於貪，行成於廉」；另一碑上刻「事有六者，本歸一焉；各以廉而為首，蓋尚德以求全。」這兩句話出自蘇軾〈六事廉為本

賦〉。古代凡受傳統文化教育深者無不崇廉反貪。

《明語林》還記錄另一種清廉。

> 楊文定在內閣，子某自石首來，備言所過州縣，迎送饋遺之勤，獨不為漢陵令范理所禮。文定異之，即薦知德安，再擢貴州布政使。或勸致書謝。理曰：「宰相為朝廷用人，豈私於理？」卒不謝。

楊文定即楊溥，明代永樂至正統年間台閣大臣（相當於宰相），和楊士奇、楊榮三人號稱「三楊」。他的兒子自故鄉石首到京城省父，一路上所過州縣長官都又迎送又饋贈禮物甚勤，唯獨江陵縣令范理不加理睬，既不迎送，更不饋贈禮物。按照現在大官的道理，肯定要制裁這位縣令，而提拔那些殷勤關照其子的官兒，但楊文定唯獨提拔了這個對他冷淡的縣令為德安知府（相當於市長），不久又提拔他任貴州布政使（相當於省長）。當然，范理也不俗，他認為宰相為國家用人，一直不對楊文定表示感謝（其實他內心未必不感謝）。

楊文定對殷勤迎送、饋贈禮物的眾多官員，全無好感，獨提拔冷遇他兒子的一位官員，這是另一種清廉。他判定那些拍馬逢迎的官員，都是不清廉的，而判定范理是一心為公的官員，是清廉的，這是正確的。今天大官的品德學識，無論如何也不能和明代這位台閣大臣相比的，因為今天的官員缺乏傳統文化教育。清代被康熙稱為「天下清官第一」的張伯行（1652-1725）寫過一篇〈卻贈檄文〉，其中有：

> 一絲一粒，我之名節；一厘一毫，民之脂膏。寬一分，民受賜不止一分；取一文，我為人不值一文。誰云交際之常，廉恥實傷。

有這樣的自律，才能達到「天下清官第一」的實際。

廉的反面即是貪，貪財、貪權、貪地位，即貪求榮華富貴。其實，榮華富貴是好事。但必須以正當手段獲得，而且不能過分。《易傳》稱「崇高莫大乎富貴」。《論語·述而》記孔子語：「富而可求，雖執鞭之士，吾亦為之。如不可求，從吾所好。」又云：「富與貴，是人之所欲也。」「貧與賤，是人之所惡也。」李斯云：「詬莫大於卑賤，而悲莫甚於窮困。」《史記》云：「淵深而魚生之，山深而獸往之，人富而仁義附焉。」

孔子又說「不義而富且貴，於我如浮雲」。「不義」即不用正確的方式，即使「富且貴」，也不可行。「貪」即妄取、多取，也是不義的。

諺云：「君子愛財，取之有道。」「有道」即「義」。社會上的財富，是一定的，你多取了，有人就少取或取不到了。

如果你的能力強，得到的財產多，也應該散出去（捐獻給公益事業），救助弱者。春秋時越國的范蠡功成而退，去做生意，「十九年之中三致千金，再分散與貧交疏昆弟。此所謂富好行其德者也。」范蠡人稱陶朱公，做生意，致千金，便散去給貧者，再致千金，再資助給貧者，三次致千金，三次散去。一個人是不應該占有社會過多的財富的。

現在，中國很多官兒，以及和官兒有聯繫的商人，缺乏傳統文化的教育。一個人占有過多的財富，有的官至國家和軍隊領導人，本來就不缺什麼，但仍很貪，其實貪得太多，也根本用不完，皆是多餘之物。有一個高級領導人，受賄的一箱錢，五年也沒打開，不知貪之何用。比起漢代的楊震，深夜無人知時，也不受人家禮金，真是天壤之別。

還有很多演戲的、唱歌的，所獲過多，一個人占有的財富，超過千萬人，而不知散去（上交國家或救助貧困者，或興建公益事業），

享用的不是一個人應該享用的程度，也是犯罪的。當然，這也和上層有關管理者有關，比如立下規定，一個人非物質生產每天獲得十萬以上的報酬，超過部分，99% 要報稅，每天獲得二十萬以上的報酬，超出部分應 99.99% 報稅，這樣就杜絕了一些人過貪。但「肉食者鄙」，他們幾十年來，對過貪者無可奈何。西安碑林有一塊明代的〈官箴碑〉，又稱《公廉定律》，上刻：

> 吏不畏吾嚴，而畏吾廉；民不服吾能，而服吾公；公則民不敢慢，廉則吏不敢欺。公生明，廉生威。

現在的官兒很少有這種境界了。

因為傳統文化的缺失，對於「國之四維」之一的「廉」知之甚少，對「義」也知之甚少，於是不義而能富貴，他們也會爭；不廉而貪，他們也會去做。於是，為了爭遺產，他們會大打出手，甚至告上法庭；為了爭奪利益，會殺人放火；尤其是各級官兒，為了爭取「先富起來」，貪得無厭，坑害老百姓，坑害國家，致使自己身敗名裂，乃至被判無期徒刑，甚至死刑。如果他們從少就受到傳統教育，也許不會遭到如此下場。

恥，和廉聯在一起，知恥的人，必廉，不知恥的人，必貪。孟子曰：「人不可以無恥，無恥之恥，無恥矣。」（《盡心上》）人無恥，什麼壞事、惡事都幹得出來；可以貪，可以偷、搶，可以殺人、放火、姦淫。可以種鴉片去毒害別人，可以販賣鴉片毒品去坑害別的國家，你拒絕接受，他可以開軍艦去攻打你。強國如果無恥，會損害很多其他國家。如果繼續無恥，必衰敗，如果還不認識到無恥，必然滅亡。弱國如果無恥，那麼這個國家，先是亂，接著便是滅亡。

所以，孔子說：「道之以政，齊之以刑，民免而無恥。道之以德，齊之以禮，有恥且格。」（《論語·為政》）

孟子又說：「恥之於人大矣，爲機變（機械變詐）之巧者，無所用恥焉。不恥不若人，何若人有？」（《孟子·盡心上》）

王通《中說·關朗》有云：「辱莫大於不知恥。」《列子·說符》：「使教明於上，化行於下，民有恥心，則何盜之爲？」這倒是的，民若知恥，就不會偷盜了。

孟子又說：「一人衡行於天下，武王恥之。此武王之勇也。」（《梁惠王下》）紂王橫行霸道，武王便認爲這是恥辱，這便是武王的勇；知恥而勇，便推翻了紂王，「一怒而安天下之民。」「知恥近乎勇」就是這個道理。但武王的知恥，不是自己做了壞事，而是紂王做了壞事。但他認爲天下有這麼一個人很壞，如果不打倒他，也是自己的恥辱。

恥，還有「自恥」、「外恥」，「自恥」即自己感到恥，「外恥」則他人感到你恥。荀悅《申鑒·雜說下》有云：「自恥者本也，恥諸神明其次也，恥諸人外矣……君子審乎自恥。」

此外，陸九淵說：

> 人惟知所貴，然後知所恥。
> 至於甘爲不善而不知改者，是無恥也。
> 夫人之患莫大於無恥。人而無恥，果何以爲人哉？
> （《陸九淵集》卷三十二〈人不可以無恥〉）

顧炎武說：

> 人之不廉而至悖禮犯義，其原皆生於無恥也。
> 不廉不恥，則禍敗亂亡無所不至。
> （《日知錄》卷十三〈廉恥〉）

朱熹說：

> 恥便是羞恥之心，人有恥則能有所不為。（《朱子語類》卷
> 十三）
>
> 知恥是由內心以生，人須知恥，方能過而改。（《朱子語類》
> 卷九十七）
>
> 恥者，吾所固有羞惡之心也。存之則進於聖賢，失之則入於
> 禽獸。（《四書章句集注·孟子集注》卷十三）

顧炎武又說：

> 禮義，治人之大法；廉恥，立人之大節，蓋不廉則無所不
> 顧，不恥則無所不為……然四者之中，恥尤為要。故夫子之論
> 士，曰：「行己有恥。」（《日知錄》卷十三〈廉恥〉）

「行己有恥」是《論語·子路》中孔子的話，意思是要用羞恥心
來約束自己的行為。這是中國傳統道德中最重要的一條。還有「恥可
以全人之德」，孔子有一句話：「知恥近乎勇。」都說明知「恥」對
人的重要作用。

「五常」是仁、義、禮、智、信。漢董仲舒《賢良策一》有云：
「夫仁、義、禮、智、信，五常之道，王者所當修飭也。」

這裡只說「信」。「信」又叫做「誠」，《白虎通》有云：「信
者，誠也，專一不移也。」所以，又叫「誠信」，做人必須有誠信。
孔子說：「人而無信，不知其可也。大車無輗，小車無軏，其何以行
之哉？」（《論語·為政》）意思是說，做一個人而不講信譽，怎麼
能可以成人呢？比如大車沒有安橫木的輗，小車沒有安橫木的軏，如
何能行走呢？人若言而無信，就不叫人了。《論語》第一篇第四句便

是曾子的話：

> 吾日三省吾身，爲人謀而不忠乎？與朋友交而不信乎？傳不習乎？（《學而》）

曾子每天都要反省自己，與朋友交往是否守信。

《論語·學而》篇又說：「與朋友交，言而有信。」這是一個最基本的原則。不僅要言而有信，品質高尚的人，暗許的事，也要有信。《新序·節士》記延陵季札掛劍的事即如此。季札出使經徐國，徐國的國君看上了季札的寶劍，不好說出口，季札心已知，但他還要繼續出使晉國，劍必須掛在身上，以表示自己的身分。但他回來時，徐國君已死，季札把寶劍解下來送給徐君的兒子，回答是「先君無命，孤不敢受劍。」季札認爲自己當時「心已許之矣，今死而不進，是欺心也。」於是把劍掛在徐君墓旁的樹上而回。心中暗許的事都要做到，不欺心。古代守信最有名的人物叫尾生。古代很多文獻中皆提到他。《莊子·盜跖》有：「尾生與女子期於梁下，女子不來，水至不去，抱梁柱而死。」尾生與女朋友相約在橋梁下相會，橋下水漲，淹沒了他，但女朋友沒來，他不可失約離開這裡，便死死抱著橋柱，被大水活活淹死。寧可淹死，也不能失信與友人，所以歷來受人稱讚。《史記·蘇秦傳》：「孝如曾參，廉如伯夷，信如尾生。」《春秋穀梁傳·僖公二十二年》記：「人之所以爲人者，言也。人而不能言，何以爲人？言之所以爲言者，信也。言而不信，何以爲言？信之所以爲信者，道也。信而不道，何以爲道？這就是「言必信，行必果」，人與人交往必有信，否則便無法交往，做人必有信，否則便不是人。作爲國家，其首腦人物更要講信譽。《論語·顏淵》有云：

> 子貢問政，子曰：「足食，足兵，民信之矣。」子貢曰：「必

不得已而去，於斯三者，何先？」曰：「去兵。」子貢曰：「必得已而去，於斯二者，何先？」曰：「去食。」自古皆有死，民無信而不立。

　　富國，強兵，人民的信任，三者是政治大事，但可以不強兵（去兵），不富國（去食），也必須講信譽，人民對政府不信任了，國家就不能成立了。可見「信」的重要性。

　　《孟子·離婁上》云：「誠者，天之道也；思誠者，人之道也。」在中國傳統文化中，誠信是十分重要的，國家、人民都必須有誠信，這是最基本的原則。

　　在中國的啟蒙經典中，《三字經》、《弟子規》等都以「誠」、「信」教育幼兒，「凡出言，信為先」。上自君王，下至販夫走卒乃至強盜、罪犯，凡有良知者，無不以信為本。《史記·刺客列傳》記魯之曹沫以匕首劫持齊桓公，齊桓公答應割地給魯，曹沫棄匕首而走。齊桓公解除了危險後，大怒，欲放棄許諾，但宰相管仲說：「不可，夫貪小利以自快，棄信於諸侯，失天下之援，不如與之。」於是齊桓公乃割地給魯。齊桓公因被人劫持，不得已答應割地，當他恢復自由時，本可以不割地，且可把刺客殺死，但他答應的事，就必辦。否則失信於諸侯，便失天下。即使是江湖上的強盜、土匪，也必言而有信，否則，一旦失信，江湖上人會群起而攻之。

　　《莊子·胠篋》中說「盜亦有道」，「妄意室中之藏，聖也；入先，勇也；出後，義也；知可否，知（智）也；分均，仁也。五者不備而能成大盜者，天下未之有也。」其實，這五者是盜之「內道」。盜多了，盜與盜之間，盜與被盜者之間，必有不可分的關係，這叫「外道」。「外道」的最重要一條便是「信」。盜如無信，則絕不可成為「大盜」，且無法生存。

　　民國時川陝鐵路開通，火車運貨不止，於是便產生了一大批專門在川陝鐵路上殺人劫貨的土匪。土匪多了，商人便不敢再走這條路，於是便繞道而行。土匪們搶不到貨物，也就無法生存，於是所有土匪聚在一起開會，立下規定：以後凡是經過這條鐵路的貨車或人幫，只要交一點錢，第一個收到錢的土匪給他們開一個條子，其他土匪不但不再索錢（更不搶劫），而且負責保護。第一個收到錢的土匪，也會如數把錢拿出來分給其他所有的土匪。這一規定一出，川陝鐵路又恢復了往昔的繁榮。因為土匪收的錢，比他們繞道而行的錢要少得多，但這一規定之所以能實行，關鍵是一個「信」字。首先，土匪要對商人守信。如果土匪不守信，商人走了一次，仍被盜，或多次被收錢，那麼，下次，所有的商人仍然不敢走這條路了，土匪們也就無法生存了。

　　其次，土匪與土匪之間也必須有信，如果其中一個土匪收到商人的錢不分給其他土匪，或剋扣一部分，少分一點給其他土匪，那麼，其他土匪也不幹了。所以，土匪與土匪之間尤須守信。如果土匪不守信，商人要繞很遠的道，損失很大；而土匪也得不到生活之需，損失是雙方的。土匪守信，自己得利，商人一方也得利。所以，舊時大盜、土匪，守信是第一要義。

　　土匪、大盜尚須守信，政府更要言而有信，政府如果言而無信，必垮臺，必遭到民眾的反對。人與人之間也須守信，否則，便無法交往，「信」是中國人最重要的準則。

　　現在很多人不守信，言而無信，是傳統文化缺失的結果，損失是無法計算的。

　　唐朝李世民時代，有一批罪犯，都被判處死刑，李世民准許他們回家看望父母，然後回來受刑。這批罪犯明知回來，必被斬首，但回家看望父母家人後，全部回來，準備受刑。寧可死也不失信。還有「義」的問題，逃跑了可以生，但不義，死生和義之前，他們選擇了

「捨生取義」。傳統道德在罪犯身上也起到作用。李世民看到這批人守信重義，便赦免了他們。

可惜，五四以來，反孔、廢除讀經，中國人對於誠信漸漸淡忘了。大部分人不講誠信，只有少數堅持傳統文化和傳統道德的人，仍以「誠信」爲立身之本。

（四）德

古人有「三不朽」之說，「德」居第一。《左傳·襄公二十四年》謂：「『太上有立德，其次有立功，其次有立言。』雖久不廢，此之謂三不朽。」《魏書》卷五十二〈劉昞傳〉中簡略爲：「太上立德，其次立功、立言，死而不朽。」晉皇甫謐《高士傳·摯峻傳》中記司馬遷語：「遷聞君子所貴乎道者三，太上立德，其次立言，其次立功。」總之，古人認爲「立德」是「三不朽」中第一位，「太上」就是最上。

孔子還說：「有德者必有言，有言者不必有德。」（《論語·憲問》）

「立功」要有「平臺」，必須掌握一定權力。當然像陳勝那樣，振臂一呼，鼓動很多人跟他反秦，也可以，但不是任何時候皆有這樣機會。掌握權力，就是做官，在古代尚可憑藉科舉，以自己的學力才氣達到；在現在，人品高尚的人很難做上官，有學識的人也很難做上官，所以，「立功」不是人人可以做到的。「立言」也要有一定的天賦，唯「立德」，人人可做到，但眞正達到德高者也十分難。比如清末的一位乞丐武訓，平生靠乞討、節省而辦學，全爲貧家子弟能讀書而嘔心瀝血，數十年如一日，豈易哉？又如春秋時齊桓公要用鮑叔爲宰相，這是很多人求之不得的事，但他推辭了，而推薦自己的朋友管仲任宰相；而管仲和鮑叔相處時，分錢，他比鮑多要一份；遇敵，他先鮑而逃跑了；鮑叔事齊桓公，而管仲背離鮑叔投公子糾；但鮑叔都

不計較，依然放棄自己的宰相位讓於管仲，這在今天，是無人能做
到的。

《四書·大學章句》第一句便是：「大學之道，在明明德，在親
民，在止於至善。」

《尚書·堯典》有云：「克明俊德（美好的品德使之光明），
以親九族。九族既睦，平章百姓。百姓昭明，協和萬邦，黎民於變
時雍。」

《尚書·泰誓下》：「樹德務滋（樹立德行，務使滋長），除惡
務本。」

《詩經·大雅·抑》：「有覺（正直）德行，四國順之。」

《論語·為政》：「子曰：『為政以德，譬如北辰，居其所而眾
星共之。』」

《左傳·昭公十九年》：「撫民者，節用於內，而樹德於外，民
樂其性，而無寇仇。」

《尚書》有〈咸有一德〉篇，談「德」的重要性。「常厥德，保
厥位；厥德匪常，九有以亡。」（經常行德，才能保住君位；如果不
經常行德，天下九州得而亡。）「非天私我有商，惟天佑於一德⋯⋯
惟民歸於一德。德惟一，動罔不吉⋯⋯惟天降災祥在德。」（上帝保
佑純德的人，天下民眾歸於具有純一之德的人，德如果純一，行動起
來，沒有不吉利的，上天降災禍或降吉祥，都在無德或有德。）

《左傳·宣公三年》：

> 楚子伐陸渾之戎，遂至於雒，觀兵於周疆。定王使王孫滿勞
> 楚子。楚子問鼎之大小、輕重焉。對曰：「在德不在鼎。」

這是有名的「問鼎」典故，禹鑄九鼎，三代視為國寶。楚王問
鼎，有取而代之意。王孫滿是周大夫，回答說：是否能居高位（指周

王），在德不在鼎。又云「德之休明，雖小，重也；其奸回昏亂，雖大，輕也。」意謂鼎之大小輕重在於君王之德，不在鼎之本身。古人常說：「天下者非一人之天下，有德者居之。」

古代皇室立儲，選擇新的君主，也都是把被選者的「德」，或稱「仁德」放在第一位的。曹操最喜愛第三子曹植，曹植的才華，也遠遠超過其兄曹丕。曹操本有立曹植為太子的意思，但後來發現曹丕更有仁德，最終還是立曹丕為太子。清朝道光皇帝立太子在第四子奕詝和第六子奕訢之間徘徊，奕訢才高、能力強，奕訢的老師認為奕詝的才能連奕訢萬分之一也不敵，奕詝也承認自己才能萬不敵奕訢。但奕詝在其老師指導下，在跟隨道光皇帝射獵中，一箭不發，奕訢卻射獲很多獐鹿，道光皇帝問他為什麼不射，他說不忍心射傷這些動物。道光皇帝生病，奕訢忙著為他治療，奕詝只伏地痛哭，道光皇帝認為奕詝更有「仁德」，選之為自己的繼承人。雖然，曹丕、奕詝都有欺騙的心態，但選擇新君還是以「仁德」為主的。

宋朝開國皇帝太祖趙匡胤，把皇位傳給其弟太宗趙匡義，太宗傳位給其子孫，到南宋時，高宗趙構無後，於是從太祖這一系中選擇新君，參知政事張守曰：「藝祖（太祖）諸子，不聞失德，而傳位太宗，過堯舜遠甚。」於是，群臣及高宗決定從太祖一系中選擇繼承皇位的新君。太祖的兒子們沒有「失德」，這是這一系應該繼承皇位的根據。可見「德」之重要。

中國古代文化傳統中無論君王、庶人都把「立德」放在第一位。《論語·憲問》有云：

南宮適（孔子的學生南容）問於孔子曰：「羿善射，奡盪舟，俱不得其死然。禹、稷躬稼，而有天下。」夫子不答。南宮適出。子曰：「君子哉若人！尚德哉若人！」

羿善射箭，天下第一。據《淮南子‧本經訓》「羿誅鑿齒於疇華之野，殺九嬰於凶水之上，繳大風於青丘之澤，上射十日而下殺猰貐。」奡能陸地行舟，能用舟師衝鋒陷陣。羿、奡二人武力皆當時第一，無人可比。但都沒有得到天下，且不得好死。《孟子‧滕文公上》有云：「后稷教民稼穡，樹藝五穀，五穀熟而民人育。」禹和稷自己下地種田，卻得到天下。因為二人不尚武力，而以德勝。孔子認為南宮适認識到這個問題，也是一個君子，也是一個多麼尊尚道德的君子啊。

「子不語怪、力、亂、神。」孔子不談論怪、力、亂、神，即反對怪異、勇力等，不主張用勇力或武力解決問題，而崇尚德性，以德服人。李白〈羽檄如流星〉詩云：

　　如何舞干戚，一使有苗平。

　　有苗是舜時一個部落，發動叛亂，舜帝派禹去武力征討，打了三旬（30天），有苗族仍不歸服。後來舜改施文教、德政，七十天後，舜派去的人把干、戚（盾牌等）當作舞蹈的道具，跳著舞、唱著歌，文質彬彬，有苗族來歸順了。古人說：「以德服人者王。」雖然秦始皇之後的帝王多以武力統一天下，但是那不符合中國傳統文化精神。古訓中有很多論德之語：

　　德厚者流光，德薄者流卑。
　　有德不可敵。
　　德不孤，必有鄰。
　　德者，本也；財者，末也。
　　太上貴德，其次務施報。
　　道德不厚者，不可以使民。

百行以德爲首。

韓愈〈原道〉云：「所謂道德云者，合仁與義言之也。」有道德者必有仁義，有道德者，必有廉恥。

在西方，人們崇拜的是武力征服者，如凱撒、拿破崙等；在中國，人們崇拜的是稼穡、興水利、樹藝五穀者，如堯、舜、禹以及孔、孟等。中國人即使是邊鄙少數民族，也不服武力征服，而服施文教、有德政者。

在西方，多爲貴族、國王和武力征服者塑像，尤其是爲一方最高官員塑像，流傳不朽。至今仍能在西方很多廣場上，看到這類騎馬的銅像，都是武力征服者。在中國，多爲有德者塑像，如孔子、老子、孟子等。在沿海一帶多塑媽祖像，內地乃至世界各地爲媽祖塑像建廟者多至 5000 多處。這位媽祖原來就是福建林姓家的女孩，因常爲人治病消災、指示航道、拯救海難，而不圖報答，品德高尚，被人神話，死後爲之建廟，廟壞了又建，至今香火不斷。

福建莆田木蘭陂地區爲錢四娘造像，錢四娘（1049-1067）是北宋時鄉村一位普通女子。她爲了治理水患，興修水利，傾賣家產，多次在木蘭陂建水壩，後來跳入水中殉身。她死後，很多人繼承她的遺志，終於把水壩建好，造福一方。後人感激這位捨身治水的英雄，多次爲她塑像。

北京西郊妙峰山上爲王三奶奶造像造廟，王三奶奶是天津香河人氏，醫術高明，但她並不用自己的醫術發財，而是在北京、天津、河北一帶行醫，無償地爲老百姓治病，一生行善，解救很多窮苦人的病苦，清康熙年間，死於京西妙峰山。後人尊其爲「慈善老母」，並爲她塑像建廟，至今香火不斷。

武訓是個乞丐，因爲他行乞興建義學（三個學校），讓貧窮人家孩子上學，立了大德，所以當時朝廷爲他建了牌坊，山東爲他塑了

像。「文化大革命」中，塑像被破壞，後來又重新塑像，又建了「武訓紀念館」。

吳地曾經爲披裘公塑像建廟。披裘公窮得夏天時沒衣服穿，披著獸皮，但絕不取別人遺失的金子，也是因品德高而受到人們的崇拜。

在中國這類例子太多，不給帝王、高官塑像，給品德高尚的老百姓、乞丐、窮漢塑像建廟。帝王死後，他的兒子會爲他建碑建墳，但時代一換，再也無人過問，更無人爲他建廟塑像。品德高尚的人廟壞了，會有人再建，至今不斷。

岳飛、于謙，有人爲之塑像建廟，不是因爲他們的官高，而是他們的品德高。漢末三國時，帝王很多，後世無人爲之塑像建廟，唯關羽，歷代都有人爲之塑像建廟。就是因爲關羽重義、品德高尚。

江蘇省徐州市睢寧縣於 2016 年建造一座好人園。園內樹立了12 個好人的塑像，這 12 個人沒有一個是高官顯貴。其中一個叫杜長勝，是一個普通農民。他的兒子、兒媳婦先後遭車禍死亡，留下了330 多萬元債務。本來按法律規定，兒子、兒媳婦的債務與他無關，他完全可以不理會。但他看到債主著急，他就決定替兒子還債。他說：「我就是砸鍋賣鐵，也要把債還了。」他通過 5 年的努力，又賣了自己住房和工廠，終於把兒子債全部還清。債主們都很感動，大家都稱他爲好人。縣政府爲他塑了像，彰顯他的高貴品德。還有一位鄉村醫生紀鳳銀，幾十年來用一根針、一把草爲農民治病，爲窮人墊付醫藥費達 15 萬元，挽救了無數貧苦農民的生命。還有一位農婦周蘭華，在丈夫病逝後，一個人獨自支撐殘破的家庭，照顧年邁的婆婆和雙目失明的孀娘，又關照弱智的兒子，幾十年來任勞任怨，細心周到。還有一位農民張廣之，義務擺渡 20 年，接送過往村民，又自費6 萬元建成了蘇皖便民橋，又用女兒給他治病的錢，爲村裡鋪路。上級獎勵給他的 20 萬元，他又用來爲村民鋪水泥路。

陳丙堂以樂善好施聞名，不計回報。他先後資助 50 多個困難

戶，幫助 5 名孤兒上學。爲五保戶、困難戶捐資，又捐資爲當地修路，被人稱爲「陳善人」。另外，還有帶病維持交通，成績突出的交警趙明剛。以誠信爲本，誠心做事，爲商而堅持道德底線的劉曉剛；見義勇爲的夏愛民，數十年如一日的照顧病妻和殘兒的杜長局，還有身雖殘，但能捨己救人的宋瑋。這些人都是普通人，沒有任過地方長官，也沒有用武力征服過他人，但當地政府給他們塑像，而且置放在人們常去的公園內，就是他們立了德。「太上立德」，如前所述；「立功」、「立言」，不是任何人都可以做到的。但「立德」人人可做。爲這些人塑像，才是傳統文化的精義。

外國人重功業，重地位，尤重武力征服者；中國人的傳統哲學唯重品德。「太上立德」，如果全世界都奉行中國的哲學，以立德爲第一位，立功、立言還在其次，那麼，這個世界將是何等的文明。

（五）愛民憂國

中國傳統文化在道德、道義上對士人（知識分子）又有特別的要求，這就是愛民憂國。

中國的知識分子歷來都有愛民憂國之心。《禮記・儒行》中記載孔子說「儒有今人與居，古人與稽。今世行之，後世以爲楷。……雖危，起居竟信其志，猶將不忘百姓之病也，其憂思有如此者。」是說儒者雖然與今人共同生活，卻能稽考而知古君子的言行。現在的行爲，可以爲後世的楷模……雖處危境，一切行爲終究要伸展自己的志向。不忘百姓的疾苦而有憂思國民之心。戰國時屈原在〈離騷〉中即有句曰：

> 長太息以淹涕兮，哀民生之多艱。

唐代詩聖杜甫，自己生活艱難，茅屋爲秋風所破，但他想到的是：

安得廣廈千萬間，大庇天下寒士俱歡顏。風雨不動安如山。
嗚呼，何時眼前突兀見此屋，吾廬獨破受凍死亦足。

他想到的仍不是自己，而是天下寒士。郭沫若 1953 年 4 月爲杜甫草堂題聯曰：

世上瘡痍，詩中聖哲。民間疾苦，筆底波瀾。

盛讚杜甫關心「民間疾苦」。但「文化大革命」中，郭沫若著《李白與杜甫》一書中又說，杜甫的「大庇天下寒士」指的是士，即知識分子，而不是貧苦的農民。這一點郭沫若錯了，杜甫說的「寒士」是一種尊稱。指的就是天下貧寒之人。下面的例子，也可以說明。

大曆二年，杜甫在成都，移居東屯。把瀼西草堂，借給吳郎寓居，草堂前有一棵棗樹。鄰居有一位無食無兒的婦人，有時去打棗子吃。吳郎爲防止婦人去打棗子，便插起籬笆擋起來，不讓她去打棗。杜甫認爲一個貧困的婦人，打幾個棗子吃不應該阻止。如果不是貧困，怎麼會這樣呢？他寫了一首〈又呈吳郎〉的詩：

堂前撲棗任西鄰，無食無兒一婦人。
不爲困窮寧有此，只緣恐懼轉須親。
即防遠客雖多事，便插疏籬卻甚眞。
已訴徵求貧到骨，正思戎馬淚盈巾。[72]

自己貧困，想到無食無兒的婦人更貧困。雖然是自己種的棗樹，婦人去打幾個棗子吃，不應爲難她。這種品質，今人很少有了。

錢鍾書、楊絳夫婦都是在歐洲留過學，受過歐洲文化教育的學者。「文化大革命」時期，他們下放幹校勞動，當地農民偷了他們種

的白薯，「不爲困窮寧有此」。農民若不是貧困，怎麼會偷吃幾個白薯呢？他們不但不同情，反而在其所著《幹校六記‧鑿井記勞》中大爲嘲諷、挖苦。

> 我們奉爲老師的貧下中農，對幹校學員卻很見外。我們種的白薯，好幾壟一夜間全偷走。我們種的菜，每到長足就被偷掉。[73]

正像她書中所記，貧下中農說的，「你們吃商品糧」，拿工資。農民困窮，偷一點白薯和菜，就讓他們偷一點。這並不影響你們的生存。他們不是貧困嗎？不是沒有受過教育嗎？政府和知識分子有責任讓他們富裕起來，有責任讓他們受教育而高尚起來。自己沒有盡到責任，也不應該嘲笑挖苦看不起他們。杜甫那樣貧困，仍然讓婦人去打他種的棗子吃，而且「只緣恐懼轉須親」。錢鍾書爲《幹校六記》寫了序（小引），也肯定是讀過這篇文章，也肯定贊成其中觀點。他既沒有哀其不幸，也沒有怒其不爭。只有嘲笑和蔑視。比起受過傳統文化教育的杜甫，差之太多。唐韋應物〈寄李儋元錫〉詩有云：

> 身多疾病思田里，邑有流亡愧俸錢。

又云：

> 自慚居處崇，未睹斯民康。（《郡齋雨中與諸文士燕集》）

註 Note

72　《杜詩詳注》，第 4 冊，中華書局，1979 年版，第 1062 頁。。
73　《楊絳文集》，第 2 卷，人民文學出版社，2004 年版，第 17-18 頁。

韋應物拿了老百姓的俸錢，看到邑中有流亡之民，十分慚愧。這和今天受過新式教育的官員既貪又腐，真是天壤之別。還有李紳〈憫農〉詩：

鋤禾日當午，汗滴禾下土。誰知盤中飧，粒粒皆辛苦。

都是那麼體貼民情。宋李綱〈病牛〉詩云：

耕犁千畝實千箱，力盡筋疲誰復傷？
但得眾生皆得飽，不辭羸病臥殘陽。

南宋陸游：

身爲野老已無責，路有流民終動心。

陸游身爲野老即老百姓，但看到路邊有逃荒流亡的農民，他的心仍不安。因爲士人自幼讀聖賢書，即有愛民憂國之心。身爲副宰相的范仲淹的名言：

居廟堂之高，則憂其民；處江湖之遠，則憂其君。

北宋大哲學家張載的名言：

爲天地立心，爲生民立命，爲往聖繼絕學，爲萬世開太平。

敬天地，敬「生民」即愛民。其實他的「爲萬世開太平」也是爲民著想。清朝「揚州八怪」之一鄭板橋曾任縣令，他畫竹題詩云：

衙齋臥聽蕭蕭竹，疑是民間疾苦聲。

些小吾曹州縣吏，一枝一葉總關情。

　　一個小小的縣令，聽到衙齋的風竹聲，便疑是民間疾苦聲。而且總關情。舊時代受過傳統文化教育的士人，都以愛民憂國爲己任，而且自幼受傳統文化的教育，愛民憂國的意識早已深入骨髓，終生不變。而現在的庸官貪官，想到的只是自己，想到的是怎樣敲詐老百姓，蓋其缺少傳統文化教育也。

（六）民貴、君輕

孟子說：

　　　民爲貴，社稷次之，君爲輕。是故得乎丘民（民眾）而爲天子，得乎天子爲諸侯，得乎諸侯爲大夫。諸侯危社稷，則變置。

　　這裡明確的說，民眾、國家、君主三者中，民最貴，國家次之，君主最輕。得到民眾的認可，可爲天子，得到天子的認可，可爲諸侯，得到諸侯的認可，可爲大夫。諸侯危害國家，那就改立。現在世界上發達國家的政治基本如此。特別是美國，更是以人民爲貴、爲主，得到人民的認可（選票）才能當總統，得到總統的認可才能當國務卿和部長。任何官員危害國家，隨時可罷免、更換。這都和中國二千多年前的孟子理論基本相符。

　　一個國家，民眾是最重要的、最高貴的。只有得到民眾認可的人才可以爲國的長官（天子），然後由天子任命諸侯等。但諸侯被任命了，如果對國家無益，那就撤銷重新任命。這是中國古代文化的精義之一。

　　《墨子‧尚賢》中也說：「官無常貴，而民無終賤，有能則舉

之，無能則下之。」「選天下之賢可者，立以為天子，上同而下不比。」墨子也認為國家最高領導人，應該由民眾選舉出來的賢者擔任。如果無能，則要罷免。這不僅是民本，也是民主。其實，在孟子之前，大禹時代以至夏朝，「民本」意識就已經建立起來了。《尚書‧五子之歌》有：

民惟邦本，本固邦寧。予視天下，愚夫愚婦，一能勝予。

民眾是國之本。這就是「民本」或「民本主義」。「本」固了，國家才得到安寧。大禹作為天子，說：我看天下，普通的男女都勝過我。這就是說，作為一國的最高長官（天子）也認為「民為貴」、「君為輕」。

《尚書》是春秋時的著作，經孔子整理刪定，大約有一百二十篇，漢時僅剩下二十九篇。《尚書》中的主要思想，起碼反映春秋人的思想。所以「民本主義」在中國早已形成，至今已有差不多三千年了。

《左傳‧桓公六年》：「上思利民，忠也。」君主要利民，叫忠。可見也是以民為本的。

《尚書‧皋陶謨》中說，「天聰明，自我民聰明。天明畏，自我民明畏。」《尚書‧周書》：「天視自我民視，天聽自我民聽」，「民之所欲，天必從之」。連天都要從民，都表示以民為本。

《淮南子‧氾論訓》有云：

治國有常，而利民為本。

也是強調以民為本的。即在後來十分專制的時代，「民本」的價值也一直為士和最高統治者所服膺。五代十國時，後蜀皇帝孟昶，為

整飭吏治，於廣政四年（941）撰寫〈頒令箴〉24句。其中有「下民易虐，上天難欺，賦輿是切，軍國是資。……爾俸爾祿，民膏民脂。為人父母，莫不仁慈……」到了宋朝，宋太宗把〈頒令箴〉24句，縮寫為四句：

> 爾俸爾祿，民膏民脂。
> 下民易虐，上天難欺。

　　宋太宗於太平興國八年（983）頒示天下，稱為〈戒石銘〉，後來由學者、詩人兼書法家黃庭堅書寫這一銘言。南宋紹興二年（1132）高宗又把黃庭堅書寫的這四句，頒於各府州縣並刻石立於大堂前，明清因之。稱為「戒石亭」、「戒石坊」。四句中有三個「民」字，而且把「下民」和「上天」聯繫起來。固然為了警戒各級官員要秉公辦事，不要貪汙枉法，不可得罪民。同時，他們也認識到民在國家中的重要作用。

　　孟子還說：「說大人，則藐之，勿視其巍巍然。」（向高官、大人物進言，就要藐視他，不要認為他很高大。）

　　按照孟子的意思推衍下去，高官們是有罪的，你住的房子，比一般人高大得多，數量也多，你占有的太多。你的妻妾數百（「侍妾數百人」），女人是有限的，你一個人占有那麼多女人，就會有其他男人得不到妻子，你是有罪的；你吃飯時，菜餚滿桌，浪費太多，你是有罪的；你「般樂飲酒，驅騁田獵，後車千乘」，占有太多，浪費太多，你是有罪的。人與人是平等的，你為什麼要人侍候你、為你服務？為什麼要人保衛你呢？為什麼要在關鍵時刻，犧牲保衛人員的生命而保護你當官的性命呢？你是有罪的。所以我們要藐視你。在形式上，你高高在上，實際上，你做那些罪惡的事，你很渺小。所以，孟子說「勿視其巍巍然」。《易經‧蠱卦》有：

不事王侯，高尚其事。

又說：

不事王侯，志可則也。

即是說不侍奉王侯，不奔走於王侯之門，高潔自守，志向才高尚，才值得效法。反之，侍奉王侯，奔走於王侯之門，人就低下、骯髒，古今皆然。

民比君貴，士是民的一部分，也比君貴。《戰國策・齊策四》有〈齊宣王見顏斶〉一節，言齊宣王見顏斶，叫顏斶向前來見他，顏斶卻讓齊宣王向前見他。齊宣王不悅，左右曰：「王，人君也。斶，人臣也。」王叫臣前，你怎麼叫王前呢？顏對曰：「夫斶前為慕勢，王前為趨士。與使斶為慕勢，不如使王為趨士。」王忿然作色曰：「王者貴乎？士貴乎？」對曰：「士貴耳。王者不貴。」並解說了士貴與王不貴的根據和道理。齊宣王聽了後，承認自己錯了，並承認王為「細人」（小人）之行，願為顏斶的弟子，希望顏斶指導他、改造他。實際上，士（知識分子）應該是各級官員乃至國家的最高官員的老師。各級官員應該謹慎地做士的學生，才是正理。如果再在士前訓話、指導等，便沒有道理。

但自秦以降，皇帝之流掌握軍隊，背離了中國傳統文化的教義，不但不視士為老師、為貴人，反而要改造甚至殘殺迫害知識分子，這是非常無道的。

任何一個國家，都是先有民，民為基礎，為根本；有了民，才有社稷，有了社稷，才有君主，理應民為貴。士是民的一部分，是民中的精英，士亦應為貴，次社稷，君最輕。君是為社稷服務的，歸根到底是為民服務的。任何一個先進的國家，也都是按照孟子這一理論去

規定民、國和最高長官的關係的；否則，便是野蠻和落後。

（七）平等及其他

《論語·顏淵》有云：

> 四海之內，皆兄弟也。

這就是說，天下人都是親密友好的兄弟，不分高下。儒家之徒雖然認爲君臣、夫婦等有別，但人格上應是平等的，而且感情上都如兄弟。如果全世界人都以「四海之內，皆兄弟也」來相處，這個世界就只有親愛而無爭鬥戰爭了。《孟子·告子下》：

> 人皆可以爲堯舜。

也是極言人無高下之分的。這一點也應該是有普世價值的。《論語·學而》：

> 子貢曰：「貧而無諂，富而無驕，何如？」子曰：「可也，未若貧而樂，富而好禮者也。」

如果全世界人都「貧而樂，富而好禮」，那麼這個世界將是「其樂融融」，十分安寧、美好。

世界之亂，互相鬥爭，乃至戰爭，皆因貧而不安，便可能會冒險以圖僥倖，富者會希圖更富，也會勾心鬥角，以行不仁。《禮記·中庸》有云：

> 君子素其位而行，不願乎其外。素富貴，行乎富貴；素貧

賤，行乎貧賤；素夷狄，行乎夷狄；素患難，行乎患難。君子無
入而不自得焉。

在上位不陵下，在下位不援上，正己而不求於人，則無怨。
上不怨天，下不尤人。

君子在現在的位置上，做自己應該做的事，不羨慕「其外」的
事。現在富貴的就做富貴者應做的事。現在貧賤就做貧賤者應該做的
事。比如富貴者可以捐款，可以贊助學校，可以開辦公益事業；貧賤
者就不必捐款，貧賤者可以改變自己的處境，但要走正規的道路，勤
奮、刻苦、節省，不可因貧賤而不安去圖僥倖，更不可去冒險做壞
事。在上位的人，不欺凌下面的人，在下面的人，不去巴結阿諛上面
的人。端正自身，不求於他人，上不怨恨天，下不責怪人。

這也和「貧而樂，富而好禮」意思差不多。

但是現在這個世界卻並不如此，貧而不安，乃至販毒、走私、冒
險、賣淫、搶劫，投靠富國助紂為虐，乃至戰爭。富國不是好禮，而
是欺凌弱國，劃分殖民地，插手他國內政，挑起事端，從中謀利，甚
至分裂他國，培植親己勢力，等等。所以，世界老是不得安寧。如果
採取中國的「貧而樂，富而好禮」的哲學，這世界就不會那樣躁動。
貧者能樂，樂是人生最大財富，貧者也就不貧；富而好禮，就能為人
類、為社會做出更大貢獻，這世界也就更加和諧，而且愈來愈好。

（八）民間的道德和教育

出生於 1950 年代之前以至於 1960 年代的農村男女，大多不識
字，尤其是農村的老太婆、老農民，基本上不識字，但他們的道德品
質依舊很高尚、很純樸。他們的教育和學習大多來源於五個方面：

1.各種戲劇。以前的農村，各種戲劇是經常有的，有的是大戶人
家或者為父母祝壽，或慶祝一件什麼喜事，會花錢請戲班子來演戲；

有的是村民湊錢請戲班子來演戲；有的是戲班子和地方重要人物或當權人物聯合，在某大院裡演戲，進院要買票；等等。再後，是戲班子在城市演出，老百姓會進城看戲、聽戲。有的戲迷子，會省吃儉用，甚至變賣家產去聽戲，有的去聽戲，聽破了產。也有的是家中為慶賀一件喜事，花錢帶全家去城裡看戲。總之，農村雖貧困，但聽戲看戲，還是常有的。

2. 說唱，又叫唱大鼓。說書人其中部分是盲人，大部分是識字的落魄小文人，一邊敲著大鼓，一邊說或唱。宋詩人陸游〈小舟游近村舍舟步歸〉四首詩之一：「斜陽古柳趙家莊，負鼓盲翁正作場。身後是非誰管得，滿村聽說蔡中郎。」「負鼓盲翁」即敲著大鼓說書的盲人老頭，「趙家莊」、「滿村」說明全莊或全村的人都在聽他說唱蔡中郎的故事。古代沒有電視，沒有手機，有人說唱故事，全村人甚至鄰村人男女老少都會去聽。筆者少時亦喜聽說唱，先是在徐州地區睢寧縣縣城，說書人找一大塊空地，四周地勢漸高，如今日之體育場。說書人在當中，聽者在四周，擠擠壓壓，以我當時的感覺，大約有上千人，至少也有數百人。在前面聽得清楚，在後面耳朵好的也能聽清，有的聽不太清。大約二十分鐘，有人出來幫助說書人收錢，在前面聽的人，一般都會交一分、二分錢；有的這一次交了，下一次便不交了，有人每次都交點錢。在遠處聽的，有的交錢，有的不肯交錢或無錢交，但不交錢仍可聽下去。交錢或不交錢，交多少，全憑自覺，但老是不交錢，就有點不好意思。後來我上初中時，在泗縣聽，那是一個盲人，他左手敲著大鼓，右手打著兩塊鋼板。鼓聲、鋼板的叮噹聲，加上他又說又唱，特別吸引人。他的記憶力好，聲音特別洪亮。說唱多在農閒時節，所以，聽的人特別多。那時農村人不聽說書者，幾乎沒有。當時諺云：「種藝不如手藝，手藝不如口藝」。口藝即指說唱。當時睢寧縣說書人有兩大流派，一姓張，另一大約姓劉，二人後來產生了矛盾，互相拆臺，你唱我也唱，各自拉聽者。後來有人出

面調停，張姓人多，在城東和城中說唱，劉姓在城西說唱，矛盾始解。名氣不大的說書人多在農村和小集鎮說唱。

3. 念書。也是另一種說唱。大抵是一個自然村莊，農閒晚上，點幾盞燈，請一位識字人，念書，有的也會吟唱。所念之書是專門爲說唱人寫的，寫下一段故事，接著便有一段韻文，供吟唱。念一段，唱一段。有的全村人湊一點錢給念書人；有的不收錢，義務念唱。因爲大家都閒著無事，都想聽這些傳統故事，他自己也想看書中寫的故事。

4. 平詞和講故事。平詞也叫平話，其實就是講故事，也敲鼓，但只是爲了吸引人注意，鼓聲和故事內容並無聯繫。不過講平話的人講故事很生動，配合手勢和身段，有時很形象。講故事，即一個人聽過別人說唱，或讀過《楊家將》、《岳家軍》、《三俠五義》之類書籍，又把故事複述給別人聽。說故事者，聽眾是小範圍的，人不會太多。但每村都有，就多了。

5. 房屋床桌櫃櫥上的木雕故事，陶瓷用品上的各種故事畫、壁畫，等等，都有很多傳統故事。

總之，昔日農村的文藝生活是十分豐富的，而且因時因地，農忙則停，農閒則多。

這些戲劇、說唱、平話等等，大多是講述歷史、延續神話故事，內容大多是教人以忠義、仁愛、孝悌、「四維」、「五常」等等。除了神話外，大多的歷史故事都有眞實人物，但故事多屬演義。唯其演義，教育意義更大。

比如，說李白使高力士脫靴，楊貴妃磨墨，這當然是不可能的。但這故事卻能長人志氣，教人藐視權貴。

比如楊家將的故事，楊繼業被敵人圍困，頭撞李陵碑而死，是何等的悲壯。老將軍爲國而死，兒子楊六郎又擔負起保衛國家的重任。兒子爲國捐軀，孫子爲國捐軀，剩下的女人們，穆桂英掛帥抵抗強敵。楊家男人死光了，寡婦們又擔起保衛祖國的重任，又有了《楊家

十二寡婦征西》的戲劇和說唱。一門忠烈，前赴後繼。雖然是演義，但說書人、聽書人都很感動，它宣揚了忠義，宣揚了忠心爲國的事蹟。

說書的內容如楊家將、岳（飛）家軍這類大談忠義的故事最多。據說，烈士董存瑞從小就愛聽人說書，他從小就要效法先烈，立志爲國捐軀。所以，後來在戰鬥中，他爲了勝利，用手托起炸藥包完成了炸掉橋頭堡的任務，犧牲自己，贏得勝利。可見說書中宣揚忠義、報國等內容對人的影響。

還有家家戶戶使用的陶瓷器皿上、房屋壁畫（門楣上、影壁上等）、床櫃櫥箱以及窗戶等木雕、嵌畫等等。有孔融讓梨、孟母三遷、一諾千金、二桃殺三士、桃園三結義、孫臏龐涓、武王伐紂、翻羹不恚（一位奴婢把一碗熱羹打翻，汙染了大官人的朝服，但這位官員並不生氣，反而安慰小奴婢——宣揚寬厚仁慈）、閔子騫單衣順母、程門立雪、梁灝借書、舉案齊眉、二十四孝，另有女二十四孝，董永賣身葬父得天女相助，郭巨埋兒得金，穆桂英掛帥，蕭何夜下追韓信，孔子問禮，等等故事。

要之，各種戲劇、說唱、陶瓷木雕、剪紙等民間藝術中，除了傳授歷史知識外，大多宣傳忠義、仁、義、禮、智、信、廉恥、孝悌、恕、忍讓、己所不欲勿施於人，宣傳路見不平拔刀相助，宣傳誠信、爲官清廉、尊賢愛民、仁慈、憐憫、好學、刻苦等。惡有惡報，善有善報。還有很多迷信的內容，但所有迷信的內容，循環報應之類，都勸人爲善，諸惡莫作，眾善奉行，等等。

老百姓雖然很少受到正式的教育，但在看戲劇、聽說唱及家庭中的民間藝術品中，人品道德得到提高，人人知道仁義道德，人人知道誠信，人人知道仁慈。那些忠臣、孝子、義士、烈女，都是他們效法的榜樣。

那時候，農村不識字的老太婆，差不多都能講出一套一套的忠義故事、誠信的故事、仁慈的故事，都會告訴你「勸君莫吃三月鯽，勸

君莫打歸林鳥」等等，還會講鞭打青苗、亂潑清水等都是犯天條的，還會講，人死債不死，父債子還，等等。尤其是善惡到頭終有報，她們不但自己不幹壞事，多行善事，而且教育子女也必須如此。

古代戲劇中，有很多故事演義的是女人在丈夫去世後，或被丈夫休去後，獨自支撐門戶，艱苦卓絕，含辛茹苦，教育後代，終成大業。如呂蒙正母子居寒窰，母親爲人幫傭，供子讀書。呂蒙正後考上狀元，成爲國家棟樑等。舊時代的婦女在丈夫去世後，受盡千難萬苦，教育子女成功，大多是受了古戲劇中故事的影響而使然。現在的女人很少能做到了。

丁龍 1857 年生於廣東，18 歲被人當「豬仔」販賣到美國，成爲卡朋蒂埃將軍的家僕，爲卡朋蒂埃做飯打理日常事務。卡朋蒂埃脾氣暴躁，視財如命，酒後大罵僕人。有一次酒後，他大罵僕人，並驅趕僕人全部滾開。僕人也不想再在其家，也就離開。卡朋蒂埃酒醒後，自知錯了。但看到還有丁龍一人爲他服務，十分感動，詢之，丁龍答曰：「受人之託，忠人之事」並說「這是孔夫子說的」。而且又說自己不識字，父祖也不識字，是一代一代傳下來的。卡朋蒂埃方知中國文化的偉大。丁龍退休前，卡朋蒂埃要爲他辦一些事，卡朋蒂埃以爲丁龍會要一套房子、汽車等。丁龍什麼也不要，只拿出自己畢生積蓄的 1.2萬美元，要卡朋蒂埃代捐給哥倫比亞大學建一個漢學系，研究中國的文化。丁龍捨棄了自己富庶的生活而想到的是中國文化。卡朋蒂埃大爲感動，又追加 10 萬美元，後來又多次追加到 50 萬美元，建立了哥倫比亞漢學系（中文系），現在叫東亞系。胡適、馮友蘭、徐志摩、宋子文、馬寅初、陶行知、陳衡哲、潘多旦、聞一多等都畢業於這個系。丁龍雖然只是一個僕人，但他偉大的人格，爲美、歐、亞有識之士所崇拜，一些和丁龍同時的高官權貴，或遭人們唾棄、咒罵，或早被人遺忘。而丁龍，還有興辦義學的乞丐武訓，卻永遠被人懷念。丁龍、武訓之所以有如此偉大的人格，乃是中國傳統文化哺育所至。現

在也有電視、手機，但其上演的內容，大多為了賺錢，雜亂無章，有的毫無意義，更多的是庸俗的內容，色情的內容尤其是壞人心術的內容。蓋現在人的道德和文化水準都低下，再加上利益驅使，宣傳仁義道德等內容極少而且無效果。所以，人的道德素質每況愈下。

 現在中國人的傳統道德為什麼缺少

十九世紀後期至二十世紀初期，國際形勢對中國（清朝）產生了巨大的影響。西方列強仗著船堅炮利，打開了古老中國的大門，文明的中國由於不重視軍事，不重視武器的研究和生產，落後了。列強們在中國恣意亂為，強迫清政府簽訂了一系列不平等條約，清廷割地賠款，中國人受到極大的侮辱。

中國有識之士一直在思考中國的問題，他們認為科技不行，制度不行，教育不行，文化不行。只有學習西方，西方無科舉，於是他們決定首先要取消科舉制度。

1905 年 9 月，清廷迫於壓力，下令從 1906 年起停止一切科舉考試，延續了一千多年的科舉制度被廢除了。五四前後，又是反孔，打倒孔子，又是廢除讀經。傳統文化開始受到衝擊。五四新文化運動開啟了西化運動，一切向西方學習，乃至「全盤西化」、「百分之百的全盤西化」。

學習西方是對的，凡是優秀的文化都應該學習，西方也一直在學習東方。日本學習西方，學其長處，但本國的優秀文化、好的傳統仍然保留。中國人的錯誤是學習西方，卻拋棄和打倒了自己的優秀文化和優秀傳統。

如前所述，連魯迅都說：「不看中國書，多看外國書」，「中國的書一本也不要讀」。而且凡是中國的文化，「無論是古是今，是人是鬼，是《三墳》、《五典》，百宋千元，天球河圖，金人玉佛，祖

傳丸散，祕製膏丹，全都踏倒他。」[74] 當時國民政府的要員吳稚暉則要把線裝書全部扔到茅廁坑裡。陳獨秀則主張「一切都應採取西洋的新法子，不必拿什麼國粹，什麼國情的話來搗亂。」[75] 胡適則要求「全盤西化」（Wholesale Westernization）。很多人甚至要廢除漢字和漢語。

如是則中國的傳統文化，不但不能繼承下去，相反成為被批判打倒的對象。聖賢書、傳統文化被禁，孔子及其學說被稱為「秕糠」、「吃人」的總代表，必須打翻在地，然後再踏上一隻腳。五四之後，掌握政權和文化權的幾批人都是五四時的青年，都深受五四精神和學說的影響，一直在批孔、批判傳統文化。直到「文化大革命」中的「破四舊」。所謂「破四舊」就是破除舊思想、舊文化、舊風俗、舊習慣。傳統哲學、傳統文化都是舊思想、舊文化；舊思想、舊文化影響下的民族習慣、禮儀、風俗，都是舊風俗、舊習慣。因此，凡家藏傳統文化的書籍中有經、史、子、集，都要焚燒，這就保證了中國人不再讀傳統的書。數千年、數百年來的文化遺產，人們心中的楷模、師表，統統被砸壞、燒毀、歪曲、打倒；曲阜的孔廟被砸碎，孔子的墳墓被鏟平、挖空；炎帝陵主殿被焚，陵墓被挖；倉頡（創造漢字的代表人物）墓園被毀，被改造成「烈士陵園」；山西的舜帝陵被毀，被改成革命宣傳陣地；浙江紹興會稽山的大禹廟被砸毀；安徽和縣烏江畔項羽的霸王廟和虞姬廟、虞姬墓，已兩千年了，也全部被砸壞。「文化大革命」後去憑弔者看到只有埋在地裡半露在地上的一個石獅子了。頤和園的佛香閣也被毀。王陽明文廟和王文成公祠全部被砸毀，夷為平地。合肥包拯的「包青天」墓也被平毀。河南湯陰縣岳飛的銅塑像以及秦檜等「五奸黨」的鐵像也被砸壞，伊金霍洛草原上的成吉思汗陵園被砸光，朱元璋的皇陵石碑、海南的明代海瑞墳、湖北江陵明代名相張居正墓、北京的明末英雄袁崇煥墳，吳承恩、蒲松齡、吳敬梓、武訓、張之洞、康有為等中國歷代名人的墳墓、紀念館統統被砸壞。河北省隆堯縣唐代皇帝的祖墳（陵墓）石碑全被砸壞，

其中一塊數米高的唐初大石碑被砸為13塊，「文化大革命」後找回12塊，然後又整合在一起，但已殘破不堪，大部分的石碑都被砸碎鋪路，無法恢復。柬埔寨國王西哈努克來中國，想去看中國最有名的古雕塑十八羅漢，結果也因已經被砸壞而無法實現。太原市古廟宇等一百九十處文物，被市委書記下令幾乎砸光。全國各地古文物、文化遺產，被砸壞燒壞，數十萬、數百萬計。私人家藏的古文物，傳統文化書籍、名人字畫，被燒壞更不可勝數。

書燒光，說唱也就無法進行。祠堂拆光，傳統戲劇、大鼓說唱等早已被作為舊文化、舊風俗被取締。農村的牆上壁畫、門櫃窗桌上的木雕也被砸毀鏟光，等等。凡是傳統文化，一律取締、燒毀。「文化大革命」是一場改變全國人靈魂的「大革命」，這確實做到了，全國人的靈魂被改變為野蠻、低俗，一部分人甚至下流無恥了。

《孟子·滕文公上》：「人之有道也，飽食，煖衣，逸居而無教，則近於禽獸。」中國人一向注重教育，學校教育、民間教育，一直不斷，現在斷了。所以，現在農村的老農民、老太太，再也講不出成套的忠義故事，再也講不出為人要具有高尚道德的故事了。為人要言而有信，為朋友要忠誠，子孝、母慈、父嚴，路見不平，拔刀相助，等等舊文化，早已被作為「江湖習氣」而被掃除，老百姓也不再知道這些為人的基本知識了。剩下的就是自私、互相鬥爭、爾虞我詐。於是一小部分本來老實質樸的老農，也知道在農產品中加入有毒的添加劑，使產品顯出鮮豔好看的假象，為了多賣錢，而不顧損害自己的道德。部分有知識的人，會把汙水打入地下，讓這些汙水再次坑害人

註 Note

74　魯迅：〈忽然想到〉，載《魯迅全集》，第3卷《華蓋集》，人民文學出版社，2005年版，第47頁。

75　陳獨秀：〈今日中國之政治問題〉，見《陳獨秀文存》，安徽人民出版社，1987年版，第152頁。

民；會把化學藥劑加入牛奶等食品中，為了多賣錢，不惜坑害兒童；還有造假藥、造假的保健品，直接損害人的健康，等等。人的道德水準空前低下。

中國人講究仁義之道，己所不欲，勿施於人。所以在國際交往中，中國人絕不會輸出有害於人的產品。儘管別人輸入鴉片等毒品坑害我們，我們也絕不會坑害別人，中國人向外輸出的依舊是茶葉、陶瓷、絲綢等有益於人的產品。明朝的武力那麼強大，超過歐洲美洲幾倍，但鄭和到其他國家，不但沒有掠奪別人的任何財產，相反還贈送很多中國的絲綢、陶瓷、銀元等給這些國家，被稱為「散財童子」。

中國民間做生意的人，也都自覺遵守商務邏輯。何況，即使有人想損人利己，他也不敢。蓋中國是文化的中國，哲學的中國，處處講哲學，講文化。比如買賣東西時用的秤，秤桿叫權，秤砣叫衡，所謂權衡之道就是要公正。古人的秤每斤合16兩，每兩16錢，在秤桿上每斤有16顆星，前七顆代表北斗七星，北斗是方向的標誌，公正、權威的標誌。做生意人心中要有正確的方向，不可貪財，不可迷失方向。當中六顆星代表四方天地，東西南北天地上下，人心居中正，不可偏斜。後三顆星是福祿壽（福星、祿星、壽星），買東西時，扣人一兩，折壽；扣二兩缺祿；扣三兩少福；四、五則是欺天欺地，更嚴重。現在學西方，改為一斤為十兩、千克等，文化涵義沒有了，對生意人的警誡作用也沒有了。

而且「破四舊」把農村人受教育和學習知識的形式也取消了。其實「破四舊」從1950年代就開始了，如拆城牆，全國縣、市、省級古城牆兩三千個；古代，凡稱城市者，必有城，外城內市，有的有二千年歷史，大多是明、清修補過的城牆。歷代朝代換更，攻城後，絕對不會毀城，而且還加以建設。這些古城牆告訴人們很多歷史，而且在古老的中國，這些古城牆就是明證。那些青黑色的古城牆，巍峨高峻、自下而觀，有崇高莊嚴之感。古城牆本身就是文化。歐洲有的地

方有一個古城堡，旅遊者能飛越半個地球去欣賞，但那些古城堡，比中國的古城差之太遠。中國的古城如果不拆毀，留到現在，開發旅遊業都可以居全球之首。

舊時，每一村莊、每一姓、每一家族都設有祠堂，祠堂中都有家訓，宣傳孝、悌、忠、信、禮、義、廉、恥等價值觀。很多家規族規都立有不准賭博、不准嫖娼等等。祠堂中多繪畫忠義之事、刻苦學習等圖畫，後來都被作「四舊」拆除了。城牆打倒，城隍廟、家族祠堂、各地的廟宇拆掉。「破四舊」運動只是更徹底，更全面的破壞中國傳統文化。

「破四舊」之前，農村中的遊戲，都可以增加人的知識，比如「鬥草」，《荊楚歲時記》記五月五日，四民並蹋百草，有鬥百草之戲。「在唐時為最盛……惟觀各家吟詠，不必五月五日，似為春日者多，婦女兒童尤多。」「唐宋後此俗極盛」。《紅樓夢》第六十二回記：

外面小螺和香菱、芳官、蕊官，藕官、荳官等四五個人，都滿園中玩了一回，大家採了些花草來兜著，坐在花草堆中鬥草。這一個說「我有觀音柳」，那一個說「我有羅漢松」，那一個又說「我有君子竹」，這一個又說「我有美人蕉」；這個又說「我有星星翠」，那個又說「我有月月紅」；這個又說：「我有《牡丹亭》上牡丹花。」那個又說：「我有《琵琶記》裡枇杷果。」荳官便說：「我有姊妹花。」眾人沒了，香菱便說：「我有夫妻蕙。」……寶玉笑道：「你有夫妻蕙，我這裡倒有一支並蒂菱。」

當然，還有「狗尾草」對「雞冠花」等等。明代畫家仇英、清代畫家金廷標等都畫過〈鬥草圖〉，至今尚見。遼寧省博物館藏有明末大畫家陳洪綬的〈鬥草仕女圖〉，圖中五位女子在松樹下鬥草。「鬥草」的遊戲一直在農村延續，這種遊戲對於兒童婦女增加花草的知識

很有效果。孔子說「多識於鳥獸草木之名。」農村兒童婦女通過「鬥草」也可以多識草木之名。其實農村中類似的遊戲很多，都可以增加人的知識和智慧。但這些形式都被作為舊文化、舊風俗、舊習慣，被禁止了。這也是中國人文化素質下降的原因之一。

中國的舊文化、舊習慣、舊風俗、舊思想大多都是有益的，不但有益於人的知識智慧的增加，更有益於人的道德品質之提高。一旦被破除、禁止，便使人漸趨於無知，更使人道德品質底下，缺少仁義之心、報恩之心，更沒有愛國之心。

舊時，凡是受過傳統教育，而且得之較深的人士，大多都有愛國愛民之心。到國外留學的人，大多回到國內報效祖國，有的不得已，或因特殊情況，要留在國外的，心仍在祖國，身在國外，仍為祖國辦事，更且會辦更多的事。老華僑基本上都愛國，甚至比在國內的人更愛國。革命時，他們捐款，有人稱「華僑是革命之母」。抗戰衛國時，他們更捐款。改革開放時，他們攜款回國，辦學校，辦企業，為祖國、為家鄉辦事。1949 年，中國政權變更之時，很多在國外留學的人，放棄國外的優厚待遇，回到貧窮的祖國，為建設新中國而奮鬥。另一部分不得已而留在國外的學生，都不願加入外國籍，在不得已狀況下加入外國籍，都含著淚水而為之。而一旦有機會，他們又回到祖國，像數學家陳省身，物理學家楊振寧、李政道，文學研究家葉嘉瑩，翻譯家盛成等等，雖然是外籍身分，但晚年都回到祖國，從事教學、研究工作。有的雖然在國外，也盡力為祖國辦事。但是新華僑就不同了，雖然也有少數人仍很愛國，但大多數人以加入外國籍為榮，有很多公費留學生用國家的錢留學，但畢業後不回國，留在外國，毫無報國之心。

1940 年代，中央大學派畫家張書旂赴美考察。他到了美國，因為戰爭一時回不來，後來妻子亡故，他和美國的一位華僑結了婚，人留在美國，仍為中國辦事，而且他將中央大學給他赴美的錢又加兩倍，

還給了中央大學。現在公費留學生，留在國外的無一人將國家給他的經費退還給祖國。至於貪官，甚至攜帶鉅款跑到外國去，他們只為利，不是被迫加入外國籍而是申請加入。只為個人，甚至損毀祖國的利益。因為他們不讀傳統文化的書，不知廉恥，不知仁義。只學會了外國的競爭。如果說這是教育的失敗，恰恰是教育失去了傳統的結果。

大概是在網絡上有人說，近代世界西方人的品質由低下邪惡漸變為高尚；而中國人的品質由高尚漸變為低下邪惡（大意）。這話雖有點過分，但也基本如此。

韓國有一位名醫，要到中國來，他的父親懂漢文，對他說：「中國人十分文明、仁義，十分講禮貌，你去中國，要學習一些中國的禮儀。」這位醫生學了不少中國的禮儀。但他到了嚮往已久的中國後，發現自己學的中國禮儀完全不起作用，反而被人嘲笑為迂腐。很多中國人行為都很粗魯，並無禮貌。孔子曰：「禮失而求諸野！」中國的「禮失」，倒是在受中國文化影響的韓國以及馬來西亞等國可以見到。

總之，自五四以來，上層知識界，因「反孔」、「打孔家店」（「文化大革命」中改為「打倒孔家店」）「推翻孔學」、「廢孔學」、「廢除讀經」、「完全不讀中國書」致使傳統道德全部失去；下層工人、農民也因「反封建」、「破四舊」，而缺少舊形式的教育和約束，也失去了民間高尚而質樸的道德，代之而起的是打、砸、搶，互相揭發，互相陷害，互相出賣，大批判，爾虞我詐。中國人的素質、品德漸漸低下了。

七　應該怎樣恢復中國人的傳統道德

（一）西方兩次啟蒙運動的啟示

西方第一次啟蒙運動，始自 17 世紀到 18 世紀末。這次運動主要

是擺脫了神學的束縛，批判了封建專制主義，宗教愚昧及特權主義，宣傳自由、民主和平等的思想。在持續一個世紀的思想解放運動中，開啓了民智，對專制制度及其精神堡壘——天主教會展開了猛烈的抨擊，人由神（上帝）的奴隸中解放出來。宣傳「天賦人權」、「生而平等」，突出了自我，抬高了理性，促進了科學和民主，強調個人主義的價值觀。但突出了自我，人由上帝的奴隸變爲自我是上帝。每一個人都是上帝；每一個人都要在社會中突出出來，這就釋放了貪欲，導致了不惜損人利己，一切爲了自我的強大、自我的突出的弊病。這就要金錢、權力。爲了金錢、權力，人們勾心鬥角、爾虞我詐，信仰和道德被貶抑。人反而變爲金錢、權力、野心的奴隸。爲了錢，不惜向外國輸入鴉片，毒害其他國家的人民，用武力攻打弱國，相信弱肉強食，直至發動世界大戰。兩次世界大戰給世界帶來了巨大的創傷。

西方實際上早已需要進行第二次啓蒙運動。當代美國比較哲學家安樂哲指出：「個人主義價值觀使人類選擇了錯誤信仰，失去道德和精神，走向自己的反面；人類必須實現對第一次啓蒙的突圍，走向以人爲中心的信仰、道德與精神生活的第二次啓蒙。」

西方第二次啓蒙，實際上是步中國 2500 年前的儒家思想後塵。從「自我爲中心」突圍出來，「走向以人爲中心」，就是儒家的「愛人」、「仁者愛人」，「老吾老以及人之老，幼吾幼以及人之幼」、「己欲達己達人」、「己所不欲，勿施於人」等等。儒家思想從來都是要尊重他人，尊重民意，與人爲善，利群利他、推己及人、嚴於律己，憂國憂民。以翻譯介紹西方學說而聞名的嚴復在其遺囑中慎重地說道：「己輕群重。」儒家思想從來都是以國家、社稷爲中心，個人是社會的一員，國家的一員。「存天理，去人欲」，一直反對「突出自我」，連「揚己露才」都在反對之列。

中國的五四運動，實際上也是啓蒙運動，這時，胡適們正在宣揚西方第一次啓蒙運動的口號，要突出自我。胡適到了臺灣還在講，要

爭取個人強大，中國每一個人都強大了，中國就強大。這話有一點道理，但也有副作用。如果有一個高高在上的位置，只能容納一個人，而有十億人都要占有這個位置（強大的標誌），那麼結果只有鬥爭、殺伐。把九億多人都殺死或趕下臺，最後只有一個人上臺。這就是突出自我的後果。一個國家要突出自己，要比別人強大，要做世界第一，如果另一個國家也更如此，那只有戰爭。兩次世界大戰的爆發，也和這種「以自我為中心」的教育有關。如果實行中國的「仁者愛人」、「己所不欲、勿施於人」、「己欲達而達人」、「去兵」、「去食」，那麼，世界大戰就不會產生。所以，西方在經歷幾個世紀後，尤其是世界大戰的慘劇後，認識到過分強調「突出自我」、「解放自我」給社會帶來的不良後果，第二次啟蒙運動，則要「尊重他者」，擺脫自我中心主義。

同時，西方人也認識到對抗自然，改造自然所帶來的弊病；也認識到人類要和大自然和睦相處。西方對抗、乃至互相殘殺的幾個宗教教主也開始握手言和了，「萬物並育而不相害，道並行而不相悖」了。這些都和中國 2500 年以前的儒道思想相結合。如果世界早一點實行儒家思想哲學，就不會繞了幾個世紀的彎子，更不會死傷幾百萬，上千萬人的性命。

（二）教育：嚴復遺訓

1905 年，孫中山在英國，造訪了當時亦在英國的嚴復，談及中國的革命，嚴復說：

> 以中國民品之劣，民智之卑，即有改革，害之除於甲者，將見於乙；泯之丙者，將發之於丁。為今之計，唯急從教育上著手，庶幾逐漸更新乎？中山先生曰：「俟河之清，人壽幾何。君

為思想家，鄙人乃實行家也。」[76]

在中國近現代思想史上，嚴復是最了不起的大家，他對中國的問題看得最準確，他提出的解決辦法也最正確。其他的方法不是激進就是不足。孫中山提出革命，建立共和，當時十分合理，也已在形式上成功了。但人的素質未變（只變了少數精英），民品、民智未變，形式上變了，實際上未變。封建帝制被取消了，袁世凱又恢復了，張勳又恢復了，當然形式上又取消了，但後來的統治者，雖無帝號，卻實際上是帝王，乃至比帝王更專制。即嚴復所說的「害之除於甲者，將見於乙；泯之丙者，將發之於丁。」當中有的人稍好些，比如徐世昌當總統期間，政治就比較寬鬆，但這不是制度問題，而是徐世昌本人文化修養和政治品格較高使然，徐世昌畢竟是前清翰林出身，傳統科舉培養出來的人才，還是高的。如果教育加強，從總統到平民百姓，文化水準都提高，政治品格、做人修養都達到很高的境界，這個國家自然就改變了。如果需要改變體制，體制也就自然改變了。否則體制雖然變了，憲法也有了，但無人執行，一切形同虛設，雖變而未變。

一些發達國家的官員，以接受群眾監督為榮，以自己被關在「籠子」裡為榮，尤以國家有這種制度為榮。但在落後的國家裡官員以能騎在人民頭上作威作福為榮，以高高在上、無人敢管、無法無天為榮，以享有一般人沒有的特權為榮。這是體制問題，也是教育問題，如果從各級官員到普通百姓，都以騎在人民頭上，無法無天、又享有特權為恥辱；如果各級官員尤其是高級官員要求人民群眾把自己關進「籠子」裡，一切以聽從人民的意願為最高準則，那麼，體制也自然就變了。美國的民主法制制度，最早也是少數精英人士指定的，少數精英人士也是受過良好教育的結果。

所以，教育是最亟需的。嚴復說的「唯急從教育上著手」；是十分正確的。少數精英人士的作用是，是開啟民智，喚醒民眾。一個國

家所有人的文化、修養高度到什麼地步，這個國家的高度也就到什麼地步。

　　中國一千多年科舉制度，雖然也有才華很高的人未被錄取，但被錄取的進士，全是滿腹經綸的飽學之士，全是有真才實學而且才華很高的人。我看過被錄取的進士的考卷，僅那秀美、工整遒勁的書法，已是現在所有的著名書法家望塵莫及；而且整個試卷一氣呵成，沒有草稿，沒有修改，試卷上沒有一個錯字，文理通順自不用說，而且重要的是闡述的大道理，經邦濟世之策，對聖賢章句的引用，無一不剴切確當。而現在的官員，一個省長又是博士，所在的滇地，居然把「滇」字讀錯了，而且經常把用字讀錯。很多名牌大學校長，能把初中生都認識的字讀錯；至於吟詩作賦，揮毫灑墨，他們更是望塵莫及。這在舊時代，前者是絕無可能，後者更是無人不能。

　　至於文化水準低下、知識之淺薄乃至無知，導致影響國家的形象，那就更不應該。舉一個例子，首都北京天安門前建有兩個大型建築，左面是歷史博物館，右面是人民大會堂，這是有哲學道理的，顯示中國傳統文化的深遠。傳統文化中國家中心建築有「匠人營國……左祖右社」之規定，即左面是「祖廟」，右面是「社廟」。原始社會，在部落左邊樹立一個標誌「且」，是男性生殖器的象徵，「且」的形象用木刻或石雕成「且」型，表示祖宗的牌位，古代「且」與「祖」通。在右邊樹立一個牌子「土」，即土地神牌位，古代「土」與「社」通，部落人群在土地神牌位下開會，商量出征、漁獵等大事。商量好了，先拜土地神，求土地神保佑；然後再去左面拜祖宗，以求祖宗保佑。後來「社」字即開會討論事理的地方，明清時「復社」、「幾社」，

註 Note

76　《侯官嚴先生年譜》，《嚴復集》第 5 冊，中華書局，1986 年版，第 1547 頁。

「林黛玉重建桃花社」，這些「社」都是文人聚會討論文事的意思。人民大會堂是國家開會的地方，也即「社」。後來社會發展了，有了宮殿，就在宮殿前左邊建祖宗牌位殿，即祖廟。在右面建土地神殿，即「社廟」；仍叫「左祖右社」。（現在人也不應該忘掉祖宗，也要敬祖。也要有開會的地方。）天安門前左面建歷史博物館，陳列祖宗文化遺產；其實也是祖宗的牌位。右面建人民大會堂，即開會的地方，即「左祖右社」。現在官員沒有文化，把歷史博物館改為國家博物館，這就不是「左祖」了。「歷史」即「祖宗」的文化遺產，「國家」是政權的象徵。這麼一改，不但文化內涵全部失去，還有更重要的問題，這裡暫不陳說了。請讀者參看《陳傳席文集》中〈天安門前為什麼要建人民大會堂和歷史博物館〉一文。

中國的憲法規定，中華人民共和國一切權利和財產屬於人民。共和國和民國的最大區別是：民國一切屬於國家，故有國立大學、國立博物館、國立圖書館等等，以下有「省立」。而共和國一切屬於人民的，人民政府、人民政協、人民銀行、人民出版社、人民美術出版社，人民解放軍、人民警察、人民法院、人民檢察院等等。省有省的人民出版社、省的人民政協、省人民法院等等；縣有縣的人民法院等等，都是人民的。各國的錢幣如美元、日元、英鎊，獨中國的錢幣叫人民幣，總之，一切屬於人民的，而不是國家的。現在改為國家博物館，而且其他也改了，北京圖書館改為國家圖書館，人民大劇院改為國家大劇院，中國畫研究院改為國家畫院。這就和「中華民國」的「國立」沒有區別了。這就改變了「人民」的性質了，不是他們要故意和憲法對著幹，而是他們無知。

如果有人問他們，天安門前左面為什麼建國家博物館，右面建人民大會堂？他們當然講不出任何道理。即使是仍叫「歷史博物館」，他們也不知道「左祖右社」的道理。因為他們對傳統文化一無所知。如果有人問他們，中國的憲法規定中華人民共和國的一切都屬於人民

的，爲什麼博物館、圖書館、大戲院現在都改爲「國家的」，他們也講不出任何道理。因爲他們根本無知。無知的人是管不好工作的。無知的人也不可能在任何方面達到高的境界。因爲不讀書（可能會讀一點流行的書，但不會有文化內涵），尤其是不讀傳統文化的書，故不知仁義道德爲何事，不知爲官要清廉，不知「五常」、「四德」、「老吾老以及人之老，幼吾幼以及人之幼」、「己欲達而達人」、「己所不欲，勿施於人」等等。傳統的讀書人，一開始便樹立全心爲天下、「憂道不憂貧」的志向。讀書人讀的第一篇文章，即《大學章句》第一篇，也即《四書》的第一篇，便是闡述「修身、齊家、治國、平天下」的道理。「《大學》之道，在明明德，在親民，在至於至善。」而以只謀求一人一家的衣食富貴爲恥辱。現在的官員不讀傳統文化的書，自然不懂得爲官爲學就是要捨己爲人，捨己爲天下。反之，他們謀求的只是一人一家的享受和權勢。那就不但不會清廉，反而會貪腐。這就是現在的官員腐敗的根源之一，而且官愈大貪腐愈嚴重。二十四史中，經常出現一句話，「小人在朝，君子在野」或「小人專朝，君子在野」，此乃是腐敗的根源。根治的方法之一，便是從小讀傳統文化的書，把清廉變爲他們的童子功，終身受用。從小就樹立不謀私利，愼獨，爲天下的思想，這些傳統文化的書中都有。

（三）教材必須改革：恢復傳統

　　我手中收藏民國元年正月出版民國二年三月七十六版的小學課本，封面上有「教育部審定」、「中華初等小學國文教科書」（第一冊）中華書局出版發行。第一課是「人、手」二字，並畫了男女老幼四個人，一隻人手。第二課是「巾、刀」，並畫了毛巾和刀。第三課是「牛、羊」，第四課「水、火」，第五課「井、石」……第二十四課「左手、右手、左足、右足」，第二十八課是「一二三四五」，第三十三課是「天在上，地在下，人在地上」，最後一課即第五十四課

是：「早起天涼，兄弟姊妹，並坐窗前，溫習功課。」

　　據說這些受了西方啓蒙教育的啓示，把原來的四書五經改爲小孩子容易懂的內容，易寫易學，叫啓蒙教育。當時，一切向西方學習，甚至「全盤西化」，這種教材改革也是必然的。但是極其錯誤的。

　　記得我在上小學時學的仍然是「人、口、手」「大、中、小」⋯⋯「大羊大，小羊小」，第二學期的第一課是「開學了，我們上學去」等等。

　　這種西化式的學材改革，正是中國人文化降低的一個最重要的原因。小孩子接受能力最強，記憶力也最好，可塑性更好，這時候學習儒家經典、歷史知識，唐詩宋詞，終生能背誦。更重要的是，對小孩人格人品胸懷的塑造和充實，至爲關鍵。在小孩子接受能力最強時，你教他背誦「人、手、巾、刀、牛、羊⋯⋯」有什麼用？難道他不知道「人、手」，難道他不知道「天在上，地在下」，難道他不知道「大羊大、小羊小」？這最好的時間除了識幾個字外，一切都浪費了。人格的塑造，胸懷的充實完全沒有。

　　傳統的教育同樣也識字，而且識更多，更重要的字。但更重要的是，他們學到知識，修煉了人格，充實了胸懷。

　　我在農村時，遇到一件事，印象十分深刻。農村一位老人死了，老人的兒子是某大學中文系畢業的，在外地做官，當然要回來處理父親的葬事。老人的遺體放在靈棚裡供人弔唁。但靈棚大門必須有一幅輓聯。一村中就一位大學生，又是中文系畢業生，當然非他莫屬了。可是這位大學中文系畢業生一個字也寫不出來，不但聯文他寫不出，連對聯（輓聯）最起碼的規定，他都完全不懂。於是只好請來一位老農民。這位老農民，我有印象，有一次在田裡拔草，休息時，一個小孩在念唐詩，「月落烏啼霜滿天⋯⋯」，他馬上說：「不對吧，應該是『月落烏啼霜滿天』。」我當時一驚，這位老農民還會背詩。這位老農到了靈棚中，提筆就寫了一幅輓聯。我首先驚訝的是，他的書法

不但功力深，技法純熟，而且遒勁雄渾，比現在書法家協會主席，及著名書法家寫得都好。輓聯內容是他自撰的，雖然不十分出色，有點老生常談，但也符合死者的身分，已很不易了。而且，輓聯的內容不隔，不合；對輓聯的仄起平收，同句中平仄相間，對句中平仄相對，都完全符合格律。等他忙完，我馬上去和他打招呼，和他聊了很多問題，他說他小時讀了三年私塾。

我十分不解，三年私塾，難道能超過十七年的現代化教育。人家是六年小學，三年初中，三年高中，四年大學本科啊。然後我對雙方作了瞭解。十七年的教育，開始學的是「人、口、手」「大、中、小」，都毫無知識可言。當然，後來他學了一些外語，但一出學校就忘光了，既看不懂外文也聽不懂外語。四書五經，當時被列為封建糟粕，他基本不懂，中學時學過數學，也忘了，而且無用。當然，他多少知道一些魯迅、夏衍等，似乎沒有實際用處。而這位讀過三年私塾的農民，三年學了「四經」，《論語》中孔子的話，《孟子》等，他大多能背。《詩經》中一些詩，唐詩宋詞，他都知道一些。開始就是背誦，不久，老師就開講，意思也都明白了。歷史知識，他讀過《三字經》，大概脈絡，他也知道。因為《三字經》必須會背，他一張口便是「人之初，性本善，性相近，習相遠……」「自羲農，至黃帝」夏商周秦，一直到明清，背過《三字經》的人，都不會忘。倒是那位大學生，只知道一些階級鬥爭，農民起義等，也知之不詳，而且周、春秋、戰國的關係，他也弄不清。因為當時反對死記硬背，私塾老師則要求學生必須會背誦。老師（先生）開講已背誦的內容，「關關雎鳩，在河之洲……」、「在明明德，在親民，在止於至善……」等，是什麼意思，也就明白了。他還特別指出：「有人說老私塾叫學生背書，食而不知其味，這完全是胡說，開始背文章，也許不太明白，但老師一開講，就懂了。你不會背誦，老師講了，你印象也不深。老師是幹什麼的，『師者，所以傳道授業解惑』的嘛！」至於詩詞的平仄，

對仗等，他也都會，會對對子，就會寫對聯，所以他寫輓聯，十分容易。至於現代數學，他雖然沒學，卻能熟練打算盤。每年大隊、生產小隊算帳時，都請他去打算盤，快速而不出差錯。那時沒有電腦，有手搖計算器，但手搖計算器，有時還不如他打算盤快。我做了比較，現代教育十七年培養的中文系大學生確實遠遠不如老私塾三年。

何況老私塾先生都善書法，不善書法的人是不能教書的，小孩子一入學，學寫字便是學書法。背書就是學文化，學歷史，學地理，就是道德教育，就是仁義禮智信，就是禮義廉恥，就是修身齊家治國平天下，三者同時進行。三年私塾，識字寫字、寫作文都是毛筆，都是練書法，書法成為童子功，當然都很好。而學習西方式的所謂「啟蒙教育」都沒有這些。

現在認識到傳統丟失太多，想恢復，小學加書法課、道德品質教育課。但這都要專門時間，就擠去了文化課、外語課的時間，撿了芝麻丟了西瓜，損失更大。傳統教育的方法，學了文化，同時會了書法，同時提高了道德修養，不需要專門的書法課和道德品質教育課。而且現在的道德品質課只是形式上的。學生可能會背誦一些條文，應付考試，實際上對於學生的道德品質的提高，完全沒有益處，有時會適得其反，因為學生會產生牴觸情緒。傳統的道德教育不是形式，是「潤物細無聲」，是深入人的骨髓，改變人的氣質的教育。

（四）與時俱進

中國的教育完全恢復 60 年前的形式也不行，畢竟時代不同了，必須以學校教育為主。所有的孩子必須入學校接受正規的教育，但教育的內容和形式都要改，主要的是恢復傳統。

小學應該 60％時間學習中國語文，30％時間學習外語，剩下10％為美術、音樂、體育等。語文課本絕不能再學「人、手、口」等，而當改為《四書》、《五經》、《三字經》、《弟子規》、唐詩，

宋詞，古代名著，把歷史、地理、道德品質教育等內容全融入語文課中。小學教師先是突出訓練書法，繼之，凡小學教師必須能寫傳統書法。把小學課本內容，選用顏體字，或柳體字印出來，學生學知識，同時學書法。即使老師們書法不好，但經訓練後，懂得書法應怎樣寫。無非是「欲右先左」、「一波三折」、「無垂不縮」之類，小孩子按這科學方法去臨帖，同時識字，同時提高思想品德，同時學習了歷史、地理知識。傳統文化從小就融入孩子們血液中，終生不會變。中國傳統文化中優秀的內涵，必能教育出優秀的人才，必能培養出大公無私，清廉，捨己為公的人才。必能培養出道德品質高尚的精英，而且人人都將是書法家。教育變了，中國就變了。

（五）知己、知彼

《孫子兵法・謀攻篇》有云：

> 知己知彼者，百戰不殆；不知彼而知己，一勝一負；不知彼，不知己，每戰必貽。

這裡有一種情況，即「不知己，而知彼」，後果如何呢？孫子沒講。其實也是必敗的。你雖然瞭解對方，虛實強弱等皆知道，但你不知己，善於守護者，你令他們去進攻，老弱病殘者，你令他們去當先鋒，那是必敗的。更重要的是，你不知己，則不能上下一心，軍士便不會為你效命；再亂指揮必導致大亂。兵法云：「不知軍之不可以進而謂之進，不知軍之不可以退而謂之退，是謂縻軍（束縛軍隊）。不知三軍之事而同三軍之政者，則軍士惑矣，三軍既惑且疑，則諸侯之難至矣，是謂亂軍引勝。」（《孫子兵法・謀攻》）因為不知己，亂指揮，把自己軍隊擾亂了，這就導致敵人的勝利。所以，不知己，必敗。知己是最重要的。

上世紀中國革命，那麼多從國外留學回來的人，掌握大權，又有外國人支持，但總是失敗，因為他們雖然瞭解國外（知彼），但不瞭解中國的情況（不知己）。毛澤東沒去過國外，也不懂外語，但他研究瞭解國內情況，你國外怎麼辦，我不知道，但我知道國內應怎麼辦，他勝利了。

清末民初中國懂外語的人很多，但近現代翻譯之祖是林紓，林紓一句外語也不懂，但他古文很好，靠懂外語的人把外文的大意用中文念給他聽，他翻譯了一百多部外國小說。

傅雷是大翻譯家，幾乎所有認識傅雷並懂法語的人都說傅雷的法語比較差；有人說傅雷的法語在他們那一批留法的學生中最差，我的一位朋友在澳大利亞一所大學任教，前年已退休。他的父親原來是上海外國語大學的法語教授，曾和傅雷差不多同時留法，生前曾告訴他說，傅雷法語不怎麼樣，也可以說很差，但他中文底子不錯。他翻譯離不開字典。所以，傅雷回國後，沒有到大學去任法語教師，也沒有一個大學聘請他去大學教法語。他只好在藝術學校教美術史，後來在家翻譯法國小說。但他們都承認，傅雷的中文基礎在留法的學生中較突出。傅雷成為大翻譯家、文化名人，靠的主要是他的國學基礎。

我的老師秦宣夫，原來畢業於清華大學外語系，後去法留學，他的法語，連法國的語言專家都認為是中國最好的，但他的中文基礎趕不上傅雷，所以，成就遠遠不及傅雷。所以本國的語言、文字、本國的情況、本國的歷史、風土人情、思想、道德、學問是必須首先研究好的。

現在的中國，大多數人不瞭解自己的文化，而先去學習研究西方的文化。西方的文化已充滿頭腦，中國的文化就學不進去了。有一位學生給我談到了孔子一句話，我自以為比較熟悉孔子的言論，但對這句話卻十分生疏，便問他孔子這句話出自何處。他找出來是一位德國人講的，也沒有注明出處。原來是完全沒有根據的。這很奇怪，一個

中國人學習孔子的學問，讀孔子的書，要從外國人那裡轉手，這真是弔詭。

當然，你從事科技研究，已基本上不分中外，全球的進度是一致的。但如果專論文化，還是有區別的，這裡要談文明與文化的區別。

文明與文化，有相同處，有不同處，文明在世界範圍內，要達到一定高度是要縮小距離。文化在世界範圍內，要達到一定高度，是要擴大距離；簡單的說，文明是要縮小距離，文化是要擴大距離。凡屬文明，總是要講禮貌，講衛生，文質彬彬，不可粗魯，不可暴力，不可動武，全世界皆如此。也可以說，凡屬文明，都是一致的，不可有距離。文化，你的繪畫風格和我的繪畫風格不但不能一樣，還要擴大距離。專家（畫家、作家等）之間，地區之間，都要有距離，不能相同；國與國之間，更不能相同，更要擴大距離。否則就是抄襲，就是複製。設想：我們到北京、紐約、倫敦、巴黎等，看到的藝術都是一樣的，那多麼乏味啊，每到一處，看到的都是不同的，但都新鮮的藝術，這才叫藝術。藝者，異也。匠者，同也。全世界的藝術都相同，那世界上只有匠人，而無藝術家。凡稱藝術家者，必能獨創。必能和他人拉開距離。其他文化也同理。

有人說，中國的哲學不是哲學，只有西方的哲學才叫哲學。這是按西方哲學的標準規定的。如果按中國的哲學標準，西方的哲學又不是哲學；這正說明中國的哲學有自己的特色，不同於西方的哲學。

西方的哲學，西方的文化，由西方人去發展：我們可以研究，可以瞭解，這叫知彼。中國的哲學，中國的文化，要靠中國人來發展，那就必須深入的研究，深入的瞭解，然後才能發展。現在中國的狀況是，大家都去學習西方的文化，對西方的文化熱心，超過了西方人；而對自己的文化反而不瞭解；或者表面上看似乎知道了，而實際上並不知道。當然這也和政策有關。外語不過關，不可以晉升職稱；中文不過關沒關係。所以，有博士學位的省長，可以連自己所在地地名都

不認識，而且是一個普通的字，字都不認識，又怎麼能深入瞭解傳統文化呢？所以，我認爲晉升職稱，官員升降，都要先考中國傳統文化知識，而且必須有深度，80 分爲及格；然後再考外文。

現在是舉國上下皆學外文，皆學西方歷史、文化，對西方歷史大概能講得頭頭道道，其實對西方文化並不深知。而對中國歷史、中國文化，一知半解的都很少。我擔任博士生導師近 20 年，文科博士生竟無一人通讀過《莊子》、《孟子》和《論語》，甚至無人讀過《紅樓夢》、《三國》、《水滸》的原著，但對西方的名著卻能講出不少。其實，中西學問各有千秋，西方的學問，你愈研究，愈覺得有道理；中國的學問，你愈研究，也愈覺得有道理，愈覺得其偉大。所以大家都在研究西方的學問，而不知道中國的學問，就會自卑。五四那一批從西方留學回來的人，要打倒中國傳統文化，要「全盤西化」，正是他們不深知中國傳統文化之故。

專家從事他的專業研究，當另論。你是研究西方哲學的，那就必須深知西方哲學。但作爲一個中國人，其基本素質，或通識，必須首先知道自己的傳統。儒家謂「一物不識，儒者之恥。」又曰：「君子不器」。當然，任何人對傳統文化或西方文化，都不可全部瞭解，但要知其大略。宋朱熹編注《四書章句集注》，就是想叫世人簡明扼要的瞭解儒家學說的大概。我們現在正缺少這方面的書。

這裡還要談一談「觀其大略」和「務於精純」問題。《三國志·蜀書·諸葛亮傳》注引《魏略》中有記：「亮在荊州，以建安初與穎川石廣元、徐元直、汝南孟公威等俱遊學，三人務於精熟，而（諸葛）亮獨觀其大略。」《三國演義》第三十七回〈司馬徽再薦名士，劉玄德三顧茅廬〉改爲「此四人務於精純，惟孔明獨觀其大略。」傳統文人歷來認爲「觀其大略」高於「務於精純」。但「觀其大略」必須以「務於精純」爲基礎。但人的精力有限，不可能處處精純，上升到一定高度，即可提綱挈領，觸類旁通。

　　文化是一種意識形態。一個社會的意識形態定了，處處有顯現。拿遊戲來說吧，美國人發明了跳棋，歐洲人發明了撲克，中國人發明了象棋。跳棋是五個子，分別向前跳。五個子是平等的，一齊努力，都跳到了終點，便勝利了。但它在自己向前跳的同時，也阻止別人向前跳，這就是美國，我們必須瞭解。撲克一說是法國人發明的，一說是義大利人發明的，總之是歐洲人發明的。其宗旨是大的併吞小的，吃掉小的。10 一定壓倒 9 以下，9 一定壓倒 8 以下，雖然也有 K（皇帝）及 Q（皇后），也只是其指數大而已。歐洲人也正如此。中國的象棋是漢初發明的，有人說是韓信發明的。象棋的宗旨主要是保住老帥，車馬炮將士兵卒都是爲了保老帥。他們都全在，只要老帥被人吃掉了，就輸了。反之，將士兵卒全損失光了，只要老帥在，仍然是勝者。其實，「將」、「帥」需要「相」、「士」保衛，這就是皇帝，就是人主。全部力量都爲了保衛皇帝，一切都爲了皇帝。誰反對皇帝就打倒誰。而且全國的一切成果，一切好事也都是因爲皇帝才有的。明代臺閣體大量的詩文，將皇帝比作「太陽」、「紅日」，把自己比作向日葵，「傾心向太陽，如彼藿與葵」、「瞻仰帝君大明德，還如麗日正天中」、「九州四海涵恩澤，都在陽和化育中」。又把皇帝比作「雨露」，「雨露生成總帝恩」、「九天雨露有餘膏」、「感茲蒼穹雨露均」、「雨露洋洋被遐邇」，因爲皇帝是太陽，就高呼聖王「億萬壽」、「萬萬齡」、「聖皇端拱萬斯年」、「聖壽齊天，寶祚萬世」、「上祝聖壽萬萬齡，如川之增日初升」、「聖壽皇圖萬萬年」。宮廷中有一隻玄（黑）兔，文人們也寫詩：「豈非我聖皇，盛德斯致之」，下一場雪，也是「聖治無爲德澤長，豐年降幅自穰穰。」下一場雨，「聖主純誠格上穹，甘霖一灑萬方同」。[77] 這就是中國秦漢以後糟粕

註 Note

77　以上參見陳傳席博士論文《臺閣體研究》，載《陳傳席文集》，安徽出版集團，2007 年版。

文化的顯現。

我們要瞭解中國的文化，「象棋」文化就是中國的糟粕文化。所以，我們要「移風易俗」，去除「象棋」文化。美國的跳棋文化，提倡平等，一起努力，不分上下，是對的，但不必阻止別人前進。

我們要知彼，但不能改變彼；我們知己，卻可以改變己。知己的長處，而發揚下去，知己之短處，去掉之。所以，必須知己。知己比知彼更重要。何況，我們雖然也有糟粕文化，但更多是優秀的傳統文化。所以，我們必須認眞學習，繼承、發揚。但中國的現代卻相反，不知己，而知彼，其實也不可能眞正的知彼，這是必須要改變的。

儒家文化是爲天下，而不是爲個人的。蘇洵在〈審敵〉中說：「爲一身謀則愚，而爲天下謀則智。」《禮記·禮遇》云：「大道之行也，天下爲公。」這也應該牢記的。

春秋戰國時，儒家心目中的天下，大約就是中原及四夷。春秋時有幾百個國家，戰國只剩下七雄，後來被秦統一。那時候，孔子們還不可能知道有歐洲、美國、非洲。他們的「天下」，大約就是周、秦的版圖。所以，儒家反對武力，主張「去兵」、「去食」、「溫良恭儉讓」、「不言怪力亂神」，還是正確的。他希望天下和平、文明、不要鬥爭，也限制君主的暴力，這都是不錯的。而且「四海之內，皆兄弟也。」這個「四海」也就是天下。天下人都是兄弟，怎麼能動武呢？所以要「溫良恭儉讓」。但科技發展了，歐洲人來了，美洲人來了，我們不用暴力，人家用暴力。我們「去兵」，人家重點在「強兵」。正如一群文質彬彬的學者和紳士，遇到一群土匪、強盜，土匪強盜肯定很容易把學者紳士打敗，甚至殺死。那麼，是批判學者和紳士，還是批判土匪強盜呢？是前者錯了，還是後者錯了？近百年來，中國人也和西方人一樣，認爲落後了就要挨打，弱肉強食。季羨林的日記中也記載，他當年在德國留學時，看到的德國人，都認爲強者凌辱弱者，力大者打擊力小者，是應該的。但儒家、道家都認爲強者富

者要幫助弱者和貧者，先進的要幫助落後的。「大國者下流」，「富而好禮」。儒家反覆宣傳的仁者之心，「不忍人之心」、「惻隱之心」等，都是要幫助弱者，哪來的的「弱肉強食」呢？實際上，儒家這種思想，現在也成為全世界的共識。而「弱肉強食」以大欺小的思想也為全世界先進思想所反對。

現在很多學者批判儒家思想，認為「溫良恭儉讓」培養出的是一群懦夫。中國人尤其是軍隊，必須有狼性，敢於出擊，敢於打擊敵人。中國的軍隊缺少狼性，是儒家的錯誤，責任應由儒家來負。因為世界上還有狼性的國家和軍隊，所以，我們也必須有狼性。但這不是儒家思想的錯誤，是「狼」的錯。當然，也說明儒家思想有侷限性，這侷限性是時代的責任。儒家在那個時代不可能知道天下還有「狼」性的國家。紳士被強盜殺死，不指摘強盜，而批判紳士，其可怪歟。

但是如果全世界的國家，都培養自己的「狼性」，那麼這個世界就會天天處於戰爭狀態。最終還要「溫良恭儉讓」。最終還要中國文化「拯救世界」。

中國的哲學不能救中國，並不是中國的哲學錯了，而是世界上還有錯誤的哲學。如前所述，文化落後的國家打敗文化先進的國家，野蠻民族打敗文明民族，是常事。有的野蠻可以感化，有的野蠻，必須用武力對抗，然後再感化。所以，中國人有時要暫時放棄中國的哲學，而用外國的強硬哲學，才能立於不敗之地。但世界最終還是要文明，還要「去兵」，還要「溫良恭儉讓」，最終還要中國的哲學。所以，湯因比說：「正是中國肩負著不止給半個世界，而且給整個世界帶來政治統一與和平的命運」。[78] 湯因比還多次論說只有中國文化才

<hr>

註 Note

78　《暢談東方智慧》，（香港）商務印書館，2004 年版，第 193 頁。

能「拯救世界」，他的判斷，是應該有根據的。

　　湯因比還斷定：中國文化是「統一未來世界的核心」。[79] 作爲一個國際著名的歷史研究家，他的話不會過於孟浪吧。

註 Note —————————————————————————————————————

79　《暢談東方智慧》，（香港）商務印書館，2004 年版，第 4 頁。

後記

我寫這本書，並不是因為我是中國人而為中國文化爭面子，而是比較中外文化之後得出的結論。

書寫了很長時間，先是萌醞於南京，然後寫於北京，再後因事而暫停。兩年前，我在馬來亞大學任客席教授，教書之餘，又接著寫。本計畫在馬來亞大學完成這本書，但中途又有事，又停止了。都是俗事，但沒辦法。在國內寫作，干擾太大，我想到美國找一個地方寫作。到了美國，干擾少了，但發現用資料不太方便，於是又回到北京。本想從容不迫的寫作，但不可能。再過幾天，我必須去拉曼大學任教，於是又是匆匆。一是斷斷續續，氣接不上；二是匆匆，沒能細加審核，所以有些引文重複。但因所論證的問題不同，也沒刪；三是我還有很多資料沒用上，有點遺憾。

本書第十一章〈中西藝術〉（下）部分，基本上是已出版的拙著《中國藝術如何影響世界》上卷第一章中的內容，但這次收入本書中，我又作了很多修改，刪去了一些，又增加了很多內容和觀點，不是完全的重複。第十章〈中西藝術〉（上）則完全是新作。希望從事藝術研究的朋友給予特別的注意。

書的第三章，部分外文資料是我的學生方汀代為蒐集，並由他譯為中文並做了部分說明。關於基督教問題，我曾向著名基督教研究專家楊慧林教授和他的博士生張靖請教不少。書稿完成後，本想拿給他們看看，但有點害怕。三國時，鍾會著《四本論》，完稿後拿去找大學問家嵇康請教，但到了嵇康門前，「畏其難，懷不敢出。」於是把

書稿包起來，從院外扔進去，然後轉身就跑了。鍾會不敢面呈書稿，而把書稿扔進嵇康院裡，嵇康肯定會看。楊慧林和張靖都沒有院子，所以，我既不敢面呈，也沒有「於戶外遙擲」，有問題只好由我自己負責了。

書寫完後，有人告訴我，英國的歷史學家湯因比也說過，中國的文化將是拯救世界的文化（大意）。21 世紀應該是中國文化的世紀。我一直沒有讀到湯因比的這本著作，但從別人的著作中看到他說的「正是中國肩負著不止給半個世界，而且給整個世界帶來政治統一與和平的命運。」又說中國文化將是「統合未來世界的主軸」等。奇怪，英國的學者近來老是講中國的好話。藍詩玲著《鴉片戰爭》，大講英國的財源來自賣毒品給中國，對不起中國，「感到羞恥」等。加文‧孟席斯著《1421：中國發現世界》，大講中國人最早作環球旅遊，最早繪製世界地圖，比哥倫布更早發現美洲新大陸，比庫克早 350 年發現澳洲。中國達到麥哲倫海峽，比麥哲倫出生還早一個甲子等等。這個現象值得研究。

但如果湯因比真心講過這些話，那麼可證明：吾道不孤。湯因比的書，我沒有讀過，並不遺憾；但湯因比沒有讀到我這本書，很遺憾。（一笑）

我在前言中說中國到 2026 年至 2027 年必有一次大的文化變革，即「至動」。有人勸我改一改，不要那麼具體。我思考好久，決定不改。等待著歷史的驗證。

讀者讀我這本書，如果批評，我希望從大的方面著眼，細節和個別引文，肯定會有問題。在大陸寫作過程中，反覆被折騰，也是個原因。

對五四那時代的學者，我的批評居多。其實，我對那時代的學者和文人能以天下為己任，能自由的發表自己的見解，能平等地待所有人，能保持獨立的人格，其風氣，其社會環境，都令我艷慕。提起五

四，我們會首先想到最重要的領袖人物陳獨秀。我還專門到了安慶陳獨秀的墓地去弔唁。當時我寫了五首詩，四首不宜在大陸發表，最後一首是：

　　五千載後降斯才，可憐無人認點埃。
　　大則難容今依是，陵園相望久徘徊。

　　附記於此，表明我對五四那批人，有批評，也有贊同。

　　本書中的圖片除特別注明外，都是筆者奔波世界各地拍攝而來。周毅澤先生多次認真審讀，我在書中引用大量的古典資料和外文資料，他都一一找到原著、原期刊加以校正，十分感謝。

　　書局對著作出版，規定十分苛刻，本書五次校稿，我都在國外任教，部分在國內才能查到的資料及引文注釋等，承林木、徐華烽、方汀等協助，我的太太石莉博士幫我校勘，皆至為感念。

　　我在馬來亞大學、拉曼大學任教期間，拉曼大學校長蔡賢德先生、中華研究院院長張曉威、黃文斌先生、國家上議員何國忠先生以及潘碧華、鄭皓千先生給予我多方幫助，皆十分懷念。

陳傳席

2016 年 7 月於中國人民大學

2019 年 9 月補記

ORN 030

中西文化的衝突

作　　者——陳傳席
特約主編——劉素芬
校　　對——劉素芬、陳傳席
封面設計——FE設計
內文排版——李宜芝

出版總監——蘇清霖
董 事 長——趙政岷
出 版 者——時報文化出版企業股份有限公司
　　　　　　10803台北市和平西路三段240號三樓
　　　　　　發行專線／（02）2306-6842
　　　　　　讀者服務專線／0800-231-705、（02）2304-7103
　　　　　　讀者服務傳真／（02）2304-6858
　　　　　　郵撥／1934-4724時報文化出版公司
　　　　　　信箱／10899臺北華江橋郵局第99信箱
時報悅讀網——http://www.readingtimes.com.tw
法律顧問—理律法律事務所陳長文律師、李念祖律師
印　　刷—勁達印刷有限公司
初版一刷—2019年11月15日
初版二刷—2020年1月20日
定　　價—新臺幣399元（平裝）
定　　價—新臺幣499元（精裝）
（缺頁或破損的書，請寄回更換）

時報文化出版公司成立於1975年，
並於1999年股票上櫃公開發行，於2008年脫離中時集團非屬旺中，
以「尊重智慧與創意的文化事業」為信念。

中西文化的衝突／陳傳席作. -- 初版. -- 臺北市：時報文化,
2019.11　384面；17*23公分. --（ORN；30）

ISBN 978-957-13-8016-2（平裝）
EAN 471-29-6662-3846（精裝）

1.文化研究　2.比較研究

541.28　　　　　　　　　　　　　108018485

ISBN 978-957-13-8016-2 (541.28)
EAN 471-29-6662-3846 (541.28)
Printed in Taiwan